中国旅游业普通高等教育应用型规划教材

江苏省高等学校重点教材（编号：2021-2-184）

旅游资源学

主编 徐菁 韩春鲜 靳诚

中国旅游出版社

前 言

本书依据学习者的专业需要，取国标中的各类资源作为审美内容，将科学和艺术两方面知识要素贯穿全书主线，统一从概念、演变、特点、内涵等角度，阐释其价值与意义；从搜集、归类、讲解、开发等要求出发，通过举例描述，激起学生的求知欲，提高学生的胜任力。尽可能在有限的篇幅中，较完整地呈现出各类资源的主要内涵和价值，跨越自然、人文等领域的界限，使学生对国内外旅游资源有所了解，对其旅游功能及旅游价值有所探究，对其开发利用模式有所思考，从而提高专业素养。

本教材从教学实际需要出发，充分吸收有关的研究成果，取长补短，同时结合旅游发展趋势和编者多年的旅游资源调查、评价和开发规划实践所获得的有效方法，将其融为一体，进行系统整理，力求在提高学生的系统观、方法论上有所创新。教材内容上既符合应用型高校旅游管理专业人才培养目标和课程内容的要求，又与最新的旅游资源调查、分类和评价的国家标准相一致；既考虑学生认知进阶规律和能力养成规律，又注意运用新观点、新思想和大量案例、素材来阐述旅游资源学的经典内容，以适应旅游业发展和理实一体需要。

每章设计了本章概要、学习目标、拓展训练、拓展阅读、同步练习，便于教学指导和训练。

本书在编写过程中参考了大量国内外专家学者的著作、教材、案例及学术论文，涉及的内容已尽可能地在参考文献中列出，在此对这些专家学者表示最真诚的感谢；如有遗漏，在此表示歉意。本书在编写过程中了得到了编者所在单位领导、老师以及学生的支持，在此表示感谢。由于编者水平有限，对旅游资源的最新理念和开发实践的理解掌握仍有不够透彻的地方，不足之处恳请读者批评指正，以作为再次编写时的宝贵资料，对此深表感谢。

编者

2022 年 4 月 8 日

前言

目 录

第一章 绪论

【本章概要】

对旅游资源的概念及内涵进行鉴别，对旅游资源的国家标准分类方法、旅游资源的调查和评价方法进行介绍，对旅游资源学的研究现状进行分析。

【学习目标】

理解旅游资源的概念、内涵以及概念之间的差异和共性；

掌握旅游资源的国际分类方法以及分类的重要意义；

对旅游资源的学习和研究形成基本认知，为后面章节的学习打下基础。

【拓展训练】

以学校所在地为例，根据旅游资源的国标分类方法对该地旅游资源及类型进行分析，从而对旅游资源的分类方法形成基本认识。

［步骤］

1. 将全班分为几个小组，每个小组有 4~6 个成员。

2. 每个小组负责的区域不同，但要求每个小组对所负责区域的旅游资源、资源等级、资源类型进行详细的了解、分析并进行记录。

3. 每组将所记录的内容进行汇集，并根据国标分类进行表格的编制。

4. 全班讨论分类结果的合理性，提出该分类方法所存在的不足，并在老师的引导下提出可行的改进方法。

5. 最终写出该地旅游资源情况的描述性分析报告。

【拓展阅读】

［1］白凯，王馨．《旅游资源分类、调查与评价》国家标准的更新审视与研究展望［J］．自然资源学报，2020，35（7）：1525–1540.

［2］黄向．旅游资源标准的理论盲点与解决方法［J］．旅游学刊，2006（1）：9.

［3］杨晓霞，向旭．旅游规划原理［M］．北京：科学出版社，2013：42–48.

［4］旅游资源分类、调查与评价（GB/ T18972—2017）［S］．北京：中国标准出版社，2017.

［5］旅游资源分类、调查与评价（GB/T 18972—2003）［S］．北京：中国标准出版社，2003.

［6］徐菊凤，任心慧．旅游资源与旅游吸引物：含义、关系及适用性分析［J］．旅游学刊，2014，29（7）：115–125.

［7］保继刚，左冰．为旅游吸引物权立法［J］．旅游学刊，2012，27（7）：11–18.

第一节　旅游资源概述

一、对于旅游资源的解释

旅游资源的含义丰富且复杂，40 余年来，尽管旅游资源的定义层出不穷，但学者们对其具体含义的探讨仍乐此不疲，其重要原因在于，概念确立对学科的发展至关重要。对其界定的代表性学者有陈传康、郭来喜、保继刚、李天元、马耀峰、谢彦君、杨振之等，这几位学者的观点凝练形成了旅游资源概念认识的重要集合。学者们从需求角度和供给角度给出的定义看似不尽相同（见表 1–1），但实际上是有密切联系的“定义谱系”，是多样性与统一性法则在旅游资源定义上的综合反映。“多样性”在于强调了旅游资源本身类别的差异和组成的复杂，“统一性”则强调了一个明确的“约束条件”，即资源所具备的“旅游功能和吸引力”。这样就为厘清复杂概念，建立起一个从外到内、自下而上且结构合理的定义谱系。同时，旅游资源是先于旅游现象而客观存在于一定的地域空间，并因其对潜在旅游者所具有的休闲体验价值而可供旅游产业加以开发的潜在财富形态，在“约束条件”之余还应强调旅游资源的客观性和经济性。

需要注意的是，在欧美地区的旅游研究文献中，如美国的 *Tourism: Principles, Practices, Philosophies* 和英国的 *Tourism Principles and Practice* 在 20 世纪 90 年代前都提到了“tourism resource”，但其含义包含旅游吸引物以及其他为旅游业所用的设施和条件，相当于“tourism assets”，而我国学者认识和解释的旅游资源更接近于国外的旅游吸引物（tourism attractions）。

表 1-1　旅游资源的概念

	来源	概念	解读
需求角度	郭来喜（1985）	凡是能为人们提供旅游观赏、知识乐趣、度假休闲、娱乐休息、探险猎奇、考察研究，以及人民友好往来和消磨闲暇时间的客体和劳务，都可称为旅游资源	旅游资源应该要满足旅游者的各种休闲需求，并且将劳务也划归到旅游资源的范畴中
	谢彦君（2001）	旅游资源是客观地存在于一定的地域空间并因其所具有的审美和愉悦价值而使旅游者为之向往的自然存在、历史文化遗产和社会现象	强调旅游资源对旅游者的吸引力属性，旅游资源要能够吸引旅游者产生旅游动机并前往异地开展旅游活动
供给角度	《旅游资源分类、调查与评价》（GB/T 18972—2017）	自然界和人类社会凡能对旅游者产生吸引力，可以为旅游业开发利用，并可产生经济效益、社会效益和环境效益的各种事物和现象都可视为旅游资源	旅游资源既要能够吸引旅游者产生旅游动机，也要能够被利用开展旅游活动

二、旅游景观与旅游资源

景观（landscape），无论在西方还是在中国都是一个美丽而难以说清的概念，其原意都是表示其自然风光、地面形态和风景画面。地理学家把景观作为一个科学名词，定义为一种地表景象或综合自然地理区，或是一种类型单位的通称，如城市景观、森林景观等（《辞海》，1995）；艺术家把景观作为表现与再现的对象，等同于风景；建筑师则把景观作为建筑物的配景或背景；生态学家把景观定义为生态系统（如 Naveh，1984；Forman，1995）；旅游学家把景观当作资源。本书认同的景观是指一定区域呈现的景象，即视觉效果。这种视觉效果反映了土地及土地上的空间和物质所构成的综合体，是复杂的自然过程和人类活动在大地上的烙印，一个“观”字又表达了观察者的感受。德国近代地理学家施吕特尔，也是景观学派的创始人，认为人是景观的一个组成部分，是由人“可以感受到的”且具有地域意义的自然和人文现象形成一种独特的结合，同时指出研究一个区域的首要目的是在严格的形态分类的基础上精确地描述景观。

自 20 世纪 70—80 年代起，“景观”被引入旅游科学中，出现了“旅游景观”的概念，其中杨世瑜认为旅游景观具有景观和旅游资源的双重含义：一是景观含义，指客观存在的景物、景象的总体；二是旅游资源含义，即强调其具有旅游产业和活动的应用开发价值。李波、杨世瑜等学者提出旅游景观是具有激发旅游者旅游动机，具有旅游利用价值，其内部组成是相互联系和相互制约的有机的自然及人文的综合体。由此本书认为，旅游景观是独立型旅游资源或特定空间区域中若干旅游资源单体的组合体。

三、旅游产品、旅游景区与旅游资源

旅游产品有单一产品和综合产品之分，从目的地角度来看，旅游产品往往是多要素构成的综合产品，包括4As，分别是Attractions（旅游吸引物，以旅游景点为代表的旅游资源）、Access（可进入条件，必要的交通基础设施和运营服务）、Amenities（旅游设施，旅游生活接待设施和各种服务）、Attitude（社会氛围，当地居民好客文化）。从中可见，旅游资源仅是旅游产品中的吸引物这一组成部分，内涵与外延均小于旅游产品。同时，在任何一个旅游目的地，旅游景点往往代表着该地旅游资源中的精华，对旅游者的来访起着一种激发或吸引的作用。从广义上讲，任何一个可供公众参观游览或开展其他消遣活动的场所皆可被看作旅游景点。这一场所的地域概念可大可小，如名人故居、西湖风景区等。小的多被称为景点，大的一般被称为景区或旅游区。旅游景点（区）与旅游资源的区别在于，前者强调的是旅游经营，后者强调的是旅游吸引。更规范地讲，旅游景点（区）是指那些由某一组织或企业行使管理的封闭式旅游吸引物（managed attractions），有明确的边界，有固定的出入口，并对出入行使有效控制。旅游景区经营者通过整合开发旅游资源，确保旅游资源的吸引功能转化为实际的客流和收入。对旅游景区的评价除了其所借助的旅游资源外，还需要考量景区内的服务和设施，具体可见《旅游景区质量等级管理办法》。

第二节　旅游资源分类

分类（classification）是日常生活中人们的普遍行为，泛指将不同的抽象或实体物件加以区分，或是把相似的物质根据共同拥有的属性进行集群或归类的活动。作为一种认识客观事物的基本方法，分类使我们能够明确事物发展的客观规律，观察世界万物的异同，并从共同性和特殊性、连续性和间断性二元统一上认识客观事物的存在与发展。通常，一切自然物质、自然现象和社会现象，都可通过实用分类和系统分类来加以区分，是我们认识事物最基本的两种分类方法。实用分类是从便利认识、便利鉴别物类的要求出发，制定最合理的分类系统，以达到分类实用的目的；而系统分类则不同，它是以系统学原理为根据，以反映事物的历史发展为目的的分类，中心目标是探求事物的起源和事物之间的关系。现行《旅游资源分类、调查与评价》（GB/T 18972—2017，以下简称国标）中旅游资源的基本分类便是典型的实用分类。

一、系统分类

系统分类是从资源的本质和资源系统发展的普遍规律而进行的归类。探讨分类学研究中的分类名称和层级，从类（群体）+型（特征）+段（阶段）+级（等级）进行旅游资源划分。其中的“类”往往是指自然旅游资源和人造旅游资源（包括文化旅游资源和社会旅游资源），这也是最为常见的旅游资源分类。也有根据事物的再生性进行划分的，可分为可再生性旅游资源和不可再生性旅游资源，这种分类法对于指导旅游资源开发工作，如旅游景点的规划、开发、经营管理等具有实际意义。“型”是资源的造型，国标中的基本类型就是按照造型进行分类，如自然景观综合体下分山丘型景观、台地型景观、沟谷型景观、滩地型景观四个基本类型。“段”是资源开发利用的阶段，即已开发旅游资源（现实阶段），待开发旅游资源（准备阶段）和潜在旅游资源（潜在阶段）等。“级”是根据级别或吸引力大小，将各类旅游资源单体分作世界级、国家级、省级、市（县）级。

二、国标分类

现阶段，作为交叉分支学科的概念，在“资源”的概念尚具争议的前提下，旅游资源分类采用实用分类方法无可厚非。旅游资源分类、调查与评价（GB/T 18972—2017）由国家旅游局提出，由全国旅游标准化技术委员会（SAC/TC210）归口，国家旅游局规划财务司、中国科学院地理科学与资源研究所负责起草，并代替《旅游资源分类、调查与评价》（GB/T 18972—2003）。国标依据旅游资源的性状，即现存状况、形态、特性、特征划分，既包括稳定的、客观存在的实体旅游资源，也包括不稳定的、客观存在的事物和现象，分为“主类”“亚类”“基本类型”3个层次，每个层次的旅游资源类型有相应的英文字母代号（详见附录A）。

第三节　旅游资源调查和评价

一、旅游资源调查

资源科学的研究对象是具体的资源。资源调查通过遵从一定的数据标准、技术标准和应用标准来认识资源对象，获取定性或定量的资源对象描述指标。资源调查环节会涉及“资源”的认识论、本体论和方法论，但更多的是方法论的问题。“资源”本身的综合性、交叉性和区域性，决定了资源调查具有与众多自然科学和社会科学技术方法相类似的逻辑程序和内容结构。特定的研究问题往往同特定的方法论以及特定的研究方法相联系，也影响到旅游资源调查法的应用范围，甚至还影响到其具体操作方式和步骤。

旅游资源调查一般要考虑调查的可操作性、立场和技术手段三方面。一是“操作性”。操作的有效性直接影响旅游资源的评价质量和调查价值。操作化是将理论或概念层面的内容具体化、经验化，指向经验观察和客观世界，从而便于实际操作。二是旅游资源调查研究的“立场”。在客观性立场上同时实现“共享的主观性”，即重点关注旅游者的客观需求，是旅游资源调查未来延伸的方向。三是新的调研技术和手段的融入。资源研究的交叉性特点，决定了资源调查方法使用的多学科属性。但实际中，资源调查往往是“重描述、浅分析”，这也导致了操作化过程中方法和手段的单一。虚拟现实、人工智能、移动定位技术等，将为旅游资源调查信息的分级、挖掘、集成等创造更多可能。

旅游资源单体是可作为独立观赏或利用的旅游资源基本类型的单独个体，包括“独立型旅游资源单体”和由同一类型独立单体结合在一起的“集合型旅游资源单体”。按照旅游资源分类标准，对旅游资源的单体进行的研究和记录，需完成统计、填表和编写调查文件等工作，逐个对调查区中的旅游资源单体进行现场调查核实，做好访问、实地观察、测试、记录、绘图、摄影，必要时进行采样和室内分析。根据调查方式和精度要求的不同，调查又分为“旅游资源详查（普查）”和“旅游资源概查”两种。前者是对整个区域旅游资源全面情况的调查，往往由当地旅游主管部门牵头联合专家组进行；后者是对特定区域或专门类型的旅游资源进行调查，往往只涉及区域内的部分旅游资源单体。

二、旅游资源评价

“评价”是人类认识事物的重要手段，是参照一定标准对客体的价值或优劣进行评判比较的认知过程，也是决策过程。作为一种特殊的认识活动，评价是在事实认识和价值认识基础上进行的价值判断和价值综合，是以评价主体所把握、所理解的评价客体的价值为评价标准所进行的判断、预测和选择，“合规律”与“合目的”的识别与确立构成了评价的核心机制。旅游资源评价是一种在认识论与价值论交点上的评价活动。对其而言，“合规律”就是指对作为客体的“资源对象”本质和特征的探究，是客观规律的揭示过程；“合目的”就是指在清晰把握“资源对象”本质和特征基础上，判断资源“合目的”的实现程度，是价值的揭示过程。

旅游资源评价是一个系统的实践过程，作为物质世界、系统组织和人的动态统一，旅游资源评价需要平衡和达到真实明确（物理—客观性）、价值关怀（人理—价值性）和科学运行（事理—建构性）的整合统一。首先，评价执行中的“物”。旅游资源评价不仅强调对资源的价值判断，更为强调对资源本质和特征的确认。例如，在对呼伦贝尔大草原的评价中，要明确其“风吹草低现牛羊”的观赏吸引力，更要突出其“天然牧场”的本质特征。其次，评价执行中的“人”。人是旅游资源评价系统的核心组成，越客观、越科学的评价方法和要求越要注意到人的因素。在评价过程中，要关注多元利益主体，如专家学者、旅游者、当地居民、政府管理者等的不同意见；在评价标准执行的本土化情境中，要对具体的内容进行适当调整。最后，评价执行中的“事”。旅游资源评价是协商建构的结果，受市场经济的冲击和资金约束，难以形成自己的评价理论和方法，呈现出对“资源”短期效应的过分关注和对长期、潜在效应的忽略。例如，千篇一律的乡村旅游地，只顾盲目地进行模仿复制，而忽略了文化内涵的挖掘，以至于很快便销声匿迹。旅游资源评价的管理知识应用、系统最优化分析及协商与协调机制等可成为待延展的研究关注。

国标中的旅游资源评价方法，是按照旅游资源基本类型所共同拥有的因子对旅游资源单体进行的价值和程度评价。评价项目包括“资源要素价值”“资源影响力”和“附加值”（译见附录B）。前两项分别为85分和15分，合计100分，后一项为加减分项。其中“资源要素价值”内含“观赏游憩使用价值”“历史文化科学艺术价值”“珍稀奇特程度”“规模、丰度与几率”“完整性”5个评价因子。“资源影响力”内含“知名度和影响力”“适游期或使用范围”2个评价因子。“附加值”含“环境保护与环境安全”1项评价因子。评价结果90分以上为特品级旅游资源。59分以下为普通级旅游资源。

第四节 旅游资源学研究

一、旅游资源学的研究内容

旅游资源学是专门研究旅游资源的形成、特点、分类、分区、开发利用和保护的一门综合性的学科。其研究内容包括：

（1）旅游资源形成的自然环境、社会条件与历史背景。

（2）旅游资源的特点与分类。

（3）旅游资源调查与旅游资源评价的内容及方法。

（4）旅游资源的开发与规划。

（5）旅游资源的合理保护对策。

由旅游资源学研究的主要内容可知，旅游资源学涉及诸多相关学科的知识，如资源学、旅游学、地理学、地质学、景观学、园林学、建筑学、历史学、社会学、民俗学、考古学、宗教学、美学、文学、环境学、生态学、规划学等，由此也决定了旅游资源学的研究方法主要有以下几种。

二、旅游资源学的研究方法

（一）规范研究法和实证研究法相结合

规范研究为旅游资源学研究提供理论背景，实证研究提供现实背景和事实判断。在研究旅游资源的形成条件、旅游资源的分区等问题时，主要运用规范研究方法；在研究旅游资源的调查评价、旅游资源开发等问题时，又将实证研究融入规范研究之中。

（二）实地调查法

旅游资源总是分布在一定的区域内，它们与地理环境有着十分密切的关系。要对旅游资源的分布规律、形成条件、数量、规模、类型、科学内涵、组成结构、吸引功能、开发价值等进行调查评价，就必须亲自深入实地进行考察。只有深入考察旅游资源所处的地理环境，分析其形成、发展、演化的原因与规律，才能对旅游资源进行科学的开发利用和保护。

（三）比较分析法

比较分析法又叫对比分析法。在对旅游资源进行系统评价的过程中，把相互联系的两个或多个旅游资源进行比较，阐明研究对象的规模大小、禀赋好坏以及各种关系是否协调等。

三、旅游资源学的研究意义

（一）旅游资源学是旅游学科的基石

旅游资源学的研究内容与旅游学科的几乎所有分支学科都有联系，尤其是支持这些分支学科的基础学科，如生物学、历史学、文学、美学、建筑科学、环境科学、技术科学、信息科学等，都是旅游资源学研究的核心内容。所以，旅游资源被普遍认为是旅游业的基础，旅游资源学可以被看作旅游学的基石。

（二）旅游资源研究对区域旅游开发的作用

旅游资源研究的直接目的是促进旅游区域的旅游开发。区域旅游开发包括建立旅游区域组织体系、编制旅游区及旅游项目建设规划、组织旅游线路等。这实际上是一个旅游产品的形成过程，在这个过程中，旅游资源研究将起到关键的作用。

（三）旅游资源保护是对旅游景观、旅游环境实施保护的核心内容

旅游景观是旅游资源的外在表现，旅游环境是旅游资源的赋存空间，景观的完整程度、赋存空间的环境质量决定了旅游地的吸引力程度，所以针对旅游资源的研究是景观环境保护的中心议题，此类研究可以确定景观环境保护的类型、保护的力度、保护的方式、保护的结果。在研究旅游资源的同时，还要对旅游资源的赋存环境开展相关研究。

课后拓展

1. 如何界定旅游资源的范畴

从旅游资源的定义可知，旅游资源的范畴会随着社会和科学技术的发展，时代的变迁，国家政策和生活方式的变化而不断变化，其总体趋势是不断扩大的。

随着人类社会的发展，科学技术的进步和生活方式的变化，旅游资源已从单纯的山、水等自然资源发展到现在几乎无所不包的程度。当今旅游行业间的激烈竞争，使旅游经营者不得不挖空心思，冥思苦想开拓新的旅游资源或开发，挖掘原有旅游资源的新的利用方式。现代先进的科学技术和雄厚的经济实力给这种努力提供了条件。现在人们几乎很难指出哪些东西不能成为旅游资源，或者说旅游资源几乎到了无所不包的程度。从普遍受人青睐的阳光、海水、沙滩（又称“3S”）到山地、峡谷、河流；从森林、草原、沙漠到热带、温带、寒带，从文化古迹、民风民俗、节日庆典到风味小吃、人造乐园、缩影公园，从古代建筑到仿古建筑、现代建筑，从古墓到纪念堂，从古观象台到宇航中心等，无不成为人们争相观看的对象，成为名副其实的旅游资源。美国得克萨斯州西部的哥吉镇只是一个人口不足万人的小镇，但却因为这里欺骗成风而被评为全美国“最贪婪的小镇”。有趣的是，哥吉镇因其贪婪的名声竟然成了旅游者感兴趣的地方，人们都想来亲自尝一尝被骗的滋味。这可乐坏了哥吉镇人，现在他们正变着法儿与那些自投罗网的异乡客较真。另外，色情和赌博也历来是人们热衷的对象，在有的国家或地区甚至成了旅游业的支柱。但色情和赌博是不健康的、病态社会的产物，并非文明和进步的表现，我们应该坚决反对和抵制，要物质文明和精神文明两手抓，两手都要硬，要提倡文明、健康的旅游方式，故不应把它们列入旅游资源的范畴。

2. 旅游资源与其他资源的共性和特性

旅游资源作为一种资源，它既有一般资源所共有的属性，又有其特有的属性：

（1）区域性。旅游资源存在于特定的地理环境中，是地理环境的重要构成要素。因此，旅游资源的区域差异是客观存在的。不仅自然旅游资源存在区域的差异，如自然环境的水平地带性和垂直地带性，人文旅游资源也同样存在区域差异。因为地理环境的地域分异规律主要制约着自然地理环境，而人总是生活在一定的自然地理环境中，他们在适应自然、顺应自然，求得自身的生存和发展过程中，创造出灿烂的文化，这些文化不可避免地带有一定的地域色彩，这就是所谓的“一方水土养一方人”的道理所在。如民居、方言、民族服饰、饮食文化等的区域差异，都同自然环境的区域分异有着十分密切的关系。

（2）观赏性。旅游资源与其他资源最主要的区别，就在于它的美学特征，即具有观赏价值。尽管人们的旅游动机因人而异，旅游内容和形式多种多样，但观赏活动几乎是所有旅游过程都不可缺少的。从一定意义上说，缺乏观赏性，就不构成旅游资源。形形色色的旅游资源，既有雄、险、奇、秀、幽、旷、野、皱、瘦、漏等类型的形象美，又有动与静的形态美；既有蓝天、白云、青山、绿水、碧海、雪原的色彩美，又有惊涛骇浪、叮咚山泉、淙淙溪流、苍茫松涛等的声音美；既有建筑景观的造型美、气势美、时代美，又有地方特色菜肴的味觉美、嗅觉美和视觉美……它们都给游客以符合生理、心理需求的美的享受，使人们的精神、性格、品质等在最有美感的各种旅游资源中找到对象化的表现。孔子"登泰山而小天下"的哲理名言和悟性，至今仍给人以启迪。

（3）独立性和垄断性。旅游资源的区域差异，意味着资源的独立性和垄断性，其难以模仿或复制。尽管许多有关民族风情的主题园仿制了诸如竹楼、蒙古包、高脚屋、窑洞等别具特色的村寨或居室，但它缺乏地域背景、周边环境与民风民俗等的依托，在游客的视域中，真假泾渭分明，无可替代。那些历史感强的资料，更无法离开特定的地理环境和历史背景，否则将失去其本身的历史价值与观赏价值。长江三峡、八达岭长城、桂林山水、壶口飞瀑、哈尔滨冰雕、吉林雾凇等资源，更是无法用人工力量来搬迁或异地再现的。

（4）文化性。旅游资源除了具有美学观赏价值外，还具有丰富的文化内涵。无论是自然赋存或社会创造，无论是自然为主辅以人文，还是人文为主利用自然的各类不同形成机制的旅游资源，都有其科学性和自然、社会哲理。正是旅游资源的这种深层次的文化内涵，才使它对游客有吸引力。旅游作为一种文化型的经济活动，文化成为旅游的核心。但应当指出的是，自然情趣作为人的精神享受的一部分，要受到人的文化修养和精神境界的制约。文化修养和精神境界的高低直接影响着人们对旅游景观的欣赏水平，因此，文化内涵的深浅、艺术水准的高低在某种场合不与吸引力的大小成正比。如甲骨文、北京山顶洞人的头盖骨、浙江余姚河姆渡的稻谷化石等，尽管都有很高的历史价值和科考价值，但却不可能吸引大批游客去观赏，就是这个道理。

（5）不可再生性。除人工可以栽培或繁殖的动植物外，旅游资源绝大多数是一种不可再生的资源，一旦破坏将不复存在、不再拥有。如地面上的古建筑，总是有减无增，会一天一天少下去。旅游资源的这种不可再生性决定了其保护的重要性。巨大的旅游需求对旅游开发者可能是一种难以抗拒的诱惑，但同时也是对旅游资源的巨大考验，此时人们往往容易落入所谓的"无烟产业""视觉消费"等的误区。实际上，旅游资源的可永续利用，是有严格条件限制的，特别是有些旅游资源，其破坏是潜在的、不动声色的，但又是巨大的。如溶洞，即使游客高度文明，自觉维护洞穴环境，但若不控制洞穴客流量，让过多的游客涌入，也会改变洞穴小气候，加速洞穴内化学沉积物的风化和破坏。如我国敦煌莫高窟的各洞穴就是采取轮流开放及控制洞穴客流量的方式来保护的。

（6）整体性。孤立的单个景物，往往很难作为一种旅游资源加以开发利用，即使资源品位很高，也会影响其对游客的吸引力。因为：第一，游客总是希望能花尽量少的时间和财力，获取尽量多的信息，即游览观赏到尽量多的景物；第二，单个景物，在不同层次、不同旅游动机的游客面前，可谓是“众口难调”，只能吸引其中一部分甚至一小部分游客；第三，常说的“红花需要绿叶扶”，就是指“美”需要组合，需要层次。一个地方不同类型、不同层次、不同尺度景物的数量越多，比例越协调，联系越紧密，就越能显示出其观赏价值，才能最大限度地释放出其对游客的吸引力。

（7）时限性。时代的变迁，季节的更替，都会促使旅游资源的含义、范围、特性、吸引力等产生影响或变化。如中国西昌卫星发射中心、退役的航空母舰、古代或现代战场等，随着时间的推移，都可能成为游客的猎奇对象。气候的季节性变化，也会直接对旅游资源产生影响。如要开展冰雪活动，只能选择中高纬度或高原地区的冬季；大连、青岛等海滨旅游城市，盛夏季节才备受青睐；北京西山的红叶，要到深秋才能展现其魅力；民俗风情中的节庆活动，如藏族每年秋收前的“望果节”、傣族的“泼水节”、白族的“三月街”、蒙古族的“那达慕”等，都只能出现在某些特定的时段内。旅游资源的这种时限特性，导致了旅游线路、旅游点等的兴起和衰亡、旺季和淡季、热点和冷点。但重视不同类型旅游资源的组合，可延长其生命周期，改善淡旺季差异。如一些主题公园进行升级改造就是会了增加新的体验内容，延长生命周期。一些避暑避寒胜地与度假养生民宿相结合，扩大了资源吸引力，促成了淡季不淡。

【同步练习】

一、单选题

1. 以下属于旅游资源 4As 中的是（　　）。

A. Attractions　　B. Access　　C. Amenities　　D. Attitude

2. 旅游资源调查研究在客观性立场上要实现“共享的主观性”研究，即重点关注（　　）的客观需求。

A. 旅游者　　B. 旅游经营者

C. 旅游地居民　　D. 旅游主管单位

3. 在对呼伦贝尔大草原的评价中，突出其“天然牧场”的本质特征，体现了旅游资源评价执行中的（　　）。

A. 客观性　　B. 价值性　　C. 建构性　　D. 主观性

4. 旅游资源评价中要关注多元利益主体，如专家学者、旅游者、当地居民、政府管理者等的不同意见，体现了旅游资源评价执行中的（　　）。

A. 建构性　　B. 价值性　　C. 利益性　　D. 主观性

5. 旅游资源单体评价为（　　）的可以被列入特品级旅游资源。

A. 90 分以上　　B. 95 分以上　　C. 85 分以上　　D. 80 分以上

二、多选题

1. 旅游资源单体是可作为独立观赏或利用的旅游资源基本类型的单独个体。以下哪些属于旅游资源单体？（　　）

A. 独立型旅游资源单体　　B. 集合型旅游资源单体

C. 综合型旅游资源单体　　D. 分散型旅游资源单体

2. 旅游资源学的研究内容设计很多相关学科，但总体而言包括旅游资源的（　　）。

A. 成因　　B. 特点　　C. 分区　　D. 开发保护

3. 区域旅游开发实际上是一个旅游产品的形成过程，这其中包括（　　）。

A. 旅游地地域组合及其技术评价

B. 建立旅游区域与旅游地域组织体系

C. 编制旅游区及旅游项目建设规划

D. 组织旅游线路

4. 国标依据旅游资源的性状，即现存状况、形态、特性、特征划分，包括（　　）。

A. 稳定的、客观存在的实体旅游资源

B. 不稳定的、客观存在的事物和现象

C. 稳定的、非客观存在的虚拟旅游资源

D. 不稳定的、非客观存在的事物和现象

5. 基于多样性与统一性法则来定义旅游资源，以下说法正确的是（　　）。

A. 旅游资源应该要满足旅游者的各种休闲需求

B. 旅游资源要能够吸引旅游者产生旅游动机并前往异地开展旅游活动

C. 旅游资源应为旅游业开发利用，并能产生经济效益、社会效益和环境效益

D. 旅游资源存在于一定的地域空间并因其所具有的审美和愉悦价值而使旅游者为之向往

三、判断题

1. 旅游资源是先于旅游而客观存在于一定地域空间。（　　）

2. 旅游资源应强调其对地方的经济性价值。（　　）

3. 旅游景观具有景观和旅游资源的双重含义。（　　）

4. 旅游景观可被理解为特定空间区域中若干旅游资源单体的组合体。（　　）

5. 旅游资源强调的是旅游经营，旅游景观强调的是旅游吸引。（　　）

6. 现行国标中旅游资源的基本分类是典型的系统分类。（ ）

7. 由当地旅游主管部门牵头联合专家组进行的，对整个区域旅游资源全面情况的调查成为旅游资源概查。（ ）

四、填空题

1. ________ 是旅游学科的基石。

2. 旅游资源研究的直接目的是促进旅游区域的 ________。

3.《旅游资源分类、调查与评价》(GB/T 18972—2003) 目前已被 ________ 替代。

4. 国标中的旅游资源评价方法，主要是按照旅游资源基本类型所共同拥有的因子对旅游资源单体进行的价值和程度评价，评价项目包括 ________、________、________。

5. 国标评价体系中的中“资源要素价值”内含 ________、________、________、________、________ 5 个评价因子。

第二章　旅游资源审美

【本章概要】

对美和审美的基本知识，旅游审美的意义、路径和方法，旅游审美的层次说、方法论等，进行系统、具体的阐述。

【学习目标】

了解旅游审美的概念和意义；

掌握旅游审美的具体方法；

理解旅游审美的不同层次。

【拓展训练】

判别解读身边的旅游景观美感。

［步骤］

1. 学生收集汇总周边的旅游景观照片。
2. 学生分组根据照片上的信息，解读照片上的景观美感。
3. 学生分析照片中景观的美感要素。
4. 学生对照片中的景观进行审美训练。
5. 教师对学生的解读进行点评。

【拓展阅读】

［1］王玉．从审美体验角度看旅游资源的美学价值评价［J］．哈尔滨商业大学学报（社会科学版），2006（1）：63-66.

［2］周其楼，周春林，李荣．浅谈旅游审美主体的心理积淀对旅游审美的影响［J］．经济师，2005（8）：121-122.

［3］刘玉华．旅游资源的审美特征分析［J］．科技资讯，2006（5）：233-234.

［4］梁峰．旅游活动审美化倾向及旅游业要素变化趋势分析［J］．经济论坛，2009

（10）：124–125.

［5］周丽娜，田菲.中西旅游审美差异及对我国旅游资源开发的影响［J］.特区经济，2009（4）：135–136.

［6］张涛，刁宗广.旅游资源的模糊美分析［J］.学术界，2010（3）：162–166+287.

第一节 旅游与审美

一、旅游的审美性

旅游是现代社会中居民的一种短期的特殊的生活方式，同工农业生产是不同的。它不是投入劳动力、资金和时间以获取物质产品，却是以体力、时间和旅费的投入来获取精神上的美的享受，因而具有异地性、业余性和享受性的特点（于光远）。旅游的享受性就是人类除物质、生理需求外，还有对精神生活的欲求，即审美欲求。旅游的各种目的都能归结为审美欲求。如欣赏异国他乡的风光、艺术，抒发仿古探奇的幽思，享受海滨的灿烂阳光等。人们在旅游活动中开阔眼界、增长知识、提高修养、娱乐消遣，从而得到美的享受。由此可见，旅游是人们精神生活的一部分，是游览观赏性的审美活动。这种美的享受虽存在于客观，却要通过旅游者的"审美感受"来体现。所谓"审美感受"是指旅游者对于美的主观享受、体验与评价，是构成"审美意识"的基础与核心，它包括一系列的美感基本因素。人类旅游体验指群体旅游体验，其本质是人类精神自由的最高境界——审美。旅游资源开发为旅游产品的真谛是站在人类发展的高度上为游客提供可以通往"审美"境界的具体体验。

二、旅游审美的研究

旅游美学是一门专门研究旅游的审美活动和审美价值的科学，即研究旅游活动中美与美感的产生、美的存在形式、审美活动、美感效果等规律的科学。旅游美学的基础是美学。1750 年，德国美学家鲍姆加登在《美学》一书中首先提出并正式将其确定为一门学科，哲学家、心理学家、艺术家纷纷从美的本质、审美心理、艺术批评等进行研究。总体而言，西方美学从"自然"发展到"神"，"理性"逐渐走向审美主体"人"；中国美学从"伦理"走向形式，再渐渐走向心灵。东西方美学的共同特征都是从客体转向主体，从对美的外在规律转向寻找美的内在依据。中国古人"立象以尽意"，古人通过八卦图像表达对世界的认识观点。意，通易，即人对世界的解释或观点，是内在的；

象，是外在形状或内质。由此，意象就是外在的“象”和内在的“意”相联系。

当代美学已逐渐从对美的本质探讨转向对美学的审美情感的探讨。审美情感活动的研究成为当前美学研究的核心。

旅游美学需要与饮食美学、建筑美学、园林美学、工艺美学、雕塑美学、书画美学、舞蹈美学、服装美学、文学美学、戏剧美学、影视美学、环境美学、生态美学等相关联。作为一门应用美学，旅游美学具有以下特点：（1）审美对象包罗万象，提供方式具有综合性。（2）审美主体的群众性。（3）审美过程的直接性和短暂性。（4）较多地涉及其他学科的专业知识。

第二节　旅游资源的审美特征

旅游资源的开发、欣赏、利用、规划与保护，无不贯穿着旅游者、旅游资源开发建设者、旅行家和资源管理者对其不同层次的审美活动。旅游美学研究和挖掘审美活动中潜藏的规律和特征，对旅游资源的进一步开发、利用和建设具有重大意义。

一、自然景观的审美特征

在漫长的演变过程中，地球经历了沧海桑田的巨大变化。地壳发展的历史是各种自然景观资源形成的历史，是不同时期地质作用的产物和自然记录。

在地质历史中，地壳受到广泛的内力作用，产生变形或变位，使地面抬升或沉降，产生褶皱、节理或断裂，从而形成大陆和海洋、山脉和裂谷，高原和盆地以及火山等各种地貌形态。与此同时，来自地球外部的动力通过风化、剥蚀、搬运、沉积和成岩等作用，对由内力作用所形成的各种地表形态进行破坏、改造和精雕细刻。由于各种岩石的矿物成分、化学成分、胶结程度、结构构造、产出状态不同，它们抵抗风化和其他外力侵蚀作用的程度也不一样，反映在地表形态特征上更是差异显著，从而形成了丰富多彩和具有旅游价值的地貌景观旅游资源。

地壳运动主要表现形式有垂直运动和水平运动，虽然这些运动在短时间内难以为人类所察觉，但长期的发展规模宏大且猛烈。地壳不同部位受到强烈挤压、拉伸或扭动，会产生褶皱、断裂或扭曲，从而塑造出各种造型的地质地貌景观。各种不同的岩石由于本身性质的差异，往往构成奇特的造型景观。外力作用是在内力作用的基础上改造地壳表面的物质，同时削高填注，从而使地表趋于起伏较小的平缓状态。风化作用十分普遍，造就了许多天然奇观和典型的地质景观。剥蚀作用与搬运作用形成的地质景观更是多种多样。由于地表水和地下水在可溶性岩区的溶蚀、沉积作用，造就了诸如桂林山水和昆明石林等喀斯特观赏景观。由于地表水的强烈冲蚀、切蚀、磨蚀等侵蚀作用，形成了诸如峡谷等景观。由于海水侵蚀作用，形成了海滩、海蚀崖、海蚀柱、海蚀洞穴等旅游胜地。雪山上的冰塔林、高山上的冰川湖是冰川剥蚀消融所致，沙漠戈壁上的魔鬼城、沙海绿洲等是风沙吹蚀等外动力地质作用铸造的奇观。

在内外力地质作用下，地壳物质组成、构造和地表形态不断在变化发展。目前地球上的各种自然风光资源，主要是内外力地质长期作用、发展变化的结果，这为旅游者感受自然神奇奥秘和魅力提供了丰富的载体。人们从自然景观资源中获得的美感可以概括为以下几个方面。

（一）视觉感知的美——形态美、色彩美

自然资源突出的是资源本身的客观面貌，即客观物质的物理性，包括形态和构置。形态美主要指景观的静态和动态之美。山体是静态的，它因海拔高度不同，地质结构和地理位置各有差异，具有不同的造型，形成不同的景观。山体景观最引人注目的是具有一定造型的地貌形态，包括山的走向、肌理、峰峦等。整体的风貌使原本粗放的空间形象具体起来，如“登泰山而小齐鲁”“夔门天下雄”的雄壮美，“淡妆浓抹总相宜”“峨眉天下秀”的山水之秀丽美，“梦笔生花”“猴子观海”的奇特美，苍松翠竹、碧绿成荫、泉水潺潺、偶闻鸟语的幽深美，山体陡峭如刀削斧劈的华山险峻美，“大漠孤烟直，长河落日圆”“无边落木萧萧下，不尽长江滚滚来”的旷远美。

此外，因地球公转与自转有了四季和昼夜之分，时间的绝对动态变化产生了自然旅游景观的动态美。这种变化往往遵循一定的规律，随地质、地貌、水文、气象、生物分布的变化而变化，如日出、夕照、流云、飘雾、飞雪、绵雨等气象的变幻；又如时阔时窄的水面、时湍时缓的流速、时凶时柔的水声等水体景观；再如植物随季节交替产生植物的叶期、花期、叶色等变化，造成“春看花，夏看叶，秋看色，冬看态”的规律。动态美除了形态上的，主要还有色彩上的变化。在旅游景观的构景中，色彩起着重要作用，有时甚至超过了形象的效果。

扬州个园的四季假山。在园内，利用叠石技巧建造了春夏秋冬四季山景：春天——摇曳的绿竹之间植笋石数峰，尽显“春翡”之韵；夏山——湖石叠就的绵延峰峦配以苍翠的老松，寓意“夏翠”之境；秋山——黄石叠成的山体在夕阳映照下一片金黄，呈现“秋金”之色；冬山——全以颜色洁白的宣石堆叠，整个山体俨然似积雪未消，正映“冬银”之意。

（二）视觉以外的感知美——声音美、气味美、质感美

旅游中人们通过五官的综合作用而对大自然产生美感。如果视觉是自然界和主体交

流沟通的“主渠道”的话，听觉、嗅觉、触觉虽属于次一级的“渠道”，但也不能忽视它们在审美中的积极作用。“鸟鸣山更幽”是听的结果，水质的清凉只有通过触觉才能感受更深。对声音的认识，我们应该知道，柔美的声音、徐缓的节奏有助于思维，激越的声音、跳跃的节奏会使人鼓舞；尖厉的声音、狂乱的节奏使人焦虑不宁。而嗅觉能让人产生强烈的生理快感，诱导人们进行体验。物质的物理和化学属性，如硬度、温度等需要靠触觉来感知。

二、人文景观的审美特征

人文景观资源是人类活动所造就的，是人类在适宜的自然环境下，所创造的生产和生活资源。有些通过改造自然而形成的人类活动遗迹，往往与人文景观所依托的自然条件共同构成整体旅游资源，如各类古代墓穴、古代水利工程等；有些是现代技术创造的景观，如北京鸟巢体育馆、广州塔等；有些是工艺技术或精神文化产物，如雕版印刷、戏剧、舞蹈、绘画和音乐等（见表 2–1）。自然环境是基础，有什么样的自然环境，形成的人文遗迹必然与之相适应。由于自然环境的差异，在不同自然环境基础上形成不同的人文旅游资源存在明显的地域分异规律。对这类资源的保护，离不开对地质条件研究基础上的系统规划。文化旅游资源与自然景观资源的融合，能起到整体旅游资源升值的作用。人文气息为山川增加了内涵，优美的自然环境衬托出文化的深厚内涵，二者的和谐本身就是极具特色的旅游资源。因而，人文旅游资源的审美特征可以概括为以下几个方面。

表 2–1　中国主要的历史旅游资源

人类遗址	仰韶文化、马家窑文化、龙山文化、良渚文化等
帝王陵寝	陕西黄帝陵、秦始皇陵、汉茂陵、汉阳陵、唐昭陵、唐乾陵、河南巩义市宋八陵、北京明十三陵、南京明孝陵、清河北遵化东陵、易县西陵，以及曲阜孔林、辽宁壁画墓群、西藏藏王陵、湖南马王堆汉墓、广汉三星堆等
古代建筑	古长城、北京故宫、天坛、赵州桥等实用建筑，洛阳白马寺、北京雍和宫、天津独乐院、浑源悬空寺、天台国清寺、镇江金山寺、登封少林寺、南京栖霞寺、杭州灵隐寺等古代寺庙；太原晋祠、晋城玉皇庙、武当山宫观、泰山碧霞祠、北京白云观、泰安岱庙、永济永乐宫等古代道观，四大石窟，著名园林、塔等建筑艺术
非物质文化遗存	传统民俗、传说、语言、文字、手工技艺、戏曲、舞蹈、中医药等

（一）历史性特征

人文资源是动态历史的静态显现，是一个民族特定的历史文化状态，以感性积淀的方式表现出来，以现实的具体形象来显示历史的文化精神。中国五千年的历史给人们留下了光辉灿烂的文化遗产，留下了丰厚的人文旅游资源。这些人文旅游资源都具有历史情景，只有从历史的深度去体味审美的情韵才能领略真正的审美情趣。

（二）文化性特征

人文资源涵盖内容极其广泛，受到本土和外来文化思想的影响。如中国人文资源受到儒释道的文化思想影响，尤其是儒家和道家的学说历史悠长，对其影响深远。

（1）儒家的“比德说”。儒家的“仁者爱人”“和为贵”的人际和谐思想和“君轻民重”的人本思想都影响了旅游文化。我国古代的类比思维中，有“观物比德之说”，即人与物的类比，用物的外部特征与内在属性类比人的品德。孔子提出“知者乐水、仁者乐山。知者动，仁者静。知者乐，仁者寿”和“岁寒，然后知松柏之后凋也”，荀子的“生于深林，非以无人而不芳”，周敦颐的“出淤泥而不染，濯清涟而不妖”，以及被称为“岁寒三友”的松、竹、梅，把自然物的特性与人的思想品质联系起来，将自然之美和精神之美融合在一起，具有比一般自然物更高的价值，产生了后期的“比德说”。如竹子修直不弯，代表着人们洒脱淡泊的品质；黄河作为母亲河，是中华文化的发源地，也是中华民族不屈不挠、艰苦拼搏的象征。

（2）道家的“自然说”。主张“道法自然”，返璞归真，推崇天然之美、不加雕琢之美。“天地有大美而不言，四时有明法而不议，万物有成理而不说。圣人者，原天地之美而达万物之理，是故至人无为，大圣不作，观于天地之谓也。”自然而然造就的美才是真美。南北朝时期的大山水画家宗炳提出的“澄怀味象”“以形媚道”等审美思想就体现在各类艺术作品中，也深深影响了中国的造园手法。

这些思想构成了中国人文旅游资源的艺术精神，特别是能产生由“形”到“神”的无限深邃、无限广阔的景观意境。这当然也与西方的景观类型产生极大的差异，形成了具有民族特色的、卓立于世界旅游文化之林的独特的中国旅游文化。

（三）现实性特征

中国人文旅游资源的现实性特征主要包含两个方面。

（1）存在形式的现实性。中国历来重视“以形写神”，同时中国儒家思想中的人际关系伦理道德哲学，也是注重现实性的。道教也追求“养生”之道。这与西方古代重“神”、轻现实的思想背道而驰。

（2）美感引导的现实性。中国人文旅游资源诱导人们深入现实景观，产生情感升华，从而获得理性的感悟，实现现实生活中个人情感精神的审美超越。如观音菩萨在中国被塑造成慈祥温柔的女性形象，就是以“人”的形象来改造“佛”的形象，使之世俗化、人性化。中国园林按照现实的自然条件“依山傍水”“相地合宜”“叠山理水”“构园得体”，就是在有限空间内产生无限意境，从而得到美感享受。通过题匾、对联、碑碣、盆景、花木等将风景、人情融为一体，使园林获得灵气与现实的生命力。

第三节　旅游景观的审美能力和审美方法

一、旅游景观的审美能力

审美能力是人们发现、感受、评价和欣赏美的心理能力。它包括在审美过程中主体应具备的各种能力，即敏锐的审美感受能力、丰富的审美想象能力、透彻的审美理解能力等。审美能力是人类独有的能力，是人类社会长期社会化的结果。就个体来说，审美能力是在先天素质的基础上，通过后天的生活实践和长期审美活动积累的结果，而大量的艺术欣赏活动对提高审美能力产生积极的促进作用。每个个体的审美能力都存在一定的差异，主要受一定的社会文化环境、个人生活经历、个性倾向、艺术修养、文化程度等因素的制约。

从审美角度来看，旅游活动是一个自始至终的审美活动，且现代旅游越来越强调旅游者的审美体验和对景观文化内容的深入发掘与理解。就景观本身而言，之所以能够吸引旅游者前来游赏，就在于其生动的形式美和丰富的内在美，它毫无保留地将自身呈现在旅游者面前，接受旅游者的直观审视与鉴赏。而旅游者是否能够感受到并享受到景观表现与蕴含的外在和内在的美，则在相当大的程度上取决于是否具有对景观鉴赏的能力，亦即旅游审美能力。具有较强审美能力的旅游者在观照景观对象时，能够迅速地发现美，准确地鉴别美丑，区分美的种类，发掘蕴含在景观深处的丰富的内涵和美的特征。景观审美需要良好的审美能力，同时审美能力在景观鉴赏活动中也得到不断的发展和提高。旅游审美能力的培养主要包括对景观的审美感受力、审美想象力和审美理解力的培养。

（一）审美感受力

审美感受力是进行审美活动的出发点，是审美想象力、审美理解力萌生和发展的基础，是通向更高审美境界的桥梁。如果审美者缺乏对美的敏锐的感受能力，就不可能获得美的享受。旅游者欣赏山水风光、名胜古迹，却不能感受到与之相关的形、声、色、光、影给景观带来的美，这势必会影响美感获得的广度与深度。

（1）多观察。任何感受都离不开观察。不同的感受，观察的目标指向、观察的特点都有所不同。科学的观察，其原则是要尽可能排除一切主观色彩，接近客观对象本身，为此要借助各种仪器以便排除错觉，避免出现假的观察结果或结论。审美的观察恰恰与科学观察相反，它具有十分强烈的主观色彩，每个审美者都用带有鲜明个性特色的眼睛去不断地观察对象，使观察的结果具有个性的情感色彩。一个自觉的审美主体应该注意培养自己的观察力，不仅要观察感兴趣的审美对象，还要在生活中观察和发现美。艺术家们的创作源泉来自不断观察后的深厚积累和艺术性的提炼升华。而作为一个旅游景观的审美者，多观察、多积累有助于增强对景观外在、内在美的感受力，当面对审美对象时能够获得最佳的审美享受。

（2）多体验。体验是一种亲力亲为的经历，在体验中人们会有不同的感受。审美体验是强化审美感受力的关键，只有不断地体验，才会获得不同广度、深度的感受，才会有比较和鉴别，审美感受力才会更加敏锐。旅游审美活动中，就山体景观而言，一生中只游历过泰山和一生中游历名山无数的旅游者相比，其审美感受力是有着显著差异的。后者会在长期不断的审美体验中提高和加强审美感受力，对各种名山，甚至名不见经传的山体具有较强的观察力和情绪感应力，体察到其他人难以体察到的特定的审美感受。

（二）审美想象力

审美想象力是通过审美感知将把握到审美对象的完整形式或大脑中储存的现存图示，按照主体审美情感、审美理想，加以改造、组合成全新意向的能力。在审美活动中，它起着一种具有枢纽作用的心理功能。黑格尔曾指出："最杰出的艺术本领就是想象。"置身于自然景观中的游客，在情感引爆的一刻，会产生融于自然的忘我、忘情状态，或将对象人格化、艺术化，赋予其人的品格和气质，这些都是在审美想象的作用下实现的。中国古典园林一向以再现自然山水、追求诗情画意为主旨，造园手法多种多样，景观有实有虚，实景有形，虚景有意，如果没有观赏者想象力的积极参与，意境则难以领略、体悟。

（1）丰富审美情感。情感是想象发生的动力，一个缺乏审美情感的人，对近在眼前的美景也会无动于衷，审美想象也无从谈起。因此，必须在积累审美表现的前提下，丰富审美情感，并在观赏景观时善于调动情感，唯此想象才得以展开。

（2）发展审美个性。审美想象力的无限性，使其能够自由、灵活地展开和发挥，不受条条框框的限制，产生再造性和创造性想象。这要借助主体审美个性的坚守与发展。个性倾向与个体审美潜能、审美情感的发挥有着内在的必然联系，对于激发与众不同的、带有创造性意味的想象十分重要。

（3）保持审美理想。审美理想是想象力的航标，主体可以将现实中的缺憾，付诸追求理想的过程中，在景观审美活动中以超越现实束缚的审美态度，在情感、体验的作用下，将景观对象的各种信息与大脑中已有信息通过想象进行融合、改造，创造具有丰富意蕴的美的形象。

（三）审美理解力

审美理解力是在感受的基础上，把握自然事物的意味或艺术作品意义和内容的能力。它是有意识的教育和无意识的文化熏陶的结果，是对美的理解能力，是把感官上的美感升华到具体可以表达出来的能力。有了理解，审美想象才能不断扩展、丰富和完善，从而构建起一个审美的世界。审美理解力的具备使得主体的审美活动能够从表层的形式美进入深层的精神美。

（1）转换思维方式。培养审美理解力首先要打破惯常理性的抽象思维，培养直观感性的形象思维。当审美主体观照景观对象时，审美理解必须是形象的思维，要有意识地调整和转换思维形式，暂时放弃理性的抽象思维。以这种形式理解景观对象，各种花草树木不再以植物学中的科、目进行分析归类，自然现象不再以物理的、化学的结构形式进行研究和推断，而被看成带有人格化气质的象征。例如，梅花、竹子常被古代文人看成所倾慕的理想人物的化身，天边彩虹成了通往幸福的桥梁，许多城市建桥直接取名“彩虹桥”。这种直观感性的形象思维，赋予景观更多美的形式和内容，变无生命为有生命。

（2）储备文化知识。审美理解能力的强弱在很大程度上与知识储备的多少有密切关系。主体在观照景观时，了解和掌握的景观背景知识越丰富，就越容易与景观拉近心理距离，产生“共鸣”。游赏于名山大川时，山的稳定、水的多变，会令人想起孔子“仁者乐山，智者乐水”的经典概括，比照景观对象的形象、形态，深刻理解中国传统文化“比德”思想的意蕴，这种理解的前提是对传统文化的基本了解和认识。中国古建筑在结构、布局、装饰等方面表现出的审美特征在世界建筑史上独树一帜，在观照这类人文景观前，若能对中国历史、传统文化有所了解和掌握，则有助于透过古建筑景观的外部特征认识其更丰富的内在意蕴，理解也会由对象的表层进入深层。文化知识的储备来自日常积累和有意识的涉猎，也可以借鉴前人审美实践的经验总结和相关成果。

总之，在旅游景观审美活动中，旅游者的审美能力各构成要素，即审美感受力、审美想象力和审美理解力是相互联系、相互作用的，它们对于旅游者获得身心俱佳的审美享受缺一不可。

二、旅游景观的审美方法

（一）调整心理距离

当人沉浸在现实世界的利害盘算中时，感受多会集中在利益得失方面，当你跳出这个现实世界，和利害盘算拉开一个距离时，你就能产生超脱现实的感受，进入一个审美世界。“距离说”告诉我们，任何对象，只有当它和你没有利害关系的时候，才能成为审美对象（瑞士心理学家布洛）。当一个中国人刚来到巴黎，或者一个法国人刚刚来到南京，他们走到哪儿都觉得风光旖旎、景色迷人，处处都是令人兴奋的新奇。为什么呢？因为他们来到的地方对于他们还没有成为实用的环境，对于他们很新鲜、很陌生，像一部从来没有看过的风光片。当你走进一座园林，只觉得曲径通幽，庭院深深，绿荫掩盖中，几座建筑掩映其中，若隐若现，一切都是那么新鲜别致，你就会产生一种强烈的美的感觉。

（二）调整几何距离（时间或空间）

距离产生美是美学的一个著名命题，人们在审美过程中，保持一定的时间距离，能增强审美效果。周敦颐的“可远观而不可亵玩焉”也道出了一个十分重要的审美规律：美的欣赏应该采取“远观”的态度。郭六芳《舟还长沙》的“侬家家住两湖东，十二珠帘夕照红。今日忽从江上望，始知家在图画中”。意为其中一日忽从江上望，发现了一个全新的观赏角度。你一下子跳出了置身其中的家，和这个家形成了一定距离，你的家好像被照相机的焦距推了出去，你对这个家立刻就产生了一种新鲜感。你的家立刻就进入了一幅山水画，变成了一幅风景照，变成了观赏的对象。讲故事开场白总是“从前”怎么样，“从前”两个字的妙处就在于造成了一个时间的距离。

（三）把握观赏的具体要求

1. 把握观赏时机

自然景观：阴晴变幻、日月更替、四季轮回等大自然的变化决定了旅游景观的不确定性。许多景观只有在特定的时间才能出现，在特定时机才能为观赏者欣赏。这就要求旅游观赏者掌握好旅游美景出现的规律与时机，适时观赏。农历三月初八前后的昆明“圆通花潮”、四月十五的大理“蝴蝶会”、夏至前后的漠河“极光”，旅游者只有遵守自然万物的时令变化规律才能得以欣赏美景。而峨眉山佛光、庐山云瀑等因光照巧合、水汽聚集造成的美景，出现时机不定，在很大程度上取决于当时当地的各种环境因素。即使根据出现的一般规律和时机前往观赏也难以保证有所收获。还有一些自然景观毫无规律可循，可遇不可求，如海市蜃楼、昙花一现等景致。

人文景观：节庆活动一般有定期性。从劳动人民日常生活中逐渐演变而来的节日都有其对应的习俗，要求人们在固定的时间以固定的方式来纪念，如元宵赏灯、清明踏青、端午赛龙舟、中秋赏月、重阳登高。还有些专属于特定民族、特定区域的习俗，如云南大理白族“三月街”、四川凉山彝族“火把节”、云南傣族“泼水节”、贵州苗族“四月八”、内蒙古蒙古族“那达慕”等少数民族节日，尤其受到旅游者的欢迎和喜欢。

此外，同一景观在不同的观赏时机会产生不同的美感。游桂林漓江山水，晴天时奇峰侧影，阴天时云雾山水，雨天时漓江烟雨，都让人流连忘返。古人对此早有总结，“山，春夏看如此，秋冬看又如此，所谓四时之景不同也。山，朝看如此，暮看又如此，阴晴看又如此，所谓朝暮之变态不同也”（宋代郭熙《山水训》）。

2. 选好观赏位置

苏轼在《题西林壁》中咏出“横看成岭侧成峰，远近高低各不同”的感叹，同一座庐山，因观赏者位置不同，看到的景致就大相径庭，可见旅游活动中观赏位置所产生的戏剧性审美效应是不容忽视的。离太远会显得模糊不清，距离太近又看不到全景，所谓“不识庐山真面目，只缘身在此山中”。一般来说，远视可览全景和整体美，近看可观局部和细致美，仰视饱览其雄伟高峻，俯视最见其纵深层次，平视又见其开阔辽远。

扬州瘦西湖的一处著名景点——“吹台”（又名“钓鱼台”）是位于湖心的一座亭，四壁皆门，三面为满月洞门，称“三星拱照”。当游客正对西方观看，五亭桥如盛开莲花被纳入正西月洞门的正圆框景之内，而此时南向呈椭圆形的月洞门正好将景区内的另一处景点——白塔收入其中。横卧的桥和竖立的塔，正圆与椭圆的配置，形成构图特异的美丽画面，将瘦西湖最美的景观凸显出来。园林构景手法的“借景”和“框景”等指的就是在适当的视角进行观赏。

3. 安排好观赏节奏

旅游鉴赏是旅游者生理适应和心理感应相互作用协调的结果。旅游者在旅游过程中通过直接的视觉、听觉、嗅觉、触觉等作用于旅游景观，形成表象上的感觉，然后再反射到心理上，最终形成特有的审美感受。这一过程受到旅游者文化素养、鉴赏品位的影响，也受到生理适应度的影响，后者取决于旅游活动节奏的调控。也就是在旅游鉴赏中，对旅游线路、旅游项目、旅游方式、观赏速度进行安排时，应按一定的节奏有序组织，形成整个旅游篇章的序幕、发展、高潮、结束。旅游节奏不是固定的，应按照观赏内容、观赏者的年龄、体质、审美情趣、实时情绪和具体的时空条件来确定，并随时调整。如我们经常看到导游人员在带领游客游览时，上下午体力使用的相错安排，如天气条件好可观赏绝佳景观而需要长途跋涉时，则之前游览活动就应相应减少体力消耗，留待后期大好景观资源的发挥。总而言之，调节旅游节奏，主要按照舒适愉悦、多样统一、灵活应对三个原则而定。

第四节　旅游景观的审美层次

旅游景观审美是一种具有递进特征的情感关系状态，不同的人对于同样的旅游景观会产生不同的感受和愉悦。因此，旅游景观审美具有典型的层次性，根据审美感受与愉悦的不同，将其分为形式美、意境美和意蕴美三个层次。

一、旅游景观形式美及其审美

旅游景观的形式美是人们最熟悉的美感形态，即形式所带给人赏心悦目的感官愉悦。如意大利兰特庄园（Villa Lante）的严整之美、美国辛辛那提斯梅尔滨河公园

（Smale Riverfront Park）的律动之美。旅游景观作为一种客观存在，进入审美主体的主观世界的第一个层次就是表层审美结构层次。经过主体感知活动，旅游景观转换为主观性的表层审美结构。这个表层审美结构是旅游景观真正的审美对象，其独立美感形态表现为形式美。“格式塔”心理学认为，审美对象形式结构的张力模式与人的心理结构的动力模式产生同构对应，从而形成审美体验。审美体验由于人们不同的心理模式而分化为秩序型与变化型两种类型。

（一）秩序型形式美

秩序型形式美即人们普遍认识的传统形式美，是指在历史演进过程中，形式所呈现的具有共同性、规律性、广为接受的抽象美，包括事物的自然属性（如形、声、色）及其间的组织原则（如对称、均衡、比例、节奏等，即传统形式美法则），是一种特指的符合人们审美习惯的、内容被固定下来的形式美，秩序是其主要特征。在旅游景观中，传统法国园林是以秩序为特征表现传统形式美的典型，如兰特庄园、凡尔赛花园等旅游景观通过规整的布局、清晰的轴线、严整的比例表现出传统形式美。

人们普遍认为，秩序型形式美感源于先人对秩序规律把握的渴求。在原始人心目中，原始艺术呈现出了规则、对称、简洁的图形，就等于在迷乱中创造了秩序、在混沌中创造了世界、在黑暗中创造了光明。李泽厚（1994）也认为，最早的审美感受并不是什么对具体“艺术”作品的感受，而是对形式规律的把握，对自然的秩序、规律，如节奏、次序、韵律等的掌握熟悉、运用，使外界的合规律和主观的合目的达到统一，从而产生了最早的美的形成和审美感受。这种原始的美感积淀下来，成为后来人类的形式美感的心理基础。“格式塔”心理学研究表明，完美简洁的“格式塔”，其形式结构都是符合传统形式美法则，与人们内心追求秩序的心理结构相契合。因为排除了混乱与紧张，使人感到愉悦、舒适与平静。如我国的天坛、北京故宫、印度的泰姬陵等，这些景观的表层审美结构具有对称、统一、简洁、主从、均衡、协调、韵律、节奏、对比等特征，符合了人们内心积淀下来的美感心理，从而形成形式美的感觉。

（二）变化型形式美

变化型形式美是指与传统形式美法则相悖的美感形态，如混乱、无序、怪异等，变化是其主要特征。也有人将其称为传统形式美的审美变异。其实二者无论有怎样的差别，也都属于形式美的范畴，统称“形式美”。中国传统园林以变化为特征，是表现非传统形式美的典型，讲究“步移景异”，时常违背传统形式美法则，但却无可置疑地富含“形式美”。如苏州耦园通过多变的山体、蜿蜒的池水、曲折的小桥、变换的视点表现出非传统形式美。

变化型形式美源于人们内心世界的另一种心理追求——对于变化的追求。美学家认为“美在于新奇”，新的刺激会使感知延长、视觉专注、愉悦感增强，从而形成美感。

“日日是晴风，西湖景易穷。”感官之乐多在于刺激的变化，可以免除“审美疲劳”。中国传统园林形态丰富多彩，空间曲折变换，就是要通过变化、新奇产生形式美。如西泠印社的多变空间、曲折的游线形成的变化之美。

实质上，秩序与变化都体现着人们对于世界的认识。世界需要秩序，以保证稳定，但也需要变化以保证活力。过于秩序会形成束缚，过于变化则导致混乱。

二、旅游景观意境美及其审美

在表层形式美之外，旅游景观给人的中层美感就是意境美，它来源于由表层审美结构转换生成的中层审美结构。旅游景观艺术的这个中间层次，就是艺术形象层。意境才是真正的审美对象，其独立美感形态表现为意境美。

意境是指由各种独立意象形成的一个共同境界指向的意象系统，经过人的想象、情感的重构而生成的虚幻境界，既有景物的客观特征，又有主体加工润色的情态特点。“五百里滇池奔来眼底，披襟岸帻，喜茫茫空阔无边。看东骧神骏，西翥灵仪，北走蜿蜒，南翔缟素……”这是清代孙髯翁登昆明大观楼后由实景引发的意境，是一种重构之境。这种重构之境超越了眼中现实旅游景观，大大拓展了视野范围与内涵深度，使人们从这种意境中感受到一种奇妙景象，体味出日常难有的超离之美，即意境美。看到景观中的古藤，有人会将其形象为“左盘右绕，筋张骨屈，既像骇龙腾空，苍劲夭矫，拗怒飞逸，又像惊蛇失道，蜿蜒奇诡，奋势纠结”，从而演化出一个想象的世界。

旅游景观意境美不同于表层形式美的赏心悦目的感官愉悦，是心居神游所带来的悦心悦意之心灵愉悦。在心灵的重构中，人就获得了一种心物合一的自由，即古人所说的畅神。越是高质量的景观必定能更容易地唤起这样的幻境，也就是人的联想、想象等。对于南京煦园不系舟一景的意境美体验，清代袁枚《不系舟赋》中描述得较为明确:“渺三山之在望，登一室之如舟。偶抠衣于绿野，恍遗世于丹丘。睹篱落而心殷稼穑，听波声而梦绕黄淮。”此赋中所言的意境，由不系舟之景而发，由诗人的主观所建构（如恍、心殷、梦绕），供诗人神游其中，象征性地达到了诗人的理想境界:“拙人涉世骑土牛，达人涉世乘虚舟”。中国传统园林中这种舟、舸、舫等景物都是为了暗示驾舟御海意境——小舟从此逝，沧海寄余生，表现的是古人对于超离尘世的追求（孔子曰“道不行，乘桴浮于海”，见《论语·公冶长》），退思园闹红一舸就是这种象征。旅游景观意境美的生成源于旅游景观意境与生活经验不即不离的虚实相生。不即为虚，不离为实。不即，即所谓虚。由于意境经过了主体的加工，是非真实的、超现实的幻境，又使人体验到在现实世界无法得到的感受，获得精神上的象征性满足。现实世界充满了残缺、短暂的局限，满足不了人性中的生命需求，如希望、激情、自由等。而在艺术的幻象世界中，这些需求都会得到象征性的满足，从而带来心灵的愉悦。旅游景观意境与日常经验保持着距离，用“陌生化”使“距离产生美”，丰富了人们的经验，提供了欣赏世界的新视角。例如，庐山瀑布，经过李白的主体加工，形成“飞流直下三千尺，疑是银河落九天”的玄思之境，给人以壮丽、超然的感受。不离即所谓实。由于意境与生活经验二者同构相关，形成一种真实感，给人以再认的愉悦。亚里士多德说过：“人对于模仿的作品总是感到快感”，这是因为同构相关的幻境能够唤起人们的相关经验，并进行回味。旅游景观“在诉诸感觉和形成意象的过程中，就导致了某种听觉或视觉上的快感，同时某种意象往往伴随着某种特征的情绪和情感的体验，这本身就是艺术体验的一个环节、阶段或方面”。

对于不即不离的虚实相生使人生发审美愉悦，李泽厚从人类生活的角度阐释说，由于我们日常生活的经验总是有限的、短暂的，甚至是残缺的，它们局限在一定时空范围内，于是人们便更希望从艺术的幻象世界中去得到想象的满足。人在艺术的幻象世界中常常由同情而愿意变成作品中的主人翁，自己变成了另一个人去经历生活。在这个过程中，你的心灵、情欲、兴趣甚至性格就不自觉地受到了感染、活动和培育塑造。《昭君怨·园池夜泛》中有这样的描述：“月在碧虚中住，人向乱荷中去。花气杂风凉，满船香。云被歌声摇动，酒被诗情掇送。醉里卧花心，拥红衾……”作者在这种主客观交融的意境中，景情相生，心意酣畅，欣然自足，这种审美愉悦就是作者在园林中体验到的意境美。歌德说：“要想逃避这个世界，没有比艺术更可靠的途径；要想同世界结合，也没有比艺术更可靠的途径。”艺术可以创造出一个情景交融的幻想世界，满足人在现实中无法实现的心灵需求，这就是意境美的价值。

三、旅游景观意蕴美及其审美

在旅游景观的意境美之外，人们在优秀的作品中往往还能感受到意境背后存在着某种更深结构，会带来难以言表的心灵感动，生发无尽的意蕴，这是旅游景观真正的艺术价值所在，也是终极目的美感所在。

人们在欣赏旅游景观时，常常希望能够在旅游景观的表层形式背后，感悟到更深的精神内涵，通达具有哲理意味的人生境界，心灵深处的生命感、宇宙感、历史感等皆得以象征性地表现，因而获得审美的愉悦。意蕴从一般理解上看是指主体在审美过程中的所感所悟，其内容是模糊、朦胧的，能够感知却不易明确的，即常言所谓“只可意会，不可言传”。

情感型的意蕴趋向于主体感情、情绪等，表现为喜、怒、悲、愁等。如陈子昂的《登幽州台歌》中：“念天地之悠悠，独怆然而涕下”，诗人具有政治见识和政治才能，他直言敢谏，但没有被武则天采纳，屡受打击，心情郁郁悲愤。诗歌写登上幽州蓟北楼远望，悲从中来，并以“山河旧，人物不同”来抒发自己生不逢时的哀叹。人们在故宫的高墙深院中会有雄伟壮丽的感受，产生崇敬之情；在长城的苍山古墙中则有恢宏、凝重的感受，产生怀古追思之情。这些都是主体的情感意蕴的生发。

伟大的旅游景观作品，与其他艺术一样，都是关乎人类的深层精神追求而得以永恒。优秀作品都必须具有两个条件：一是旅游景观意境要具有超越其表面寓意之外的深层内涵，如中国园林对于神居世界的向往表达；二是旅游景观意境要具有引人进入深层人生境界的能力。不同门类的艺术作品，虽然表面形式不同，但其意蕴指向却都集中在关于人类自身生存与发展的生命意识、关于社会与文化的历史意识与人类存在环境的宇宙意识。

意蕴美的审美具有同构契合的特征。景观意境的特征与主体的心灵图式同构契合生成特征图式，在对特征图式的观照领悟过程中，主体心灵图式所蕴含的体验情感原型转换为具体的感受与体验，即意蕴，从中获得的审美愉悦，即为意蕴美。主体的心灵图式与旅游景观的深层审美结构——特征图式是核心概念。

（一）审美主体的心灵图式

心灵图式就是人类心灵深处的各种情感与体验的原型结构，是每一次具体经验的基础。它是一种空筐结构，召唤读者填充建构。当它与特定的客体特征相遇合时，就会由其自身生发出具体可感的各种体验与情感反应。因而，它是客体形式与主体心理活动的必要中介。人们在旅游景观欣赏过程中生发的各种体悟与感怀等情感体验，如命运感、历史感、神秘感等，并非旅游景观中客观存在的，而是源自欣赏者自己的心理原型——心灵图式，一种普遍的情感类型就对应着一种心灵图式，旅游景观作品的艺术感染力，取决于主体的心理结构，因此，旅游景观的艺术创作，必须从主体的心灵图式入手，才有可能创作出深含意蕴的优秀作品。

巫汉祥（2002）认为“特征表象—心灵图式—特征图式”的形式发展是一个漫长的互为因果的过程。在这个过程中，人类的整体积淀与个体活动、实践—社会与文化—心理、意识与情感，经验与体验、显意识与潜意识、实用目的与象征欲求等被整合统一了起来，某些基本特征表象积淀转化为心灵图式，心灵图式寻找或创造出新的对象特征，形成新的特征图式，其中某些特征图式又积淀转化为心灵图式，之后又创造出新的特征图式……这是一个互为因果、生生不息的生成过程。人们情感积淀也是在一个个的理解和领悟之后又生成了一些心灵图式。积淀是心灵图式的承传机制，“只有那些经积淀、简化和抽象为基本结构的心灵图式才能代代相传。正是在这种不断简化的积淀过程中，人类的深层心理形成了最基本的经济有效的心灵图式。在生物水平上，它使主体保持与自然有机规律和宇宙物质规律之间的一致性；在高级心理水平上，它是主体深层象征欲求的抽象与投射机制的蓝本”。如此，通过建构与积淀，心灵图式成为不断整合、不断发展、不断继承的人类整体的深层心理结构与情感原型，影响着人类个体的具体活动与体验反应。

（二）审美对象的特征图式

旅游景观存在着一种深层审美结构——特征图式，是审美对象的特征与主体的心灵图式契合物，是它投射、建构了主体的具体的情感体验。林兴宅认为，特征图式就是意境的特征与主体的心灵图式的同构契合物，也就是意境特征所表现出来的人类的“心灵图式”。旅游景观所形成的意境如果具有某种鲜明的整体特征，而这种特征又能够表现人类的某种普遍性的经验和情感类型，该特征即升华为特征图式。因此，特征图式是客体结构与主体结构遇合、整合、双向建构的结果，不是语言概念的表达，而是以形象特征表现出来，成为一种可供直观的对象。

特征图式具有抽象性与具象性，它抽象于人类心灵的普遍图式结构，具象于作品的鲜明生动的特征性，如退思园中万物和谐的可感特征。它既是客体的艺术结构，连接客体，以客体形象特征为存在方式；又是主体心理结构，表现了主体的内涵。特征图式具有形象性，表现为旅游景观的整体特征，这种特征不是认识思维的抽象概念的特征，而是一个具体可感的形式特征，是通过直觉感知得到的。特征图式是艺术存在的深层本质，一方面它是审美知觉抽象的产物，是艺术形象整体的抽象结构样式，这种抽象使它能与人类普遍性的经验和情感的基本模式相连，成为人类精神生活的基本结构。另一方面它又是依存于具体的艺术形象，因而成为直观的对象。因此，特征图式是连接艺术本体与人的生命、统一艺术的物质特性与精神特性的中介。艺术的神秘性和永恒生命力的根源，最后都可以归结到特征图式的特性上。特征图式是艺术从个别走向普遍，从具体走向抽象，从有限通向无限，从感性的物质媒介通向理性的精神意蕴的真正秘密。伟大的艺术作品，如金字塔、秦陵汉阙，海明威的《老人与海》、罗丹的《思想者》、毕加索的《格尔尼卡》、贝多芬的《命运》，虽然艺术形式不同，但都具有永恒的艺术价值，就是因为有超越具体时代、具体地域的特征图式，指向人类普遍价值的存在。特征图式是一种超象的召唤结构，可以为不同时代、地域的人所把握、所投射、所生发而又都是通达人类共性精神追求的审美意蕴，所以有人将其称为“经验共通性”。可以说，特征图式是优秀的艺术作品（即古人所说的上品）能够超越具体时代、地域、形象而指向人类普遍价值，从而得以永恒的根本原因。

（三）同构契合

旅游景观的意蕴是主体由旅游景观意境中生发出的情感与意识。心灵图式实质上就是人的体验与情感的原型系统，旅游景观中整体特征自身是一种动力结构，与心灵图式是同构对应的。当主体感知到旅游景观的整体特征时，特征就对心灵图式的系统产生激唤和催化作用，使其中的相应感验投射到旅游景观意境上，从而生成一种具体可感的特征图式。在主体对特征图式进行观照与玩味时，特征图式就激唤出心灵图式所包蕴的情绪体验，引发具体的情感反应，即深存的审美意蕴。这就是意蕴生成的同构契合特征。

从这个过程来考察意蕴，“象征可视为其内容，只是这是一种非常特殊的‘内容’，它是由主体‘填’进去的，特征图式只是宽泛地为它提供了某种潜在构架和诱导趋向（指向性）”。特征图式作为一种类型结构，其功能便是以自身的“空筐”结构激唤读者的象征表现活动。“它作为一种抽象的框架，能够包容和充填进各种具体的经验和情感内容；它作为一种感性特征，能够激起深层心理的呼应与流动，唤起欣赏者自身的经验与情感的活动，在这种主客体双向流动与建构之中生成无限的意蕴。”

在契合过程中，主体的心灵图式是审美体验生发的内因，是情感体验的心理原理；客体的特征图式是决定、刺激主体情感体验方向与强度的外因，二者缺一不可。如文学作品中阿Q的“奴性人格”图式；绘画中蒙克的《呐喊》中“表达痛苦”的图式；雕塑中掷铁饼者的“生命力感”图式；以及传统园林中表现的“出世入世的痛苦”图式、“天人和谐”图式及“天理流行”图式等。一个特征图式就代表人类生命感受的一种结构类型。读者将自身心灵图式投射其上，并以自身体验充实、建构这个“空筐”而形成具体的情感体验时，主体自身心灵深处的生命感、宇宙感、历史感等皆得以象征性表现，因而获得审美愉悦，即意蕴美。

因而，旅游景观的审美公式就是：旅游景观物象—审美表象—审美形象—特征图式—审美意蕴，站在建构深层审美结构——特征图式的视角，重新审视旅游景观的表象系统，其根本目的就完全超出了表层审美的均衡、统一、协调等的形式美的感官愉悦，也完全超出了中层审美“可游可居”“奇妙幻化”的意境美的想象愉悦，而是为了构成作品深邃的哲理或诗情，即意蕴美。

【同步练习】

一、单选题

1. 自然景观观赏价值的核心基础是自然景观美表现出的（　　）。

A. 精神美　　B. 形式美　　C. 艺术美　　D. 自然美

2. 自然景观审美是人审美活动的重要形式和方式，在审美活动中，审美主体既依据自身个体价值观念和价值来判断和完善自己的（　　），同时也依据社会群体的价值观念和价值判断来修正群体的（　　）。

A. 价值理性；价值共性　　B. 价值共性；价值理性

C. 价值个性；价值感性　　D. 价值感性；价值个性

3.（　　）是在感受的基础上，把握自然事物的意味或艺术作品意义或内容的能力，并使得主体的审美活动能够从表层的形式美进入深层的精神美。

A. 审美情感　　B. 审美个性　　C. 审美理解　　D. 审美想象

4. 以下哪一项与山岳的色彩美形成对比和反衬，成为自然景观审美中最为醉心的美感？（　　）

A. 文化美　　B. 嗅觉美　　C. 声音美　　D. 形态美

5. 扬州瘦西湖的一处著名景点“吹台”需要游览者把握（　　）才能获得更好的审美体验。

A. 心理距离　　B. 观赏时机　　C. 观赏位置　　D. 观赏节奏

二、多选题

1. 自然景观美有哪些基本特征？（　　）

A. 社会普遍性　　B. 多重多样性　　C. 想象联想性　　D. 客观实在性

2. 自然景观美具有哪些价值？（　　）

A. 美育价值　　B. 科普教育价值　　C. 观赏价值　　D. 经济价值

3. 自然旅游景观的生态美主要表现在以下几方面？（　　）

A. 景观和景观之间的相生相长、相辅相成、相互补充、相映成趣、相得益彰、互利协同体现出的真善、功利、和谐、融和等种种美好的境界

B. 人类文化与自然景观的和谐美、艺术美、生活美、创造美

C. 景观旺盛的生命力和生命过程的崇高美

D. 奇峰怪石变幻造型的变幻美、遐想美

4. 旅游节奏不是固定的，应考虑（　　）随时调整。

A. 观赏物本身　　B. 观赏者的年龄和体质

C. 观赏物的时空条件　　D. 观赏者实时情绪

5. 以属于旅游景观意境美层次范畴的是（　　）。

A. 凡尔赛花园　　B. 哈普林的 Justin Herman 广场喷泉

C. 南京煦园不系舟　　D. 毕加索的《格尔尼卡》

三、判断题

1. 旅游资源开发的真谛是为游客提供可以通往“审美”境界的具体体验，使游客形成主观的审美感受。（　　）

2. 象即人对世界的解释或观点，意是外在形状或内质。意象就是内在的“象”和外在的“意”相联系。（　　）

3. 在不同自然环境基础上形成的不同人文旅游资源存在明显的地域分异规律。（　　）

4. 自然景观美的观赏价值，具体来说就是它的形式价值。（　　）

5. 嗅觉美在旅游景观审美文化中是极为重要的美感元素。 (　　)

6. 审美能力虽然不是人类独有的能力，却是人类与生俱来的能力。 (　　)

四、填空题

1.“岁寒三友”的松、竹、梅，把自然物的特性与人的思想品质联系起来，自然之美和精神之美融合在一起，具有比一般自然物更高的价值，是儒家思想的 ____________。

2.“天地有大美而不言，四时有明法而不议，万物有成理而不说”以及“澄怀味象”的审美观，主要体现了道家的 ____________。

3. 审美 ____________ 力是进行审美活动的出发点，是审美想象力、审美理解力萌生和发展的基础，是通向更高审美境界的桥梁。

4. 在审美过程中人应该离开实用的环境和功利的盘算，并尽可能地“远观而不可亵玩”，是在强调审美方法中的调整 ____________。

5. 旅游景观的 ____________ 美是人们最熟悉的美感形态。

第三章　地文景观

【本章概要】

对地文景观类旅游资源的概念、特点及旅游功能进行系统、具体的阐述，对地球内外动力影响下的各类地质地貌景观的成因、审美特点、分布特征和典型代表进行分析和介绍。

【学习目标】

了解地文景观类旅游资源的概念和旅游功能；

掌握典型地貌景观的基本成因、形态特征；

理解地文景观类旅游资源的开发利用要素和方法。

【拓展训练】

判别解读典型地文景观类旅游资源。

［步骤］

1. 学生收集汇总典型的地文景观照片，如丹霞景观、石林、断层景观、岩溶溶洞等。
2. 学生分组根据照片上的信息，判断照片上的景观是属于何种基本类型的旅游资源。
3. 学生分析照片中景观的成因与美学特征。
4. 学生对照片中的景观进行正确的讲解，要求讲清景观特征、景观成因以及开发价值。
5. 教师对学生的解读进行点评。

【拓展阅读】

［1］王心源，黄建军，周秉根，李府仙．黄山花岗岩石质旅游资源的形成过程与保护对策——兼对科学旅游的呼吁［J］．资源科学，1998（3）：75-81.

［2］余菡．中国世界地质公园的资源类型、特点、现状及开发保护建议［J］．经济地理，2006（S2）：59-62.

［3］张伟，金秉福，陈扬，王孟瑶．沂蒙山国家地质公园地质旅游资源评估研究

[J]. 山东国土资源，2019，35（4）：42–50.

[4] 张树萍，徐海霞. 安徽大别山（六安）国家地质公园地质遗迹成因及评价 [J]. 地质找矿论丛，2010，25（1）：82–87.

[5] 许涛，田明中. 我国国家地质公园旅游系统研究进展与趋势 [J]. 旅游学刊，2010，25（11）：84–92.

[6] 唐少霞，毕华，赵志忠，沈丹丹. 海口石山火山群国家地质公园地质旅游资源开发探讨 [J]. 国土与自然资源研究，2011（2）：59–60.

[7] 丁华，陈杏，张运洋. 中国世界地质公园空间分布特征与旅游发展对策 [J]. 经济地理，2012，32（12）：187–190.

[8] 何小芊，刘宇，熊国保. 国内外地质旅游研究现状与展望 [J]. 热带地理，2015，35（1）：130–138.

[9] 刘晓静，梁留科. 地质公园景区科普旅游评价指标体系构建及实证——以河南云台山世界地质公园为例 [J]. 经济地理，2016，36（7）：182–189.

[10] 李超，阎长虹，郭书兰，郭建强，娄志会，万佳佳，于健伟. 江苏省废弃矿山旅游资源开发利用探析 [J]. 地质论评，2021，67（4）：1147–1156.

第一节　地文景观类旅游资源概述

一、地文景观类旅游资源的概念

地文景观是地球的岩石圈在内外营力综合作用下形成的各种地质与构造形迹、地表形态、自然标记、自然现象及其综合体。

根据对地震波在地下不同深度传播速度的分布的研究，地球固体地表以内的构造可分为三层，即地壳、地幔和地核。地球外层包括气、液、固三大圈，其中固体地壳由许多不同大小、形状的岩石和矿床的实体（地质体）构成，这些地质体具有独特的三维空间格局和造景功能，因而产生了吸引力，主要体现在地质体本身，如火山、地震遗迹、岩石矿物、化石等，以及以地质体为基础的地质构造，即岩石变形的产物，如地貌、水体景观等。

地貌是各地质年代地球内营力、外营力和地表组成物质相互作用而导致的综合结果。我国地貌格局是中生代燕山运动所形成的，西高东低的阶梯状地势主要是喜马拉雅运动所形成的（喜马拉雅运动中的垂直升降称为新构造运动）。这种由于地球内营力而形成的地表形态称为构造地貌，是地貌的骨架。各种地表形态在地球外营力的风化、剥蚀、搬运、堆积等化学物理作用下，不断地改变，形成丰富地貌类型。具有观赏价值和吸引功能的地表形态称为地貌旅游资源，它既能满足人们观景、赏美的欲望，又能产生经济效益和社会效益。

地质遗迹景观是地球内营力作用的地质构造形迹和地表形态，包括地质遗迹和地质景观。如日本喷发形成的富士山，地壳断裂形成的东非大裂谷等，能吸引人们去观赏、探索地球内部运动的奥秘。

世界自然遗产地的申报及世界和国家地质公园的申请建设，推动了地质遗迹、地质景观保护，促进了地质资源的旅游化。

二、地文景观类旅游资源的特征

地质景观资源是分布在一定地域的地质环境中不同的岩石矿物组合，岩石矿物是组成地质景观资源较小单元的物质基础。分析地质景观资源的特征首先应考虑物质的内在成因（见表 3–1），然后再考虑地质作用过程或人类活动（环境条件）对其造成变化的影响结果。

表 3–1　岩石的分类与特征

大类	特征	小类	特征
岩浆岩（火成岩）	由岩浆喷出地表或侵入地壳冷却凝固所形成的岩石，有明显的矿物晶体颗粒（侵入岩）或气孔（喷出岩），约占地壳总体积的 65%、总质量的 95%。岩浆岩中不存在生物化石和生物活动遗迹	超基性岩（SiO_2<45%）	橄榄岩、辉石、苦橄石，颜色比较深，大部分是黑灰色、墨绿色，比重一般都在 3 以上，因此很坚硬，常具致密块状构造
		基性岩（SiO_2 在 45%~52%）	辉长岩、玄武岩，岩石颜色比超基性岩浅，比重一般在 3 左右。侵入岩很致密，喷出岩常具有气孔状和杏仁状构造。海洋底部几乎全部由玄武岩形成
		中性岩（SiO_2 在 52%~66%）	闪长岩、安山岩，岩石颜色较浅，多呈浅灰色，比重比基性岩要小
		酸性岩（SiO_2>65%）	花岗岩、流纹岩，浅色矿物大量出现，主要是石英、碱性长石和酸性斜长石
沉积岩（水成岩）	指成层堆积的松散沉积物固结而成的岩石。地球地表 70% 的岩石是沉积岩，沉积岩中所含有的矿产，占全部世界矿产蕴藏量的 80%（随沉积岩中的主要造岩矿物含量差异而不同）	砾岩	粗碎屑含量大于 30% 的岩石。砾石或角砾大者可达 1 米以上，填隙物颗粒也相对比较粗，具有大型斜层理和递变层理构造
		砂岩	由粒度在 0.1~2 毫米范围内的碎屑物质组成的岩石。在砂岩中，砂含量通常大于 50%，其余是基质和胶结物。碎屑成分以石英、长石为主，其次为各种岩屑以及云母、绿泥石等矿物碎屑
		黏土岩	0.01~0.1 毫米粒级的碎屑颗粒超过 50%，以石英为主，常含较多的白云母，钾长石和酸性斜长石含量较少，岩屑极少见到。黏土基质含量较高

续表

大类	特征	小类	特征
沉积岩（水成岩）	指成层堆积的松散沉积物固结而成的岩石。地球地表 70% 的岩石是沉积岩，沉积岩中所含有的矿产，占全部世界矿产蕴藏量的 80%（随沉积岩中的主要造岩矿物含量差异而不同）	碳酸盐岩	沉积岩中分布最广的一类岩石。由方解石、白云石等自生碳酸盐矿物组成的沉积岩。以方解石为主的岩石称为石灰岩（简称灰岩），以白云石为主的岩石称为白云岩。主要在海洋中形成，少数在陆地环境中形成。古代广阔海洋中形成的碳酸盐岩，约占地表沉积岩分布面积的 20%
		碎屑岩	火山碎屑物质的含量占 90% 以上的岩石，火山碎屑物质主要有岩屑、晶屑和玻屑，因为火山碎屑没有经过长距离搬运，基本上是就地堆积，因此，颗粒分选和磨圆度都很差
变质岩	在环境条件改变的影响下，随着矿物成分、化学成分以及结构构造发生变化而形成。它的岩性特征，既受原岩的控制，具有一定的继承性，又因经受了不同的变质作用，在矿物成分和结构构造上具有新生性（如含有变质矿物和定向构造等）	大理岩	方解石和白云石含量在 50% 以上。因云南大理盛产此岩石而得名
		糜棱岩	在高温和巨大的地质作用力条件下，原来的岩石发生变形、结晶而形成的岩石。它有三个特征：一是岩石中的颗粒比没有变质以前小了；二是它出现在很窄的地带中；三是具有流动性构造
		片麻岩	具有清楚的带状，但层理不像片岩等可以沿着层理劈成薄片。片麻岩的颗粒较粗，有些含有大量石英和长石。片麻岩上的条状是由岩石中不同比例的矿物分布形成的，比如深色条带中含镁铁质矿物，浅色条带中含长石、石英物质多

除了物质本身的因素外，地质作用是造成旅游景观的另一个因素，是自然动力引起岩石圈或地球的物质组成、内部结构和地表形态变化的作用。按照动力来源，地质作用又分为内动力地质作用和外动力地质作用两大类（见表 3–2）。由于地球内动力（地球内部能量释放）作用所引起的地壳的机械运动，称为地壳运动或构造变动。它使地壳发生变形和变位（强烈的挤压、拉伸或扭曲），形成各种各样地壳构造形迹（地壳的褶皱、升降、断裂等变动），并促使岩浆活动和变质作用。外动力地质作用作用于地壳表层，动力源主要来自地球以外的地质作用，主要是由太阳的辐射能、太阳及月球引力等引起的。它使地表形态发生变化，地壳表层化学元素发生迁移、分散和富集。它包括风化作用、剥蚀作用、搬运作用、沉积作用、固结成岩作用。

表 3–2 地质景观地质作用成因分类

类型	亚类	系列	地质景观类型
内动力地质作用景观系列	地壳运动	地壳运动	断层、褶曲、节理景观、板块缝合线景观、构造体系景观、大陆裂谷景观、断陷湖、池沼
	地震作用	地震作用	堰塞湖、断层崖、地震遗迹

续表

类型	亚类	系列	地质景观类型
内动力地质作用景观系列	岩浆作用	侵入作用	矿点矿脉与矿石聚集地景观、宝石产地、岩礁、岛屿、山岳型旅游地貌、自然标志地
		火山作用	活火山景观、休眠火山景观、火山文化遗址景观
	变质作用	变质作用	矿点矿脉与矿石聚集地景观、山岳型旅游地景观、宝玉石产地
外动力地质作用景观系列	风化作用	物理风化作用	荒漠（沙漠、岩漠、砾漠、泥漠）、沙林、土林景观、“根劈石”景观、风化残积矿床景观
		化学风化作用	岩溶石林、峰林、洞穴
	剥蚀及搬运作用	地面流水剥蚀	瀑布、跌水、河段、谷地型旅游地、峡谷、宽谷
		海水剥蚀	海浪、潮汐、海蚀景观
		风的剥蚀	戈壁滩
		冰川剥蚀	冰川遗迹、现代冰川及冰蚀地貌
		地下水剥蚀	溶洞、特殊喀斯特景观
		构造剥蚀地貌（先构造后剥蚀）	丹霞地貌
		剥蚀构造地貌（新构造运动）	山岳型旅游地
	崩滑作用	崩滑作用	重力堆积体、泥石流堆积体、典型灾害地质现象、冲洪积扇（群）、河流三角洲
	沉积、成岩作用	河流沉积作用	冲洪积扇（群）、三角洲
		海洋沉积作用	海滩、砾滩、沙滩、泥滩、岸堤、砂坝、沙嘴、潟湖
		生物沉积作用	生物礁
		风的沉积作用	沙漠、沙丘
		成岩作用	菊花石、硅化木、地层剖面、溶洞堆积地貌

来源：李波，杨世瑜．旅游地质景观类型与区划［M］．北京：冶金工业出版社，2011．

外动力地质作用经历四个阶段：一是压固，上覆沉积物的重量作用于下部使其压实，使得孔隙减少，水分排出，体积减小。二是胶结（只发生在碎屑沉积物中），经压固后的沉积物仍有些孔隙（粒间），由胶结物质充填到孔隙中，使沉积颗粒胶结在一起变坚硬。胶结物主要是化学沉淀物，如硅质（SiO_2）、铁质（$Fe_2O_3+H_2O$）、钙质（$CaCO_3$）等，不同的化学成分的胶结物坚硬程度不同：硅质铁质大于钙质泥质。胶结类型可分为：接触式胶结、孔隙式胶结、基底式胶结。胶结类型不同坚硬程度也不同：

接触式胶结 > 孔隙式胶结 > 基底式胶结。三是重结晶，在化学和生物化学沉积物中，沉积物埋藏后，在新的环境下，受一定温度和压力的影响，矿物晶粒在原基础上增生、扩大形成较大晶粒紧密相嵌的过程。四是新矿物生长。沉积物中不稳定矿物在成岩过程中溶解或发生化学变化，形成新的稳定矿物使沉积变坚硬。经过这几个阶段后形成了地表环境下稳定的坚硬的沉积岩。在外动力中，流水是极为重要的动力，是沉积物、沉积岩形成的主要场所，因此沉积岩可谓“水成”，相反岩浆岩可谓为“火成”。内外力作用是同时起作用的，其中内力作用使地表隆起或凹陷，形成高山或盆地，外力作用则把高山削低，把盆地填平，即削高填低，使地表趋于平坦。在内外力的作用下，形成了地表高低起伏的地表形态，并由此分异产生了各种不同的自然环境特征。就全球而言，内力作用为主导，但不同的地区地表特征形成的主导作用是不同的。总体而言，大多数的地表形态是内外动力共同作用的结果。

三、地文景观类旅游资源的开发

山地是大尺度地貌，是自然风景的骨架，因地势高、体量大、范围广，可独立成为风景区。因垂直高度变化大，表现出气候多样化、景观层次丰富的特点。因岩性不同，构成丰富的中小尺度地貌景观。根据不同高度，山地的旅游功能也不同，可分为攀登探险山地、风景观赏山岳、疗养度假山岳。地貌在很大程度上决定和影响了旅游项目的选择和开发。

（一）攀登探险山地

在欧洲，登山旅游是由体育登山的诱发而发展起来的。近代，登山旅游逐渐大众化，成为回归自然的重要形式。我国是个多山的国家，2/3 的国土面积为山地，其中不乏世界著名的高山和极高山，多数分布在兰州—成都—昆明一线以西的中国境内或边界地区，特别是在青藏高原及其周围的山地，很多高峰的海拔高度在 8000 米以上，如珠穆朗玛峰（8848 米）、喀喇昆仑山的主峰乔戈里峰（又名戈德温奥斯汀峰、达普桑峰或 K2，8611 米），分别为世界第一高峰和第二高峰。此外，还有天山山脉的博格达峰、雪莲峰和托木尔峰等，四川的贡嘎山、四姑娘山等。一般人很难涉足，但对世界各国的登山爱好者却具有极强的吸引力。

（二）风景观赏及疗养度假山岳（风景名山）

指具有自然美的典型山岳景观和渗透着人文景观美的山地空间综合体。这类山地有别于已被人们充分开发的平原，它给人一种包括自然美和人文美的综合美感。风景名山以中低山居多，适合开辟成旅游胜地，原因包括：一是海拔高度适合登山旅游。二是随着海拔升高温度逐渐降低（在大气平流层，平均海拔每升高 100 米温度降低 0.6℃左右），适合避暑疗养。三是不少山地植物的垂直分布明显，植物景观丰富且空气清新有益于健康。四是因岩性不同，其小尺度地貌造景景观丰富多样具有极高观赏价值。五是历史上有文人墨客和士大夫阶层的涉足，留下古迹诗文传说等文化资源。六是与宗教文化结下不解之缘。根据岩石性质和成因进行划分，此类中低山可分为：花岗岩地貌、岩溶地貌、丹霞地貌、流纹岩地貌、熔岩地貌、冰川地貌、流水地貌、海岸地貌。

（1）花岗岩地貌。花岗岩属常见的侵入岩，是因地球内部深处或软流层的岩浆在巨大的内动力作用下，沿着地壳薄弱地带侵入地壳上部，停留在地下缓慢冷却凝固而成的岩石。因温度冷却较慢，岩浆有充分条件结晶，从而形成了较大的矿物颗粒。花岗岩的质地坚硬、抗压力大、节理发育，经抬升作用可形成高大挺拔的山体。花岗岩山体景观特点是：主峰突出，峭拔危立，雄伟险峻，岩石裸露，沿节理、断裂有强烈的风化剥蚀和流水切割痕迹，多奇峰、深壑、怪石，球状风化作用明显，形成典型的"风动石"（石蛋）、石柱景观，如海南"南天一柱"、黄山"仙桃石"等。此外，花岗岩山体以黄山、泰山、华山、九华山、衡山、天柱山、普陀山等最为突出。

（2）岩溶地貌。主要发生在碳酸岩类地区，主要岩石有石灰岩和白云岩等。这类岩石易被水所溶蚀，从而形成独有的岩溶景观。可溶性岩石被水溶蚀的作用是一种以地下水为主、地表水为辅，以化学过程（溶解与沉淀）为主、机械过程（流水侵蚀和沉积、重力崩塌和堆积）为辅的破坏和改造作用，又称为岩溶作用。岩溶地貌分为地表岩溶地貌和地下岩溶地貌两类。在岩溶发育过程中，地下岩溶地貌可以出露于地面，成为地表岩溶地貌。地表岩溶地貌常见的有石芽、漏斗、竖井、落水洞、溶蚀洼地、溶蚀谷地、干谷和盲谷、孤峰、峰林和峰丛、岩溶丘陵；地下岩溶地貌景观常见的有溶洞和地下河。我国岩溶地貌发育非常广泛，主要分布于广西（芦笛岩洞、北流勾漏洞，兴安乳洞，永福百寿岩，宜山白龙洞，凌云水源洞，龙州紫霞洞）和云贵高原（泸西阿庐古洞、奇风洞、玉溪溶洞，建水燕子洞，九乡溶洞，龙宫洞，贵阳地下公园，镇宁犀牛洞，镇远青龙洞，龙山仙人洞，贵州织金洞，黔灵山麒麟洞）等地，其次为浙江（桐庐瑶琳洞、建德灵栖洞、杭州灵山洞、金华双龙洞、兰溪涌雪洞、衢州太真洞）和江苏（宜兴的善卷洞、张公洞、灵谷洞）等地。

（3）丹霞地貌。丹霞地貌是在红色砂、砾岩上发育而成的。因为在广东仁化县丹霞山最为典型而被命名为丹霞地貌。早在白垩纪和第三纪早期，我国南方气温干热，沉积在低洼盆地的碎屑物（泥沙、砾石）经过强烈的氧化和钙质胶结，形成红色的水平砂砾岩层。在地壳大规模的隆起中，使岩层产生节理、断裂，再经过风化、切割、重力崩塌和搬运等作用，形成悬崖、孤峰、峰林、方山、岩洞等特殊景观。因岩石在强烈的氧化过程中，富集红色的氧化铁，使岩体呈红色，又由于富集程度的差别，产生色彩的变化，有紫色、绛红、朱红、浅红等。丹霞山具有色渥如丹、玲珑精巧的景观特点。我国丹霞地貌以广东（金鸡岭）、福建（武夷山）、江西（龙虎山）、湖南（崀山）、浙江南部（金华、丽水等地）最为典型。

（4）“雅丹地貌”。在“雅丹”一词还未提出时，对于这类地貌有众多称谓，如“龙城”“龙堆”“泥狮”“剥蚀丘”“土阜”等。20 世纪 90 年代，瑞典的一名探险家来到中国，在罗布泊看到了成群分布的经水蚀后又经过风蚀，高两三米、长数百米的地貌，当地人称它们 yardang，维语的意思是有陡壁的小丘，随后“雅丹”一词正式提出。这种地貌在我国主要分布在西北地区大风干旱的古湖盆或湖积平原，广义上它是干燥地区的一种风蚀地貌，河湖相土状沉积物所形成的地面，因风化作用、间歇性流水冲刷以及风蚀作用，形成的与盛行风向平行、相间排列的风蚀土墩和风蚀沟槽地貌的组合。柴达木盆地西部有世界上最长的雅丹地貌群，我国比较出名的雅丹地貌有白龙堆、乌尔禾、三垄沙等雅丹群。每当大风过后，留下的风蚀岭脊、土墩、沟槽、洼地，犹如城堡街巷。所以，雅丹地貌地区也被称为“魔鬼城”。

（5）熔岩地貌。熔岩地貌是地下岩浆涌出地表后凝固所形成的地貌。因地壳断裂、新构造运动和板块运动而形成火山喷发，地下岩浆从火山口、火山裂隙涌出地表，随地形流动，逐渐冷却、凝固，并散失大量气体而形成黑、褐、黄等颜色的绳状岩体和块状岩体。由于岩浆黏性大小不同、熔岩的流动能力不等，其中流动性强而黏性小的可以形成厚度薄而分布广的熔岩流；反之则形成厚而短的熔岩流。熔岩在流动过程中如遇陡坡，其速度加快，自高处下泄形成状若流水的熔岩瀑布。当熔岩表层已经凝固而内部仍在流动，还会形成熔岩洞穴，这类洞穴内壁平滑、有光泽。火山口有的积水成湖（长白山天池），有的经过漫长的年代出现“地下森林”（长白山“地下森林”，其中有的树龄已达数百年）。熔岩地区除出现上述景观，还拥有较丰富的地热资源，常分布有温泉，有的可作为疗养胜地。在我国，熔岩地貌主要分布于三个地带：环蒙古高原带，如山西大同、黑龙江五大连池；青藏高原带，如云南腾冲火山群；环太平洋带，如吉林长白山、台湾大屯火山群等。

（6）冰川地貌。冰川地貌是由于冰川在运动过程中对岩体的侵蚀、搬运和堆积作用形成的。因冰川侵蚀（磨蚀）作用而形成的地貌，称冰蚀地貌，典型的有冰斗、U 形槽谷、峡湾、羊背石等。因堆积作用形成的地貌称冰碛地貌，典型的有冰碛丘陵（基碛丘陵）、侧碛堤、终碛堤（前碛堤）、鼓丘和冰砾扇等。此外，冰体融化所形成的冰桌、冰桥、冰兽、冰蘑菇等都有较高的观赏价值。但冰川地貌，无论是现代冰川或古冰川地貌，主要价值在于科学考察。在我国，冰川地貌主要发育于西部高山，如四川贡嘎山、新疆阿尔泰山的喀纳斯冰川湖、天山天池等。其中贡嘎山海螺沟冰川景观中的瀑布、冰川桥堪称奇观。我国东部一些中高山地也有古冰川遗迹，如江西庐山、浙江天目山等地都有冰川湖、冰川漂砾、冰川 U 形谷、冰斗等遗迹。

（7）海岸地貌。在海洋与陆地的接触地带，由于波浪潮汐和海流等海洋动力作用，在地壳构造运动、岩性及入海河流等的影响下，所形成的独特地貌称之为海岸地貌，可分为海蚀地貌和海积地貌。海蚀地貌是波浪对海岸的侵蚀作用形成的，其基本形态有海蚀崖、海蚀台、海蚀桥、海蚀穴、海蚀柱。这类地貌与沙滩相配合，是理想的海滨旅游胜地；海积地貌是进入海岸带的松散物质，在波浪推动下进行运动，并在一定条件下堆积下来，形成的各种海积形态，如沙滩、沙坎、沙嘴、潟湖等。我国是开展这类旅游条件较好的国家，因为海岸既拥有良好的沙滩条件，又有丰富的海岸地貌景观，阳光充足，气候温和。

（8）黄土地貌。在我国多分布在西北内陆的干旱地区，形成一系列大沙漠。新疆南部的塔克拉玛干大沙漠，面积达30余万平方公里，是我国最大的沙漠。北部的古尔班通古特沙漠，面积也非常辽阔。在内蒙古，由西到东，还有巴丹吉林沙漠、腾格里沙漠、乌兰布和沙漠、毛乌素沙漠等。强烈的西北风将这里的细沙和粉尘旋入天空后随风南下。经过两三百万年的搬运堆积，形成黄土层。我国黄土高原是世界上最大的黄土分布区，黄土层深厚，各种地貌类型典型。黄土的垂直节理发育使得黄土高原具有独特的黄土塬、黄土梁、黄土峁、黄土坪等地貌，以及独特的窑洞民居形式，因此黄土地貌也是一种独特的地貌旅游资源。

第二节　地文景观类旅游资源类型

一、自然景观综合体

AAA山丘型景观：山地丘陵内可供观光游览的整体景观或个别景观。根据形成原因，山可以分为三类，分别是构造山、侵蚀山、堆积山。由地壳构造运动所形成的山称为构造山。因为地壳运动，造成地表岩层大面积的褶皱而形成褶皱山或因地壳断裂上升，形成的断块山等都属于构造山。例如，亚洲的喜马拉雅山脉、太行山，南美洲的安第斯山脉，都是地壳板块运动、挤压形成的。原为高原或构造山，后来受到流水、风力等外力长期侵蚀分割而形成的山地，叫作侵蚀山。水流将山体侵蚀成空洞，空洞塌陷后，被水流冲刷成山谷，于是形成了一道道山脉，如桂林山水。由某些物质在地表堆积而成的山叫堆积山，这种山形状很对称，而且一般都孤立地矗立在低平地区之上。例如，日本的富士山等各地的火山就是最常见的堆积山。地理学按山的海拔高度将山地分为极高山（绝对高度大于5000米）、高山（绝对高度在3500~5000米）、中山（绝对高度在1000~3500米）、低山（绝对高度在500~1000米）、丘陵（相对高度小于100米）。山地作为中尺度地貌旅游景观，表现为陆地相对高差较大，坡度较陡，还因不同山体岩性差异，形成千姿百态的不同尺度的地貌景观。

AAB 台地型景观：山地边缘或山间台状可供观光游览的整体景观或个别景观。由于构造的间歇性抬升，使其多分布于山地边缘或山间。有人认为台地是高原的一种，但一般而言，海拔较低大片平地称为平原，海拔较高的大片平地称为高原。台地则介于两者之间，海拔在一百至几百米。根据成因可分为构造台地、剥蚀台地、冻融台地等。根据物质组成又可分为基岩台地、黄土台地、红土台地等。黄土台地是由剥蚀、侵蚀堆积形成的台地，一般地面水、地下水缺乏，灌溉条件差。太原、临汾、长治等盆地内侧台地内水系冲沟稀疏，台面完整，地势平缓，前沿陡坎下明显，耕作条件好，为农业产区。太原盆地边缘、临汾盆地东部及中条山南麓、上石丘陵或低山的交接地带，台面微倾斜，水系冲沟较发育，沟谷溯源侵蚀较强烈，有的台面已相当破碎，呈现出残垣或黄土梁状丘陵的地貌形态。黄土断块台地主要分布在万荣、临猗、稷山一带的峨眉台地，面积 2325.6 平方公里，黄土层厚，地下水埋藏深，梯级台面较平坦，为棉麦的主产区。台面边缘沟谷侵蚀相当严重，已属丘陵类型。玄武岩台地是中玄武岩喷溢而形成的台地，上覆黄沙土，主要分布在大同盆地黄花梁及大同县阁老山的火山群东南部，面积 300 平方公里，小部分被垦为农地，大部分土地贫瘠，可为林业用地。美国著名的弗德台地位于科罗拉多州西南角，其石质台地多由中生代的砂岩和页岩等构成，向南倾斜形成了海拔 2000 多米的悬崖峭壁。聚居在这里的古代印第安人为抵抗邻近部落的侵袭，开山凿石，修建崖壁石屋，这种人类在自然地貌上的生存改造现象还被作为文化遗产列入《世界遗产名录》。

弗德台地国家公园（Mesa Verde National Park）位于美国科罗拉多州西南部蒙特苏马山谷和曼科斯山谷之间，占地面积达 21074 公顷。1888 年 12 月发现后，1906 年美国政府将其辟为国家公园，这里是北美印第安人史前居住地遗迹保留地，迄今已有 3800 个史前遗迹点与世人见面，有建于 6 世纪到 12 世纪的阿拉萨斯印第安人居址，其中包括平原村庄和悬崖上房屋。悬崖房屋是用石头在悬崖凹进的地方垒砌起来的，共有房屋 200 多座，其中的悬崖宫殿最为壮观。崖宫是最大的崖居之一，实际上是一个悬崖上的村庄。宫前是圆形半埋入式的仪式室，叫作地下礼堂。悬崖正下方所遮蔽的正方形砖砌建筑是人们的住处，在其后面的岩石面上修建了储藏室。1978 年被列入《世界遗产名录》。

AAC 沟谷型景观：沟谷内可供观光游览的整体景观或个体景观。河谷是河流长期下蚀河床，在陆地上造成的一条条狭长形的洼地，由谷底、谷坡组成。根据地质构造成因，河谷可分为断层谷、向斜谷、背斜谷和单斜谷等（见图 3–1）。沟谷是游人进入自然的最佳途径，在狭窄的通道中，纵向往上是垂直分异的自然山体和林木，横向往里则是穿山绕岳的地域分割差异。同时沟谷景观也由于干湿条件不同，而形成丰富多彩的旅游活动项目，如徒步观景、避暑、漂流、温泉。如西部高原区的四川省阿坝藏族羌族自治州松潘县牟尼沟风景区，占地面积将近160平方公里，年平均温度为7℃，兼具自然风格和民族风情，瀑布、原始森林、高山湖泊等美景比比皆是，使得山、水、林在这里融为了一体，是游人探秘高原景观的适宜之所。还有广东英德市的天门沟景区，西京古道在此穿过，自然风光优美，历史悠久，具有内涵丰富的古代交通文化。此外，中国开发较成熟的沟谷型景观还包括清远古龙峡（国际漂流联合会训练基地、亚洲激流回旋赛场）、湘西猛洞河（4A级旅游景区）、黔西南马岭河峡谷、清远黄腾峡、德庆盘龙峡、豫西大峡谷、武夷大峡谷、尧山大峡谷、宝鸡红河谷等。

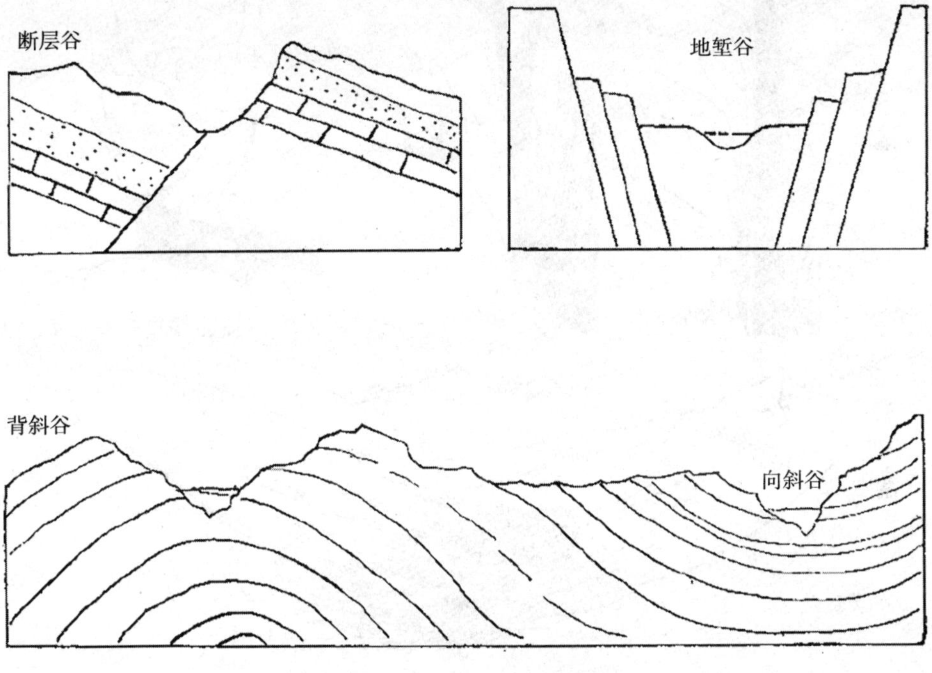

图3–1　沟谷的不同成因类型

根据河流切入基岩河谷横剖面的即成形态，可分为V形谷和U形谷（又称U形槽）。V形谷是两壁较陡，谷底狭窄，河床纵剖面坡降很大，河床底部起伏不平，水流湍急，沿河多急流、瀑布，侵蚀作用以下蚀为主，常形成于坚硬的岩石分布区，断裂带及构造软弱带以及新构造运动上升地区。由于侵蚀基准面的下降或河流水量的增加，也可能造成河流下切侵蚀的加强而形成V形谷。V形河谷按照形态又可分为隘谷、障谷和峡谷（见图3–2）。隘谷是指谷地深窄，谷坡陡峭近于直立，谷底全为河床占据的谷地。如陕西商南金丝大峡谷景区内的一处隘谷，最窄处不到1米，两侧山崖高达数百米。隘谷是V形河谷初期发育阶段，通常形成于地壳上升河流强烈下蚀和垂直节理发育的坚硬岩层地区。障谷是由隘谷发育而成的，两壁陡峭但谷底较隘谷宽，常有基岩侵蚀面或砾石浅滩露出水面。峡谷由隘谷和嶂谷发展而成，峡谷的横剖面呈明显的V字形，谷坡陡峭，谷坡上有阶梯状陡坡，谷底出现岩滩及雏形河漫滩。我国金沙江虎跳峡，长江三峡，都是举世闻名的V字形大峡谷，虎跳峡最窄处的江面宽仅40~60米，谷深达3000米。U形谷一般是冰川侵蚀形成，两侧有平坦的谷肩，横剖面近似U形。我国的长白山U形谷宽达300米，切割深度在100~200米，谷底平坦，是世界著名的U形谷。

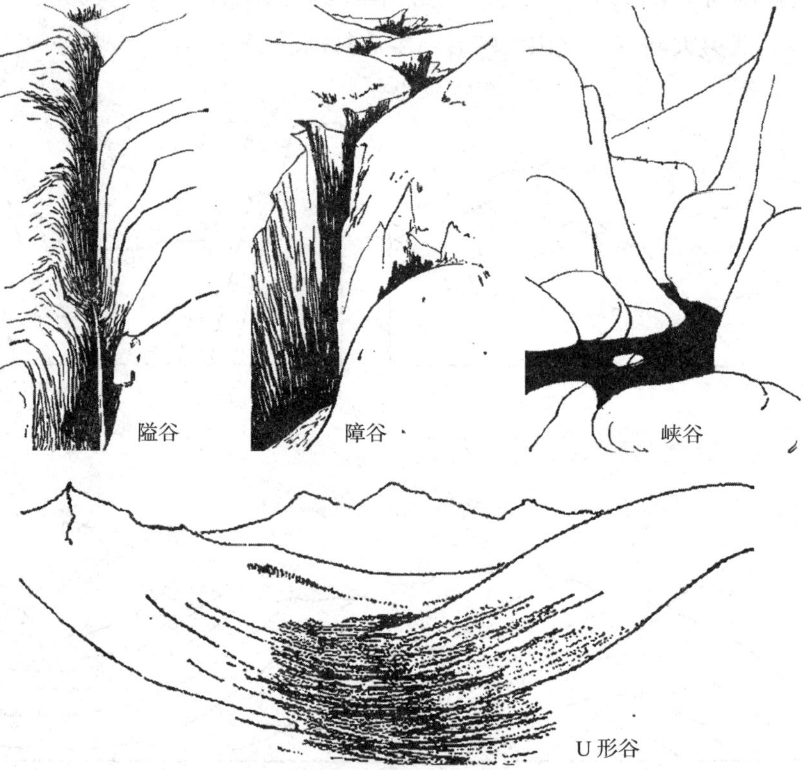

图3-2　谷地形态的不同类型

成形河谷的特征是具有阶地。河谷在发育过程中，由于侵蚀作用与沉积作用的更替，其形态是千变万化的。在地壳运动及气候条件变化等因素的影响下，河谷形态不仅在纵剖面上呈阶梯状，而且在横剖面上也呈现阶梯状，位于谷坡上的这种台阶叫河谷阶地。每一级阶地都有一个平坦的阶面和一个陡坎（见图3-3）。

图 3–3 一级阶地与二级阶地

AAD 滩地型景观：缓平滩地内可供观光游览的整体景观或个别景观，如河滩、湖滩、海滩等（见图 3–4），其形成原因主要是沉积作用，如河水搬运力降低，碎屑物质发生沉积，多堆积在河床及滨河床一带，或在河口地区形成三角洲。

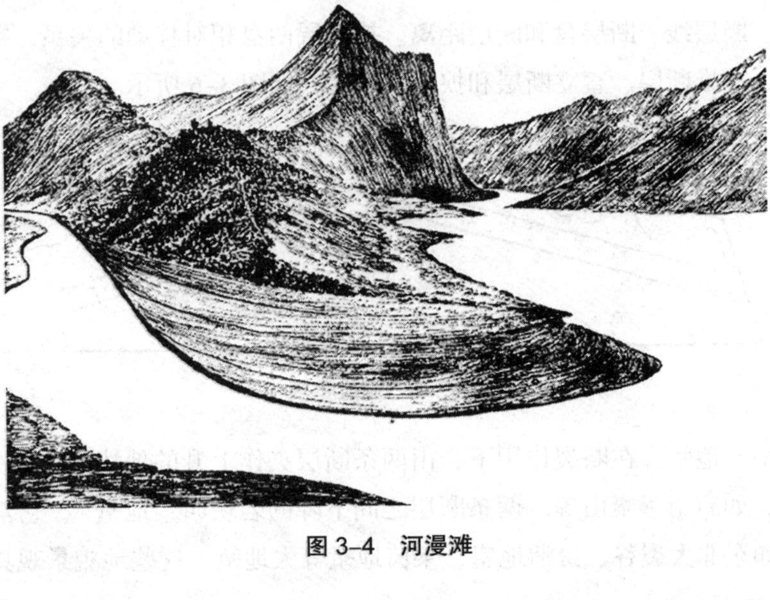

图 3–4 河漫滩

二、地质与构造形迹

ABA 断裂景观：地层断裂在地表面形成的景观。断裂构造是指岩石受应力作用而发生的变形。当应力超过一定强度时（地壳运动产生的强大压力张力超过了岩石的强度而形成），岩石便发生断裂，甚至沿破裂面发生错位、位移，使岩层的连续性和完整性受到破坏而变形。按断裂规模和破裂程度，一般可分为劈理、节理、断层等类型。劈理规模很小且与地貌关系不大，而节理和断层与地貌景观的形成关系密切。

（1）节理（裂隙）。节理是指岩石破裂后无明显位移的断裂构造。节理的存在，可以加速各种外营力（风化、重力等）的侵蚀过程，形成地貌景观。如云南石林、张家界石林，就是沿垂直节理侵蚀而形成的地貌景观。此外，断裂石块、石缝、一线天景观都与节理构造有关，如图 3–5 所示。

图 3–5　裂隙景观

（2）断层。断层是岩石受力破裂并沿断裂面发生较大位移的构造。断层的要素包括：断层面、断层线、断层盘和断层距离。按断层两盘相对移动的关系，断层分为正断层、逆断层、平推断层、直立断层和捩转断层等，如图 3–6 所示。

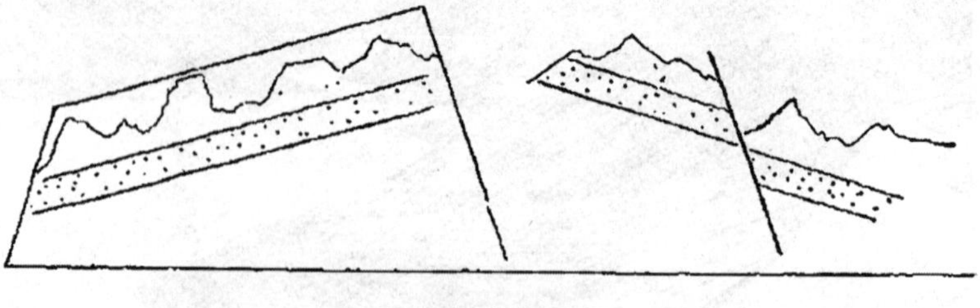

图 3–6　断层景观

（3）地垒、地堑。在断裂作用下，由两条断层夹作上升的地块叫“地垒”，它常形成块状山地，如庐山、泰山等。两条断层之间下降的岩块叫“地堑”，它常形成狭长的凹陷地带，如东非大裂谷、汾渭地堑、莱茵地堑等大地堑。这些地貌景观具有陡峭、雄伟的美学特征（见图 3–7）。

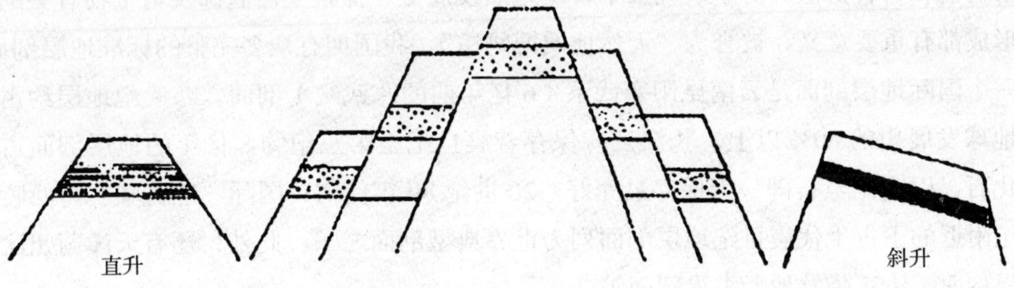

图 3–7　地垒与地堑

（4）其他断层形成的地貌。有的断层常形成平直的陡崖。断层地带岩石破碎，易被风化侵蚀，沿断层线常发育成沟谷，有时出现泉和湖泊。地壳以下深处的岩浆有时上升侵入地壳中冷凝成岩，有时还会冲出地表，形成火山。

ABB 褶曲景观：地层在各种内力作用下形成的扭曲变形（见图 3–8）。板块向前运动时，一些岩层被挤压形成波浪式的起伏，弯曲的岩层被称作“褶皱”。褶皱向上拱的部分叫“背斜”，意思是岩层相背倾斜，下拗的部分叫“向斜”，表示岩层相向倾斜。一般背斜成山，向斜成谷。但挤压成山是个缓慢过程，挤压上升时侵蚀就开始了，有时背斜被侵蚀得多，反而成谷，向斜被侵蚀得少，反而成山。

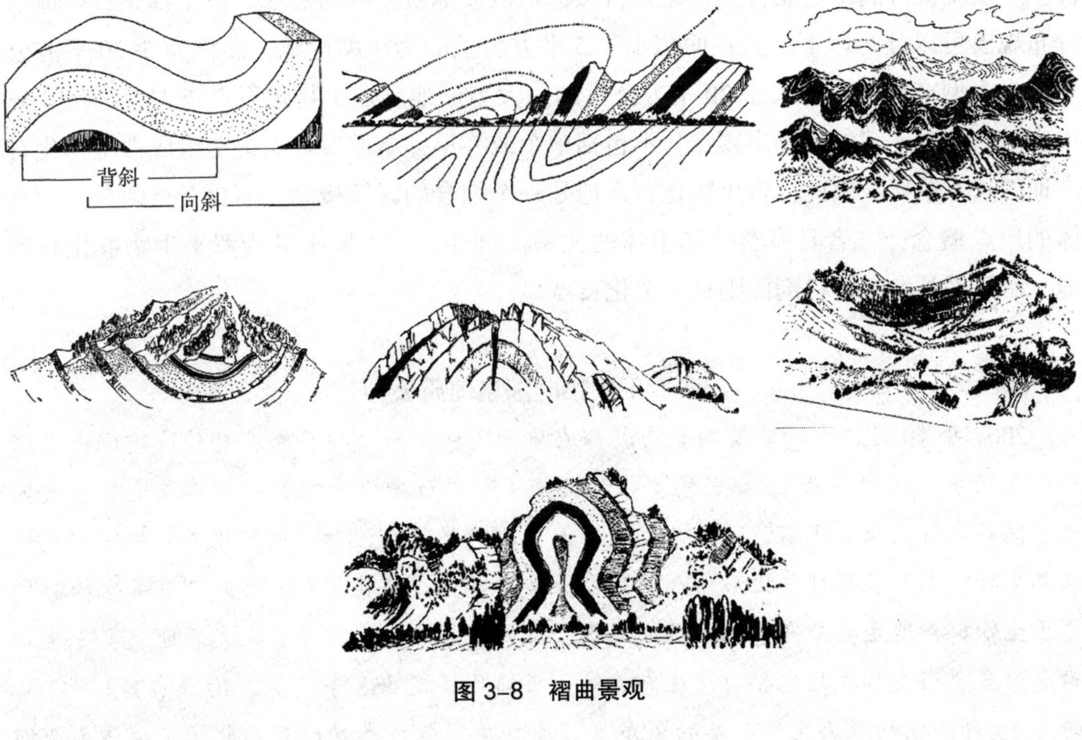

图 3–8　褶曲景观

ABC 地层剖面：地层中具有科学意义的典型剖面。这类旅游资源具有重要的科学考察价值和科普价值。对于研究某个特定地质发展史、探索生命起源及与生物有关的矿产形成都有重要意义，被誉为“天然地质博物馆”。我国拥有众多完整的标准地层剖面，第一个国际地层剖面是云南昆阳寒武系（6 亿年前的寒武纪）剖面。寒武纪地层约占整个地球发展史的 80% 以上。长江三峡保存着震旦纪至第三纪约 8 亿年的地层剖面古生物化石，以南沱至石碑一带保存最完好。20 世纪 80 年代初，国际“地科联”将西陵峡莲沱附近的下古生代震旦纪地层剖面列为世界典型剖面之一。此外，还有天津蓟州区元古界剖面、十三陵盆地元古界剖面等。

ABD 生物化石点：保存在地层中的地质时期的生物遗体、遗骸及活动遗迹的发掘地点。化石是由地质历史时期生物的遗体或其他生活活动的遗迹被沉积物埋藏之后，在沉积物的压实、固结成岩过程中，经过石化作用形成的。根据化石保存的方式可将其分为生物遗体的实体化石、生物遗体在其周围岩石留下的印模化石、生物活动留下的遗迹化石等类型。其中实体化石和遗迹化石具有较高的旅游观赏价值，适合开展文化博览旅游。如四川自贡恐龙博物馆、北京地质及自然博物馆、山东山旺生物化石博物馆、澄江化石地自然博物馆等。古生物化石产地指在特定（或同一）地质构造、沉积区内，由相同或不同类型的古生物化石点集中分布所构成的区域。古生物化石产地中所产出的化石可以为单一类型或混合类型、同一时代或跨时代，也可以组成一个或多个相关的生物群。产地规模可满足建立古生物化石自然保护区或地质公园的要求。古生物化石产地从分布规模可以分为以下三类：面积小于 5 平方公里的为小型产地，面积为 5~20 平方公里的为中型产地，面积大于 20 平方公里的为大型产地。古生物化石点指古生物化石集中产出、相对连续的岩层出露点，不包括单个或零星标本的发现点，是组成古生物化石产地的基本单元。因此，古生物化石产地是一个综合的区域概念，而化石点则是一个具体的地点概念，二者具有整体和个体的关系。例如，云南罗平县为罗平生物群化石产地，而罗平县大洼子村剖面则是一个化石点。

云南罗平生物群国家地质公园

2007 年 10 月，中国地质调查局成都地质调查中心一个项目组在野外地质调查过程中，在距罗平县城东南 15 公里的罗雄镇大洼子村附近中三叠统关岭组二段地层中发现大量保存完好的鱼类化石，随后又发现了大量爬行类及其他动、植物化石。经过研究证实其生物门类的多样性、化石保存的完整性举世罕见，将其正式命名为“罗平生物群”。罗平生物群产地主要分布在罗平县城周围，主要化石点有大洼子、九光等地。罗平生物群是由多个门类构成的完整海洋生态系统，目前已鉴定出 8 个门类、40 属、113 种，新命名 55 种，包括了海生爬行类的鱼龙类、原龙类、鳍龙类等；鱼类包括了辐鳍鱼亚纲软骨硬鳞鱼次纲的古鳕鱼类、龙鱼类、辐鳍鱼亚纲新鳍次纲的裂齿鱼类、肋鳞鱼类、半椎鱼类、鲱口类和铰齿鱼类，肉鳍鱼亚纲空棘鱼类等；罗平生物群目前发现的化石以甲壳纲为主，另外还发现有螯肢亚门的肢口纲鲎类化石和多足亚门倍足纲的千足虫类化石。尤其罗平生物群甲壳类数量巨大，种类多样，包括有糠虾类、十足目、等足目、叶肢介以及可能属于甲壳纲的园蟹类等；软体动物门的菊石、双壳、腹足、箭石等；腕足动物门的舌形贝类；棘皮动物门的海胆、海星、海百合和海参；还包括牙形类、有孔虫类、植物化石（松柏类）和遗迹化石。其中鲎、等足目、千足虫等化石均是首次在我国发现。利齿滇东龙、丁氏滇肿龙、云贵中国龟龙，目前已在原国土资源部公布的《国家重点保护古生物化石名录（首批）》中被列为一级重点保护古生物化石。罗平生物群是云南古生物化石研究领域中的重大发现之一，其巨大的科学价值得到了国内外古生物学界的认可和赞誉。为了有效保护这些不可再生的、珍贵的地质遗迹，保护自然环境，挖掘其科学价值，普及地球科学知识，提高公众科学素质，丰富当地旅游资源，提升旅游新形象，实现地方旅游业的整体跃升，2011 年，罗平县人民政府联合中国地质调查局成都地质调查中心共同完成了罗平生物群国家地质公园申报工作，并最终通过评审。2016 年 10 月，罗平生物群国家地质公园经自然资源部批准顺利通过验收并挂牌。罗平生物群国家地质公园以三叠纪古生物化石和喀斯特岩溶峰丛地貌为特色，包括大洼子古生物园区和金鸡峰丛两个园区。大洼子园区展示了地球生命史上规模最大的生物大绝灭之后的生物复苏和大辐射奇迹的最典型代表——罗平生物群，是观赏 2.44 亿年前三叠纪海洋生命的最佳地点。罗平生物群国家地质公园地质遗迹景观资源具有典型性、稀有性、自然性、优美性、系统性和完整性等特性。其古生物资源对研究生物演化尤其是 2.52 亿年前的大灭绝之后的生物复苏，以及对生态学、埋藏学、古地理、古气候及油气地质学都具有重要的科学研究和科普教育价值。因此，罗平生物群不单是罗平的、云南的，更是中国的、世界的。

三、地表形态

ACA 台丘状地景：台地和丘陵形状的地貌景观（见图 3–9）。熔岩台地或称熔岩高原，是火山熔岩构成的台地。固结了的熔岩抗蚀能力强，可以保护下伏岩层免受侵蚀，相邻地区则因侵蚀、搬运作用，地势降低，熔岩覆盖的地区相对高起呈台地状，故称熔岩台地。

图 3-9 台丘状地景

南京江宁方山是1000万年前火山爆发后形成的死火山，因像一个巨大的印章又被称为天印山。由于这座火山的典型性、代表性、完整性，早在1948年就因我国地质学家做过详细研究而闻名。火山喷发的玄武岩层层叠叠组成方山主体。玄武岩之下为古河流沉积砂砾岩，即地层学上“洞玄观组”的创名地。山脚下片片红砂岩则是距今约8000万年前的晚白垩纪赤山组砂岩层。方山由上而下，由玄武岩、砂砾岩、砂岩组成，它是大地变迁的天然档案，它向人们诉说着地球科学的一段故事。从山下东面火山喷发后火山灰形成的丘陵和火山停止喷发冷凝后形成的岩浆包可以看出火山爆发时的火山口。方山一绝“可以浮在水面上像蜂窝一样的火山石”只有在火山口附近才能找到，火山口附近还有一些奇特的火山岩地貌，以及可以直观考察了解火山地貌的“洞玄观组”，20世纪90年代，南京师范大学地理系师生来此考察，在“洞玄观组”发现了南京古生物“安琪马”化石，当年被评为“全国十大发现”之一，作为科普考察地理修学的理想场所，20世纪方山被第三十届地质大会认定为指定的火山考察点。2009年，被评为国家地质公园。

ACB峰柱状地景：在山地、丘陵或平地上突起的峰状石体。峰林是三种不同岩性的石头经过外动力的侵蚀作用而成的。第一种是丹霞峰柱，即红色砂砾岩的侵蚀溶蚀地貌，专指中生界和新生界的厚层、产状平缓（或直立岩层），岩层垂直节理发育，钙铁质混合胶结不匀的红色砂砾岩层，在差异风化、重力崩塌、流水侵蚀、溶蚀等综合作用下所形成的一种赤壁丹崖地貌景观。第二种是雅丹峰柱，是指新生界的第三系及第四系湖泊、河流相沉积的各种黏土、砂、砾石松散堆积物，在干燥气候环境条件下，受季节性雨水淋蚀而形成的地质景观，有土林、沙林、膏林及土柱等景观。第三种是喀斯特峰柱，即在热带及暖亚热带气候区，有一定的厚度的碳酸盐岩经受较强烈岩溶作用形成的山峰。就峰林的演化过程而言，三种峰柱状地景又可分为峰丛、峰林及孤峰。峰丛是峰林的雏形或年青的峰林，基座相连；峰林是发育较成熟的阶段，呈锥状、塔状等；孤峰是峰林发育的晚期阶段。除淡水侵蚀外，多风区、海岸都有可能形成峰柱状地景，以下分别是水溶、风蚀、海蚀的峰柱状地景（见图 3–10、图 3–11、图 3–12）。

图 3–10　水溶的峰柱状地景

图 3–11　风蚀的峰柱状地景

图 3–12　海蚀的峰柱状地景

ACC 垄岗状地景：构造形迹的控制下长期受溶蚀作用形成的岩溶地貌。即在向斜轴部出露的碳酸盐岩被溶蚀而形成的条形谷地，其谷地与向斜构造的轴一致，谷地中有地表水流，较大暗河大多与向斜构造轴一致，谷地两侧垄岗中发育有小洼地和漏斗。我国岩溶地貌主要分布在新构造运动强烈上升区，我国广西、云南、贵州等地较为典型。云贵高原现阶段发育的主要为溶斗地貌。溶斗（漏斗）的发育过程会经历溶孔、溶痕、溶沟、沟谷的过程。溶孔是碳酸盐类矿物颗粒间的原生孔隙、节理及隐节理被溶蚀后形成的小孔洞。溶痕是水流沿可溶性岩石表面溶蚀形成的纹理，它是溶洞的雏形。图 3–13 的左上为浅槽状溶痕，中上为条带状溶痕，右上为顺流而发育的溶痕。碳酸盐岩表部的裂隙都被溶蚀，或溶痕进一步发展而形成的长度不一的沟槽就成为溶沟（左下），一般宽数 10 厘米至 2 米，深以米计，长度不等。溶沟进一步发展可形成两壁陡峭宽度较小深度较大的沟谷（右下）。我国北方新构造运动强烈上升的地区，也常见由障谷发育而来的溶谷，其整体呈现出垄岗状地景。

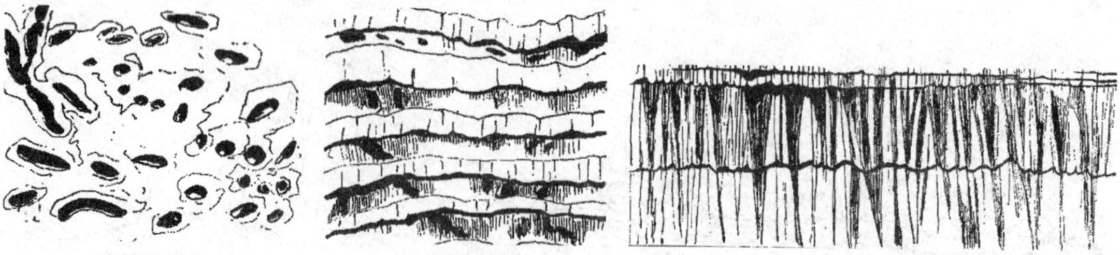

浅槽状溶痕　　条带状溶痕　　顺流而发育的溶痕

溶沟

沟谷

图 3-13　碳酸盐岩龙岗状地景的发育过程

另一类垄岗状地景分布在丹霞地貌区，因红色岩系多分布在向斜谷中，被流水侵蚀形成许多开阔的红色岩石盆地，盆地中的红色岩系形成假岩溶地形（见图 3-14）。山岭部分受流水侵蚀，其形态显得比较陡峻，斜坡部分受流水切割比较破碎，泻溜地形、沟壑地形、垄岗地形发育。

图 3-14　红色砂岩龙岗状地景

ACD 沟壑与洞穴：由内营力塑造或外营力侵蚀形成的沟谷、劣地，以及位于基岩内和岩石表面的天然洞穴，以我国西北黄土地貌最为典型。“千沟万壑”“沟壑众生”都是形容黄土地貌的，其发育有无数股无固定流路的细小流水顺斜坡成片状流动的叫片流。当片流遇到凹凸不平的地面时便集中到低洼的沟中流动，形成的水流称洪流。洪流不仅水量集中了，而且还有固定的流道。片流和洪流都出现在降水及雨后很短的一段时间内，因此，它们都是暂时性流水。暂时性流水所造成的侵蚀地形有切沟、冲沟或河谷，其沟壑两边称为梁地、劣地等。其中规模巨大表面很平坦，周围有沟谷环绕成为黄土塬；由沟谷侵蚀而成，通常分布在两条平行的谷地之间的是黄土梁，根据梁的形态和发育过程可以分为平梁、斜梁、峁梁。孤立浑圆，顶部呈弯形的丘陵就是黄土峁。黄土被地下水机械潜蚀后，出现种种“假岩溶”现象，如黄土陷穴、黄土桥、黄土柱等。此外，由于重力作用，常常发生崩塌、滑坡和泻溜。图 3–15 为黄土地貌中发育的冲沟（陇东庆阳），图 3–16 为黄土斜坡中发育的切沟。

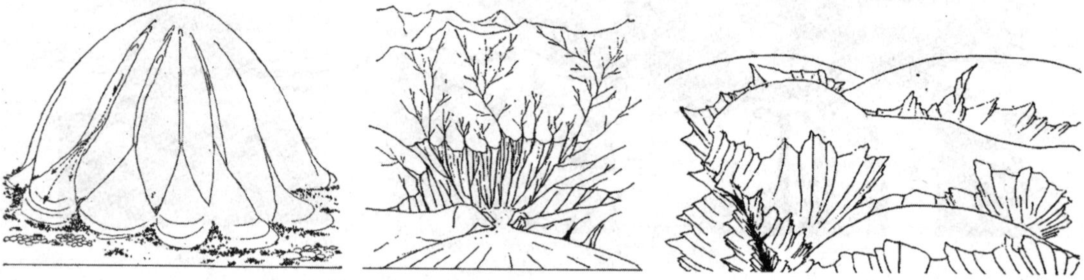

图 3–15　黄土地貌中发育的冲沟（陇东庆阳）

图 3–16　黄土斜坡中发育的切沟

我国为世界上黄土地貌最发育的地区，分布面积很广，主要分布在广大西北黄土高原区。黄土分布面积约有 40 万平方公里，一般厚度为 30~80 米，最大厚度为 400 米，呈现西北厚、东南薄的特点。黄土颗粒粒径自西北向东南逐渐变细，据观测，现在仍在进行着黄土的堆积，如华北地区，年沉积 1 毫米厚。据此沉积厚度，按最大厚度 400 米计算，我国黄土是最近 40 万年的年轻沉积物。

天然洞穴主要是碳酸盐岩经溶蚀，形成近水平或倾斜的大型空洞，称为溶洞。溶洞是集中岩溶水流的通道。有的溶洞因地下水面相对下降而成干洞。溶洞的发育，受岩性、构造及水流动力条件的控制。水流沿裂隙、断层、岩层层面等空隙发生溶蚀，使孔隙、裂隙等不断扩大，地表形态有溶蚀漏斗、溶蚀洼地等。溶斗是集中渗流溶蚀或塌陷后形成的漏斗状地形。溶洼是溶斗进一步溶蚀和侧向扩大，并伴随着地下水的作用而成，其底部继续发育落水洞或溶隙，以吸收地表水流。溶盆是地壳相对稳定条件下，溶洼进一步发展扩大构成的封闭或半封闭的盆状地形。溶盆按其成因有构造溶盆、断陷溶盆、接触式溶盆。溶原是溶盆进一步演化形成的，代表岩溶发育的晚期阶段。溶洞中有美丽的石钟乳、石笋和石柱，有时有地下河流和湖泊。溶有重碳酸钙等成分的岩溶洞顶渗滴水流所形成的各种乳状、管状灰华沉积，通称石钟乳类；滴水至洞底形成笋状、塔状灰华沉积，通称石笋类。石钟乳与石笋连接形成石柱（见图 3–17）。另外，还有石田、葡萄石、钙板等。溶洞中较大的片状水流形成的帘状或幔状石灰华沉积叫作石幔。

图 3–17　溶洞中的石幔、石钟乳、石笋和石柱

ACE 奇特与象形山石：形状奇异、拟人状物的山体或石体。如若是山体，就是部分岩石山体受构造影响，岩体破碎，受水的淋蚀等地质作用，可能形成一些孤石，由于其外形不定，人们通常觉得像某一种事物，一般称为象形石。在各类地貌中均能形成奇特象形山石，如花岗岩地貌中的石蛋、石柱等，喀斯特地貌中的石芽和天生桥、雅丹地貌中的风蚀柱、海岸地貌中的风蚀崖、丹霞地貌中的石天生桥等（见图 3–18、图 3–19），都是典型的代表。

【石芽】发育在岩溶演化的各个阶段和不同气候带内，有利于垂直溶淋的地区发育更完善一些，大面积发育时成为石芽原野。石芽是纵横交错的溶沟间残存的石脊，多呈锥状或尖棱状。云南石林是在晚第三纪湿热古气候条件下形成的巨型石芽，最高者达 30 米。云南的剑石就是碳酸盐岩受溶蚀、侵蚀后残存的柱状体，实际上它是巨型石芽。

图 3–18　岩溶地貌发育的石芽

图 3-19　海蚀桥和风蚀怪石

ACF 岩土圈灾变遗迹：岩石圈自然灾害变动所留下的表面痕迹。地球表面一直处于自然变化之中——地震、火山喷发、破坏性洪水、泥石流、滑坡和其他自然灾害，认识地球表面的这些变化是一个重大的科学挑战。与强烈的构造地震活动有关的各种地震地质作用和地震效应等遗迹称为地震遗迹。一般而言，新近发生的地震其地震遗迹清晰。地震遗迹主要包括地裂缝、同发型滑坡、崩塌、地表堰塞湖、陆地（建筑）沉没，桥、塔建筑破坏，甚至出现劈山移石、地面鼓包、喷水涌沙、大树被地震撕裂等景观现象。著名地震遗迹有云南大理三塔、四川汶川映秀镇。地质灾害遗迹，主要发生在多山的地区，造成山地（斜坡）地质灾害的主要原因虽是自然因素，但近年来人类工程、经济活动因素逐渐占有更大比重。西部高原山地的滑坡是最常见的地质灾害。如 20 世纪 70—80 年代怒江大峡谷多次发生滑坡、泥石流导致整个村和怒江汽车站一夜消失。昆明市东川泥石流景观，目前已开发有汽车越野拉力赛及自然景观观赏等旅游项目。

四、自然标记与自然现象

ADA 奇异自然现象：发生在地表一般还没有合理解释的自然界奇特现象。世界上很多奇异的自然现象，因其形成的历史较为久远和风光极其旖旎而有着无穷的魅力，吸引着人们去探索，是充满神秘色彩的旅游资源，给游人带来一种猎奇的感觉。例如，科隆群岛、土耳其精灵烟囱、印度邦纳尼海滩、西藏的间歇泉、河南的冰冰背等。这些奇观的存在有些已经被研究人员予以破解，有些还待解密。有一些季节性自然现象，无法准确预测出现的时间，同时也需要本地向导予以帮助才能有机会看到。

【漂移石】在美国莫哈韦沙漠与科罗拉多沙漠生物圈保护区的死亡谷有一种奇特的现象，神秘的石头会在充满泥泞的荒滩沙漠上“漂移”，这一现象在科学界已争辩了多年。数百磅重的石头能够漂移至数百米远，许多科学家认为这可能是强风和沙漠表面的冰层结合作用下促使石头出现移动。然而，这种解释并站不住脚，它无法解释为什么不同大小的石头会并排以不同速率和截然不同的方向移动。此外，物理学计算也不支持以上的解释，因为这需要至少每小时数百英里的风速才能将沙漠上的石头移动。也许强烈的风会吹动一些小石块，但数百磅重的石块是通过什么神秘力量移动的呢？

【海洋蓝洞】海洋蓝洞是海底突然下沉的巨大“深洞”，从海面之上观看对比周边的水域时，这个海底“深洞”颜色昏暗，具有不祥的蓝色调。蓝洞有数百英尺深，当潜水员潜入海洋蓝洞进行勘探发现这里严重缺氧，可能是由于缺少水循环无法支持海洋生命存在。但是海洋蓝洞极具海底探险与科学研究价值，目前科学家在海洋蓝洞底部发现了许多远古化石残骸。世界上已探明海洋蓝洞包括我国三沙永乐龙洞（300.89 米）、巴哈马长岛迪恩斯蓝洞（202 米）、埃及哈达布蓝洞（130 米）、洪都拉斯伯利兹大蓝洞（123 米）、马耳他戈佐蓝洞（60 米）等。

【冰冰背】在河南省林州市石板岩镇西北部，此处严冬水温气暖，盛夏水寒结冰，结冰面积约 6 平方米。每年冬去春来，百草复生之际，此处开始结冰，结冰时间长达 5 个月之久。到 8 月中秋以后，似有凉意之时，这里的冰冻开始融化。冰期最盛之时，恰好是盛夏季节，挥汗如雨的伏天，一踏进这块宝地，立即寒气袭人，冷气刺骨。然而到了隆冬时节，此处却出现了涓涓细流从石缝中缓缓流出的景象，热气蒸腾，泉水温和，沿溪水草繁茂，致使附近的桃树提前萌芽、开花。令人感到时令之颠倒，是被古人称为“冬时夏令颠倒颠”的避暑胜地。由于洞在山的阴坡上，当地人习惯把山阴称为“背”，所以叫冰冰背（见图 3–20）。

图 3–20　河南冰冰背

ADB 自然标志地：标志特殊地理、自然区域的地点。我国具有代表性的地理分界物及两岸地貌景观如表 3–3 所示。

表 3–3　中国具有代表性的地理分界物及两岸地貌景观

分界物	分界物两岸	分界物	分界物两岸
大兴安岭	内蒙古高原和东北平原	太行山脉	黄土高原和华北平原
巫山	四川盆地和长江中下游平原	横断山脉	云贵高原和青藏高原
天山山脉	准噶尔盆地和塔里木盆地	昆仑山脉	青藏高原和塔里木盆地
秦岭	黄土高原和汉水谷地	祁连山脉	河西走廊和柴达木盆地
大巴山脉	四川盆地和汉水谷地	古长城	内蒙古高原和黄土高原
淮河	长江中下游平原和华北平原	日月山	黄土高原和青藏高原

中国南北地理分界线标志园位于江苏省淮安市淮海北路东侧的古淮河两岸，于2008年8月开工建设的中国南北地理分界线主题雕塑是标志园内的一项重点工程。位于汕头市南澳县青澳湾的“自然之门”是座北回归线标志塔，处于北回归线与我国大陆东岸的交点处（见图 3–21）。每年夏至正午，当太阳直射北回归线时，日影将穿过“自然之门”上方圆球中心圆管，投射地台中央，达到“立杆不见影”的效果。据设计者郑少文介绍，该塔设计采用汉字“门”字进行演变造型，球体半径 3.21 米（对应春分 3 月 21 日），悬臂长 6.22 米（对应夏至 6 月 22 日），从底座到球体高 12.22 米（对应冬至 12 月 22 日）；两边门柱所倾斜的角度正好对应北纬 23.50（对应北回归线纬度）。每年夏至正午，当太阳直射北回归线时，日影将穿过上方圆球中心圆管，投射地台中央。

图 3–21　江苏省淮安市的南北分界线标志园和汕头市南澳县的北回归线标志塔

日月山是我国自然地理上的一条非常重要的分界线（见图 3–22），是我国外流区域与内流区域、季风区与非季风区、黄土高原与青藏高原的分界线，也是青海省内农业区与牧业区的分界线。坐落在青海省西宁市湟源县西南 40 公里，位于青海湖东侧，海拔最高点为 4877 米，藏语称其为“尼玛达哇”，蒙古语称其为“纳喇萨喇”，都是太阳和月亮的意思。日月山东侧阡陌良田，一派塞上江南风光；西侧草原辽阔，牛羊成群，是一幅塞外景色。山体两侧有如此大的反差，实属国内罕见。日月山顶部由第三纪紫色砂岩组成而呈红色，故在古时被称为“赤岭”。

图 3-22 青海省西宁市日月山

ADC 垂直自然带：山地自然景观及其自然要素（主要是地貌、气候、植被、土壤）随海拔呈递变规律的现象。垂直自然带特殊的生态环境，给很多野生动物，植物创造了生存条件，造就了垂直自然带的生物多样性。自然带的分布取决于气候，即其水热状况的影响。在高山地区，从山麓到山顶的水热状况随高度的增加而变化，从而形成山地垂直气候带，受气候影响的生物、土壤等，也相应地有垂直分布规律。山地垂直自然带符合地带性分布规律中的垂直地带性，在低纬和中纬的高山地区，此规律体现明显，如安第斯山、横断山等。

【雅鲁藏布大峡谷】作为世界第一大峡谷，在深度上超过了秘鲁克罗拉卡峡谷，在长度上还超过了科罗拉多峡谷，这里的平均海拔在 3000 米以上。雅鲁藏布大峡谷拥有 9 个垂直自然带，这让雅鲁藏布大峡谷拥有世界上最美的热带。

第三节 地文景观类旅游资源的价值要素

一、造型价值

根据地文景观资源的尺度大小可分为：大尺度造型地貌（整个山脉或其侧景）、中尺度造型地貌（孤立的山峰形态，如喀斯特峰形、丹霞山）、小尺度造型地貌（具有各种造型的石柱，如永康方岩）、特写造型地貌（比小尺度更小的造型地貌）、变幻造型地貌（在不同时间、地点、方式、角度看同一地貌是不同的，如雁荡山灵峰——合掌峰、夫妻峰、雄鹰峰等）。在实际进行造型价值评价时，可以从以下几方面进行。

（一）大尺度的造型

（1）高度。从旅游角度看，海拔为1000~3000米的中低山旅游价值最高。因为这一高度范围的山地特征明显，石景丰富；水量充沛，瀑布、溪流众多；生物种类多样，群落复杂，垂直分布明显；季相变化突出，夏季可避暑，冬季有雪景。如黄山、庐山、峨眉山、武陵源、雁荡山等。从旅游者的感观角度分析，相对高度越高的山地由于受到强烈切割，有的又因岩性特征给人以巍峨、挺拔、雄秀之感。如泰山周围是华北大平原，相对高度较大，有“会当凌绝顶，一览众山小”之势，以雄伟著称，成为“五岳之尊”。

（2）坡度。坡度越陡，越具险峻之感，越能给游人带来乐趣，使其难忘。王安石的“世之奇伟瑰怪，非常之观，常在于险远”说的就是这个道理。山地的险景地带多产生于断层和节理发育的层面上。如华山因其由花岗岩岩株形成的断块山，山壁直立，山脊狭窄，险景甚多，有“千尺幢”“百尺峡”“苍龙岭”“猢狲愁”“鹞子翻身”和“长空栈道”等险景；庐山有“龙首崖”、黄山有“鲫鱼背”、峨眉山有“舍身崖”，都以险著称。

（3）轮廓。山地轮廓线曲折，富有变化，造型丰富逼真，会增加游人的兴趣和意境。如昆明西山，在黄昏时由东远眺，其形状就如少女仰卧，一下子让人联想到了“睡美人”，因而成为昆明第一胜景。清代魏源观察五岳后写诗“岱山如坐、恒山如行、华山如立、嵩山如卧、唯有南岳独如飞”写出了“五岳”的轮廓线富有动态美。

（4）夷平面。山顶夷平面是指山体上升前的平坦面。从旅游区开发和发展来看，山顶夷平面，可对旅游者造成“人间仙境”的气氛：平坦宽阔的山顶平面，因其受水面积大，地下水和地表水丰富，易形成泉水和瀑布景观；平坦的山顶地面面积越大，容量越大，越有利于旅游设施的建筑，易形成旅游集散中心。如庐山牯岭镇就是庐山旅游中心和著名度假区。

（5）脉络。凡山都有脉，山脉绵延不断，蜿蜒起伏，能给人以源远不尽之感，也能使人产生无限的遐想；脉络层次丰富，形成山峦重叠的景深，如苏东坡《题西林壁》“横看成岭侧成峰，远近高低各不同”就是描写庐山脉络沿构造方向延伸明显、层次丰富的景象，更道出了人生哲理。大多数山体有完整的脉络，但火山地区、火山锥体孤立，缺乏脉络层次。

（二）中小尺度的造型

（1）花岗岩造型价值。燕山期花岗岩质地坚硬、抗蚀力强，山体高大，造型地貌发育完整。华山、崂山、黄山、九华山、天目山、普陀山、莫干山、衡山、三清山都属于这一时期的岩石。北方花岗岩降水少、气温低、风化弱，山地多成中尺度的峰丛地貌，如崂山；南方因气温高、降水多、风化强烈，花岗岩受强烈侵蚀形成小尺度的峰林地貌，如黄山。花岗岩石蛋以形状大而奇因而旅游价值高，如普陀山磐陀石、说法石、二龟听法石，黄山的猴子观海、飞来石，厦门的日光岩，海南的天涯海角石等都属于巨型石蛋。花岗岩洞穴以多个石蛋叠置而成的大岩洞旅游价值最高，往往还伴随神秘的宗教色彩。

（2）石灰岩造型价值。以岩溶洞穴旅游价值最高，洞穴长、曲折，结构复杂，洞内常有地下暗河、石笋、石钟乳、石幔、石花、石盆等微地貌奇景。评价因素包括：长度（洞长 500~1000 米，游览时间不超过 1 小时为宜）；层次结构复杂性（如四川兴文天泉洞达 5 层，宜兴张公洞洞中有 72 洞）；既有旱洞又有水洞（如浙江的双龙洞、瑶琳洞）；洞内通风和安全度（理想的岩洞应在前进方向拥有宽敞的洞厅，便于游人慢行游览）。

（3）砂岩造型价值。砂岩因后期地壳变动转化为石英砂岩或石英岩，岩石层理清晰，层层叠叠，具有强烈的节奏感。砂岩岩层厚度大，垂直方向稳定，在外力作用下形成中尺度的峰林陡壁。有障石岩壮、峰林岩奇、丹霞山秀的形态美特征。一般砂岩分布面积广的区域才能形成完整的景区，峰林和峰丛发育程度、石柱数量和岩石色彩影响观赏价值，石柱数量多观赏价值高，如张家界的砂岩地貌景区面积达 282 平方公里，发育峰林石柱 3000 多座，金鞭岩高达 300 米，岩石色彩以红色、白色为佳。

（4）火山喷出岩（流纹岩和玄武岩）造型价值。流纹岩山地多峰林和变幻莫测的造型地貌及火山湖，又常见高大奇险的洞穴。如雁荡山既有灵峰（峰林地貌和怪石），又有观音洞（裂隙崩塌洞），还有山顶的雁湖（火山湖）。玄武岩地貌由多个火山体组合，相对高度大，火山口往往形成熔岩台地，台地上熔岩微地貌发育较好，绳状熔岩明显，熔岩边缘山脉岩流形成的微地貌形态丰富。火山喷出岩以时代新、火山口和熔岩微地貌发育为评价因素。

二、生态价值

人类认识山地，利用和改造山地有数千年的历史，中国先秦时期的《山海经》中就有对山地的描述，以后的《管子·地员》《汉书·地理志》和《徐霞客游记》等都有翔实的山地自然地理和人文地理的记载。19 世纪初，德国洪堡曾考察南美山地，系统地研究了山地气候与植被垂直分布的关系。目前，世界山地生态研究的重点地区是欧洲的阿尔卑斯山、南美洲的安第斯山和亚洲的喜马拉雅山地区。

（一）脊骨——影响格局

据不完全统计，全球大的山系有 14 个，对全球地理格局具有重大影响，而中国青藏高原山系最具全球影响或区域控制性。喜马拉雅山脉与南极和北极共同成为地球的三极，对全球的气候格局与地域分异起着支配作用。在亚洲：喜马拉雅山脉极大地改变了东亚地理格局与气候格局，是山地垂直地带性与纬度地带性、经度地带性相互交叉的地域综合体。在欧洲：阿尔卑斯山脉成为中欧温带大陆性湿润气候和南欧亚热带气候的分界线。在美洲：落基山脉是美洲科迪勒拉山系在北美的主干，被称为北美洲的“脊骨”。在南美洲：安第斯山脉是陆地上最长的山脉。山地系统的空间结构导致全球尺度与区域尺度或流域尺度的地理分异。仅就中国山地系统与地理格局的关系而言，喜马拉雅造山运动导致青藏高原山脉群的形成，不仅塑造了中国三大阶梯地势格局，还相应地形成了东部季风区、西北干旱区和青藏高寒区三大自然区域，奠定了中国生态地理大格局。

（二）水塔—发育水系

千山万水和山高水远是对山水关系的绝好描述。山地之所以成为大江大河的发源地，主要缘于山地是空中水汽汇聚的中心，世界上降水最多的地方基本上都与山地有关，即地形抬升造成的“地形雨”，降水的基本规律是山区多于平原。在高寒山地大面积分布着冰川。中国目前冰川总面积约 6 万平方公里，占全球中、低纬度的 50% 以上。山地冰川成为江河发源地，所以，西部山地素有中国“水塔”之誉。没有山地就不会形成复杂的水系。澳大利亚 700 多万平方公里的国土，因缺乏高山的抬升作用，导致四面环海的澳洲中部极度干旱，而日本岛国因有富士山的存在，降水充沛，河湖体系发育。所谓山水山河，皆是山为水之母，即“积土成山，风雨兴焉”。所以，山地是水系发育的根基。

（三）生灵——孕育生物

山地系统复杂多样的生境条件创造了生灵万物的存在与神奇，形成了生物多样性的宝库或物种基因库。仅以植物为例，中国维管束植物有 353 科、3184 属、27150 种，其中约 90% 分布在山区。再如山地大省云南有陆栖脊椎动物 126 科、502 属、1252 种，占全国陆栖脊椎动物种数的 58%。丰富的药用植物资源也绝大多数生长在山区。

（四）平衡——平衡水土

山地形态、地理环境和植被状况对其表层水土演变过程具有明显的控制作用。山地在气候、生物、水流作用下，其表层物质经过风化、剥蚀、侵蚀、搬运和沉积，塑造了广阔平原。而山地径流过程对以土壤为主的表层物质迁移起到了主导搬运作用，山地至平原构成了陆地表层动能与物质平衡过程的共轭关系，体现在流域侵蚀与河流水沙输移特征与规律方面。

（五）预警——极地预警

全球气候变化对山地系统造成了最直接的影响，南北两极和青藏高原的冰盖与冰川短时间急剧融化与退缩，已成世界科学家关注的焦点，警示气候变化可能带来的全球性危机或灾难。不言而喻，极地是对全球环境变化响应最敏感区域，其变化也深刻影响着地球系统的整体变化，许多未知领域亟待深入系统的研究，以期为人类可持续生存与发展提供科学对策依据。

【同步练习】

一、单选题

1.（　　）是在红砂岩、砾岩上发育而成的。因岩石在强烈的氧化过程中，富集红色的氧化铁，使岩体呈红色。

A. 花岗岩地貌　B. 岩溶地貌　C. 丹霞地貌　D. 流纹岩地貌

2. 缓平滩地内可供观光游览的整体景观和个别景观叫作（　　）。

A. 沟谷型景观　B. 滩地型景观　C. 台地型景观　D. 山丘型景观

3. 我国侏罗纪的恐龙化石主要产于（　　）和山东、新疆、甘肃等省区。

A. 西南　B. 东南　C. 西北　D. 东北

4.（　　）是我国自然地理上的一条非常重要的分界线，是我国外流区域和内流区域、季风区与非季风区、黄土高原与青藏高原的分界线。

A. 巫山　B. 太行山　C. 日月山　D. 秦岭

5. 下列属于奇特与象形山石的是（　　）。

A. 漂移石　B. 滴水石　C. 鸭血石　D. 雨花石

6. 以下属于形成断层、褶曲、节理景观的内动力地质作用是（　　）。

A. 风化作用　B. 地壳作用　C. 剥蚀作用　D. 崩滑作用

7. 张家界天生桥景观的主要成因过程是（　　）。

A. 沉积作用—地壳作用—侵蚀作用　B. 地壳作用—沉积作用—侵蚀作用

C. 岩浆作用—地壳作用—侵蚀作用　D. 地壳作用—沉积作用—岩浆作用

8. 西藏扎什土林景观的主要成因过程是（　　）。

A. 海相沉积—板块运动—流水侵蚀　B. 海相沉积—流水侵蚀—板块运动

C. 湖相沉积—流水侵蚀—板块运动　D. 湖相沉积—板块运动—流水侵蚀

二、多选题

1. 风景观赏山岳旅游资源（风景名山）包括（　　）。

A. 花岗岩地貌　B. 熔岩地貌　C. 冰川地貌　D. 流水地貌

2. 山丘型景观根据形成原因，山可分为三类，分别是（　　）。

A. 构造山　B. 褶皱山　C. 侵蚀山　D. 堆积山

3. 下列属于外动力地质作用的是（　　）。

A. 地震作用　B. 崩滑作用　C. 沉积作用　D. 变质作用

4. 下列属于奇异自然现象的是（　　）。

A. 鸡血石　B. 漂移石　C. 海洋蓝洞　D. 冰冰背

5. 峰林由三种不同岩性的石头经过外动力的侵蚀作用而成，包括（　　）。

A. 丹霞峰柱　　B. 雅丹峰柱　　C. 熔岩峰柱　　D. 喀斯特峰柱

三、判断题

1. 砂岩、片麻岩和砾岩属于沉积岩。（　　）
2. 我国第一个国际地层剖面是云南昆阳寒武系剖面。（　　）
3. 溶洞是受到外动力中的溶蚀作用后形成的。（　　）
4. 我国金沙江虎跳峡和长江三峡都是举世闻名的U字形大峡谷。（　　）
5. 褶皱向上拱的部分叫“向斜”，向下拗的部分叫“背斜”。（　　）
6. 云南罗平生物群国家地质公园属于生物化石点。（　　）
7. 地文景观资源中的大尺度造型包括高度、坡度、轮廓、夷平面和脉络。（　　）

四、填空题

1. 青藏高原和塔里木盆地的分界物为__________。

2. 地貌是各地质年代地球__________、__________和地表组成物质相互作用的综合结果。

3. 岩石根据内在结构分为__________、__________、__________。

4. 冰川地貌是由于冰川在运动过程中对岩体的__________、__________、__________作用形成的。

5. 根据河流切入基岩河谷横剖面的即成形态，可分为__________形谷和__________形槽。

6. 在断裂作用下，由两条断层夹作上升的地块叫__________，它常形成块状山地；两条断层之间下降的岩块叫__________，它常形成狭长的凹陷地带。

7. 山地根据不同高度而导致的开发功能也不同，主要的旅游功能可分为__________、__________、__________。

第四章　水域景观

【本章概要】

对水域景观类旅游资源的概念、特点及旅游功能进行系统、具体的阐述，对各类型水域景观旅游资源的成因、典型代表、审美要素等进行分析和介绍。

【学习目标】

了解水域景观类旅游资源的概念、类型和旅游功能；

重点掌握峡谷河段、瀑布、古河道、湖泊、湿地、泉、涌潮等水域景观的成因和分布特征；

基本掌握水域景观类旅游资源的开发利用要素和方法。

【拓展训练】

判别解读典型水域景观类旅游资源。

［步骤］

1. 学生收集汇总典型的水域景观照片，如长江三峡、黄河壶口瀑布、西湖、西溪湿地、钱塘江大潮、绒布冰川等。

2. 学生分组根据照片上的信息，判断照片上的景观是属于何种基本类型的旅游资源。

3. 学生分析照片中景观的成因与美学特征。

4. 学生对照片中的景观进行正确的讲解，要求讲清景观特征、景观成因以及美学价值。

5. 教师对学生的解读进行点评。

【拓展阅读】

［1］薛惠锋，苗治平 . 水域景观美学价值评价理论研究［J］. 人文地理，1994（2）：15–20.

［2］李其日文，代合治 . 黄河三角洲自然保护区生态旅游开发［J］. 地域研究与开

发，2000（3）：81–84.

［3］李早．中国古典园林理水的现代启思［J］．中国园林，2004（12）：36–39.

［4］史明，李秋浩，宋欣，申鹏．传承与创新——江苏城市公共空间水景特征探索［J］．美术大观，2009（3）：180–181.

［5］张洁，李鹏．水利旅游资源的形成条件和影响因素［J］．价值工程，2012，31（14）：4–5.

［6］谭祎，蔡如．城市湖泊景观美学评价研究——以广州市为例［J］．福建林业科技，2017，44（1）：99–103.

［7］钟誉嘉，霍达，吴丹子．21 世纪初中国城市河流再生项目评述［J］．风景园林，2020，27（8）：24–28.

［8］黄耀民．中华水文化内涵及其当代教育价值［J］．水资源保护，2021，37（6）：190–191.

第一节　水域景观类旅游资源概述

一、水域景观类旅游资源的概念

生命起源于水，生物的生存离不开水。水是环境中最活跃的自然要素之一，也是地球上分布最广泛和最重要的构景要素之一。根据《中国大百科全书》所述，水体是江、河、湖、海、地下水、冰川等的总称，是被水覆盖地段的自然综合体。它不仅包括水，还包括水中溶解物质、悬浮物、底泥、水生生物等。它是地表水圈的重要组成部分，海洋蒸发的水汽进入大气圈，经气流输送到大陆，凝结后降落到地面，部分被生物吸收，部分下渗为地下水，部分成为地表径流，地表径流和地下径流大部分回归海洋。

水作为能源、生产资料和生活资源，影响着社会财富的创造和生活的质量。所谓水景旅游资源是那些本身具有旅游功能或与其他自然、人文因素相配合构成了不同的美学特征，能吸引旅游者，并能由此产生经济效益、社会效益和生态效益的水体及水文现象。水域景观指各种形态的水体在地质地貌、气候、生物等自然因素以及人类生产生活因素影响下，形成不同类型的水体、水文现象等景观。

二、水域景观类旅游资源的功能

（一）造景功能

水在循环过程中不断释放或吸收热能，调节着地球上各圈层的能量，还不断地塑造着地表的形态。水圈中的地表水大部分在河流、湖泊和土壤中进行重新分配，除了回归于海洋的部分外，有一部分比较长久地储存于内陆湖泊和形成冰川。生物圈中的生物受洪、涝、干旱影响，生物的种群分布和聚落形成也与水的时空分布有着极密切的关系。生物群落随水的丰缺而不断交替、繁殖和死亡，大量植物的蒸腾作用也促进了水分的循环。因而，有人称"山是骨架，水是眉目，花草树木是毛发""山无云不秀，无水则不媚"。有水体的风景，才有活力，才显秀美。

（二）项目功能

在近现代娱乐活动中，水可以开展水疗、游泳、品茗、垂钓、滑雪、帆船、漂流等参与性旅游活动，还可创造成为冰雕、雪雕、冰雪画等艺术品，成为特色明显、情趣高尚的旅游项目。按照水域空间层次可以进一步分为：水域目的地，如生存岛项目、自然生态岛、魔幻岛、动物岛等主题游乐岛屿；水面游憩，如滑水、船艇、竹筏、帆板、冲浪、激流勇进、漂流、水上充气游乐设施等，在漂浮物上进行的饮茶、听琴、钓鱼等休闲活动等；水中游憩，如游泳、水球、滑道、滑梯、水上篮球、水喷淋系列游乐项目、水休闲浴等休闲项目；水下游憩，如潜水、游乐潜艇、水下餐厅、水下城堡、水下长廊、水下观赏通道、海洋馆等；水空游憩，如飞降、水上飞机、水上热气球、水上伞翼、索道等游乐项目；水滩游憩，如沙滩排球、沙滩足球、沙滩橄榄球、沙滩网球、沙滩风筝、沙滩田径、陀螺、沙滩运动车、沙滩极限运动、沙滩拔河、沙滩定向越野、海滩舞蹈、沙滩趣味活动，飞天蹦极、高空弹射等游乐场项目，沙雕艺术、沙滩钓鱼、日光浴、散步、沙滩浴、泥浴等休闲项目；水岸游憩，如生态堤、艺术堤、水岸花园、滨水花园、滨水道路景观、水乡水城建筑体系等；滨水区游憩，如游乐场设施、大型室内水上乐园、主题度假村、会议酒店、原生态水乡、滨水园林等。

早在古希腊时代，"西方医学之父"希波克拉提斯（Hippocrates）就使用温泉做治疗，此外古代中国、日本亦有温泉疗法的记载。直到18—19世纪，德国水疗之父 Sebastian Kneipp 将水疗作为正式医疗用途。水疗常用来治疗肌肉、骨骼等方面的疾病，而坊间流行的"SPA"亦为水疗的一种。水疗对人体的作用主要有温度刺激、机械刺激和化学刺激。

（三）交通功能

乘舟远行是中国古人的主要交通方法，"李白乘舟将欲行，忽闻岸上踏歌声"。水上旅游既可解决旅游者交通，又能使游客欣赏到沿途美丽的风光。如在海上领略大海的浩瀚，观赏日出日落，在山川河流中旅游，可体验人在图画中的美妙意境。水上交通除了游憩观赏两岸风光外，还可以联系各水域和岛屿，拓展游客的到访空间，尤其对陆地交通尚未通达的一些大洋岛屿，通过开发水上游行，极大地提高了其旅游价值。

第二节 水域景观类旅游资源类型

一、河系

河流是地球上水文循环的重要路径，由许许多多的片流、洪流流动到低洼谷中，并有地下水补给，汇合成一支水源充足且经常性的流水，它们流过森林、流过山谷、流过草原、流过城市、哺育着万千生命。我国江河众多，流域面积在 100 平方公里以上的河流就有 5000 多条。这些河流自形成之时起，就对地表进行着削高填低作用，因此我国河流侵蚀地貌是十分丰富的。水系是由一条干流及其支流组成的河网系统，其类型与地质构造和岩性有着密切的关系，河系常见类型如图 4–1 所示。树枝状水系（dendritic drainage）是支流较多，主、支流以及支流与支流间呈锐角相交，排列如树枝状的水系，多见于微斜平原或地壳较稳定、岩性比较均一的缓倾斜岩层分布地区。世界上大多数的水系，如中国的长江、珠江和辽河，北美的密西西比河、南美的亚马孙河等，都是树枝状水系。放射状水系（radial drainage）分布在穹隆构造地区或火山锥上，各河流顺坡向四周呈放射状外流，如我国海南岛五指山的水系、吉林长白山水系。平行状水系（parallel drainage）表现为各条河流平行排列，在地貌上呈平行的岭谷，它们往往受区域大构造或山岭走向和地面倾向控制，如我国横断山脉中的水系。还有在盆地或沉陷区，河流由四周山岭流向盆地中心，集中到主流，形成向心状水系（convergent drainage），如塔里木盆地四周河流。网状水系（trellis drainage）是支流与主流直角相交成格状的水系，在很大程度上受褶皱构造和断裂裂隙控制，在裂隙发育的水平岩层地区，常发育典型的格状水系。分布于三角洲地区河道交错，也形成网状水系。

除了从河流的形态观赏水系景观外，还可以从河流的长度、流量、流域面积、河网密度、源头、注入地、河道弯曲状况等观赏一条河流。比如世界上流量较大、流域面积最广、支流数最多的河流是南美的亚马孙河，世界最长河流尼罗河长 6670 公里，是一条自南向北，流经非洲东部与北部的河流，注入地中海。黄河发源于青藏高原，是中国北部的大河，全长达到 5464 公里，因为黄河的中段经过了黄土高原，所以它也是世界上含沙量最多的一条河流。因中华文明的发源地是在黄河附近，所以黄河又是我国的“母亲河”。水系的湖泊率和沼泽率（水系内湖泊面积或沼泽面积与水系分布面积之比）、河系发育程度（各级支流总长度与干流长度之比）和河网密度（水系总长与水系分布面积之比）都决定了水系的径流调节作用，也由此被作为旅游审美的基本要素。

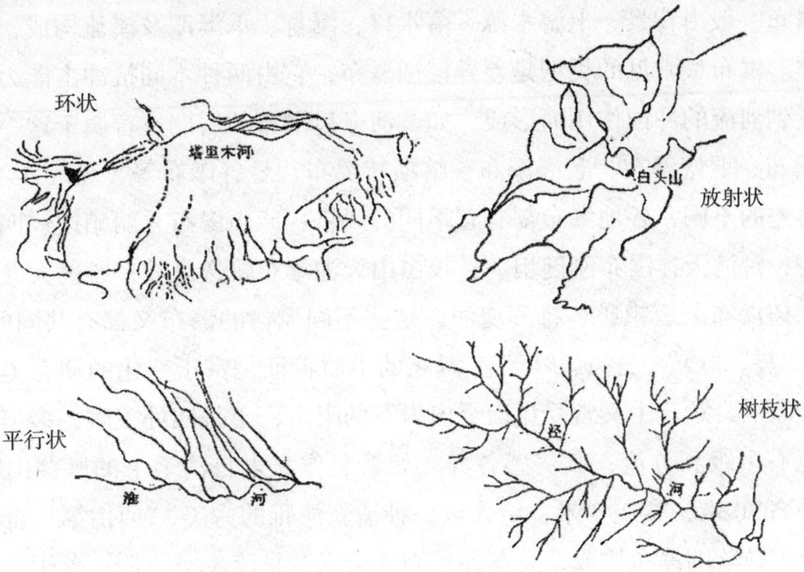

图 4-1　河系常见类型

BAA 游憩河段：可供观光游览的河流段落，包括大江大河、小溪小涧、漂流河段。其沿岸常有葱郁的植被或奇山异景，且近岸带人文资源丰富，使整个河段成为通畅、绿意、丰富、互补的有机整体，满足人们观光休闲的旅游需求。如长江沿岸所构成的山川风光，具有较高的旅游价值。目前游憩河段的开发利用首先是观光休闲模式，以游船为主，用历史沉淀来丰富河流景观内涵，同时导入休闲因素，使游客在观赏之余，尽享舟行河上的曼妙感觉。如我国的瞿塘峡虽然仅 8 公里，却是最令人屏息的一段江峡，向来以“雄”著称，两岸山峰似斧劈刀削而成，充满霸气，山似拔地而起，峰似直刺云霄。瞿塘峡中河道狭窄，河宽不过百余米，最窄处仅几十米，这使两岸峭壁相逼甚近，更增几分雄气。其中峡之西端的夔门尤为雄奇，它两岸若门，呈欲合未合之状，堪称天下雄关。夔门两岸高达 1000~1500 米的陡峭山峰，把奔腾咆哮着进入峡谷的长江逼成一条细带，蜿蜒于深谷之中。这里河宽只有一二百米，最窄处不过几十米。古人咏瞿塘：“锁全川之水，扼巴蜀咽喉。”其次是观光与水上活动结合模式，活动项目主要包括水上表演项目、水上参与性项目、水上比赛项目，因为它集观光、休闲、参与性活动于一体，是目前比较流行的模式。如北美的斯凯科米什河是距离西雅图最近的漂流区域。漂流初段是平静的绿水区，顺流而下几分钟后就是白浪翻腾的巨石区，个别巨石如房屋般大小，最令人心怦怦直跳的是博尔德瀑布区，水流量高达每秒钟 200 立方米，让人肾上腺素飙升。漂流途中还能看到 Big Eddy 公园的美景、壮丽的山脉和野生动物。

BAB 瀑布：河水在流经断层、凹陷等地区时垂直从高空跌落的跌水。瀑布是地球上很壮美的自然景观，各种奇特的瀑布景观足以令人们驻足观赏、惊叹不已。一个完整的景观瀑布一般由背景、上游水源、落水口、瀑身、承瀑潭及溪流构成，其中瀑身是观赏的主体。瀑布最常见的类型是差异侵蚀瀑布，它由两种不同抗冲击能力的岩层在一起，同时受到河流的冲蚀作用而形成，如黄河壶口瀑布的后期发育属于这一类型，此外还有断层瀑布、堰塞瀑布、袭夺瀑布、喀斯特瀑布、悬谷瀑布等（见表4–1）。由于地形地貌和落差的不同，各地瀑布都有着不同的风格：庐山瀑布秀丽峭拔；四川九寨沟瀑布绚丽多姿；台湾天祥瀑布刚健坦荡；长白山天池瀑布飘逸高峻；雁荡大龙湫瀑布劲挺矫健；黄果树瀑布豪迈粗犷、雄浑瑰丽。这些不同风格的瀑布又都有共同的审美特征，就是“形”“势”“声”。看其“形”。瀑布的本质特征是富于变化的动态美，水流从高处突然跌落而下，跌落中又常受崖面突出岩石的阻击，于是四处飞溅，多姿多态。有单级独流，也有多级和分流，其美感各异。如著名作家朱自清笔下的雁荡山梅雨瀑集施岭之水，瀑高30米，宽2~3米，给人以一种清新淡雅的秀美；“庐山第一奇观”的三叠泉由三级奔泻跌落的瀑布构成，总落差达600余米，泉流凌空飞泻，落于大磐石上，声若洪钟，经两次折叠散而复聚，再曲折回绕直泻龙潭，给人一种威武雄浑的壮美。观其“势”，陡落的瀑布，其势如万马奔腾，震撼山谷，动人心魄。“飞流直下三千尺，疑是银河落九天”是写庐山香炉峰瀑布之势的千古名句。我国最高、最为秀美的浙江雁荡山大龙湫瀑布，瀑水从190米高的连云峰奔腾而下，雷雨过后，飞瀑好似白龙狂舞，轰然疾下，震天撼地，水雾四飞，蔚为壮观。清代诗人袁枚《观大龙湫作歌》赞曰：“龙湫山高势绝天，一线瀑走兜罗棉。五丈以上尚是水，十丈以下全为烟。况复百丈至千丈，水云烟雾难分焉。”“兜罗”为梵语，树名；兜罗棉即兜罗树所生之絮。闻其“声”，瀑布之声，或如雷鸣轰天，万鼓齐擂，撼人心魄，或如抚摸琴弦，轻唱慢弹，清脆爽耳，都给人以美的享受。内蒙古响水玉瀑布如擂击万张鼙鼓的声响，云南叠水瀑布如山崩地裂的吼声震耳欲聋，黄山人字瀑的涓涓细声、雁荡山三折瀑的微微轻吟声悦耳动听。我国最大的黄果树瀑布则把轰鸣与低吟和谐在一个琴弦上，其雷鸣般的轰隆之声，似万马奔腾，震天动地，几十公里之外就能听见。瀑布之美除“形”“势”“声”外，还有色彩。飞泻的瀑布在阳光照射下，五光十色，宛如银河来自天上；瀑布激起的水雾经太阳斜照，化作一道五彩缤纷的长虹，飞跨山间，煞是美丽动人。欣赏瀑布还有两点应该注意。其一，注意观赏位置的选择。瀑布一般由溪流、跌水和深潭三部分组成，定位观赏只能看它的局部；要全面领略瀑布的美，就必须由远到近、从低到高，有一个选择变动观赏点的过程。其二，不要放过对瀑布周围景致的观览，如瀑水跌入的碧绿池潭，潭水流去的高岩深涧及绝崖高树、山坡野花。

表 4-1 瀑布成因类型

类型	成因	代表
断层瀑布	地壳构造运动形成断层，有单级也有多级断层	壶口瀑布
堰塞瀑布	火山岩溶、山崩、滑坡、泥石流等阻塞河道造成跌水产生	吊水楼瀑布
袭夺瀑布	被袭夺的河流由于高于袭夺河流的谷地而跌落下来	滴水滩瀑布
差异侵蚀瀑布	两种不同抗击能力的岩层同时受到一条河流的冲蚀产生差异侵蚀型瀑布	叠水瀑布
喀斯特瀑布	由河流的冲蚀和溶蚀双重作用，落水洞坍塌或钙化层堆积成天然坝而形成瀑布	黄果树瀑布、诺日朗瀑布
悬谷瀑布	以古冰斗为积水潭，冰斗边缘陡坎夺路飞泻，主冰斗与次冰斗的高差形成悬谷	王家坡瀑布

位于美、加边境的尼亚加拉瀑布是世界上最雄奇壮观的三大瀑布之一，其开发模式的特点是全方位立体开发，游客可以从不同空间角度领略大瀑布的风采，对大瀑布进行全面的观赏和认识，同时依托城市和度假区，也可在此进行参观修学、休闲娱乐、度假购物等旅游活动。当地开发使用多种游览工具的和设置不同观景点、观景时间，增加观赏视角和场景。包括："雾中少女"号游艇近距离观瀑、四座瞭望塔观瀑、地下观瀑、山羊岛近距离平视瀑布、彩虹桥观瀑、坐缆车或专用直升机观瀑、夜间灯光观瀑等。以瀑布奇观体验为核心，水、陆、空全方位立体开发，使游客从不同视角观赏大瀑布，并将视觉上的体验丰富为多感觉的情境震撼，给游客带来不同的视觉和心理感受，体现了自然景观的震撼力。周边地区开发了尼亚加拉瀑布博物馆、电影解说、浪漫之旅、惊险的瀑布极限挑战等旅游产品，形成了旅游城市和度假区，拥有大型娱乐休闲乐园、大量的饭店、餐饮及大型的购物中心等旅游设施和项目，充分高效地利用了旅游资源。

BAC 古河道段落：已经消失的历史河道现存段落，一般仍保持着较好的河道形态。人们从古河道不但可以了解一个地区的河流地貌演变历史和古地理环境，也可以了解人类活动影响下的古河道变迁情况。在某些情况下，凭借古河道研究还可以揭示新构造运动的性质和规模。按照现存形态，古河道又分为：(1) 埋藏古河道，形成于地面沉降，河床不易淤高的河流，古河道为地面物质充填埋藏。(2) 裸露古河道，古河道裸露地表未被物质充填埋藏。裸露古河道又包括下述 3 类：①条状高地古河道，多由地上河决口改道而成；②牛轭湖古河道，形成于弯曲型河流；③江心洲古汊道，形成于多沙、具有江心洲的河流。除上述类型外，还有因先行于地面沉降，后再因海平面升高而形成的古河道，最典型的为浙江省嵊泗县境内的海底长江古河道。古河道形成的原因包括：一是气候干旱，河流水量减少，河流主河道尾闾南退，支流遭废弃。二是地壳的差异性垂直运动和地球自转影响，造成河流在水平方向上的大幅度摆动。三是盆地中局部的构造隆起，导致河流的转向。四是人为因素的河道改道。塔里木盆地南缘大小数十条河流留下了大量古河道，黄河、长江在历史上也有多次改道的现象。

随着社会的发展，水陆空间的需求此消彼长，江南水系保护经受了巨大的考验。21世纪初，苏州市水利局河道管理处进行了一项调查。数据显示，明清时期苏州古城区河道长度为86公里，此后逐步减少，20世纪五六十年代被填掉河道20余条，现在古城区内河道长度为35公里。“每个时代都有每个时代的思考，现在我们可以肯定，江南的永续发展离不开水，等河道复挖这一天等了太久了。”昔日“填河人”的后代们，如今兴奋地投入河道复挖行动中，完成他们共同的心愿。在江苏，从省级层面，到苏州、无锡等多个地级市均提出了“河网恢复”或“水域恢复”的目标。从填埋河道建房修路，到拆房挖路为河让道，江南市镇的水系保护正迎来可喜的转折。随着“绿水青山就是金山银山”理念深入人心，人们的生态文明意识显著提高。过去，人们可能认为填河带来“黄金万两”；现在，在新发展理念的指导下，人们会思考，填河给未来发展带来诸多消极影响——环境恶化、人地冲突、资源浪费、暴雨洪灾、财产损失、文化丢失等；复挖河道背后又隐藏着巨大的“水效益”——改善水环境，做好“水文章”，传承水文化，建设美丽家园，发展文旅产业等。两相比较，人们肯定会择善而从。

二、湖沼

湖沼包括湖泊和沼泽，是陆地上或大或小、或深或浅的水面。湖泊因其换流异常缓慢而不同于河流，又因与大洋不发生直接联系而不同于海。湖泊形成的原因有很多种，像地壳的运动、大自然的侵蚀、堆积作用与人为的力量，都会让地表形成凹陷地蓄水变成湖泊（见表4–2）。这种凹地称为湖盆，湖盆可以是单一的洼地，也可以是复杂盆地，湖盆底部的地形和平面上的特征主要受湖盆成因影响。在流域自然地理条件影响下，湖泊的湖盆、湖水和水中物质相互作用、相互制约，使湖泊不断演变。

表4–2　湖泊的成因类型

类型	成因	典型代表
构造湖	在高山高原、丘陵和平原的地表发生断裂出现凹陷，凹陷的地方逐渐蓄水，形成湖泊	台湾日月潭
火口湖	火山喷发后在火山的顶部会留下巨大的火山口，火山口逐渐储水而形成的湖泊	宜兰平原外龟山岛屿上也各有一座火山和火口湖

续表

类型	成因	典型代表
河成湖	位于平原地区的河流受到河道迁徙摆动、河道淤塞等情况，会在河道上形成湖泊，如在平原地区的河流，会因为水流对河道的冲刷与侵蚀，致使河流越来越弯曲，最后导致河流自然截弯取直，原来弯曲的河道废弃，形成所谓的牛轭湖	长江与汉水的湖群（如洪湖），河北省的洼淀湖群（如白洋淀），安徽省境内淮河流域的城东湖和城西湖，江西省的鄱阳湖，湖北省的鲁湖，山东省南四湖（南阳湖、独山湖、昭阳湖和微山湖），江苏省洪泽湖、高邮湖、邵伯湖和宝应湖等
海成湖	原系海湾，后湾口处由于泥沙沉积而将海湾与海洋分隔开而成为湖泊，通常称为潟湖	浙江省宁波东钱湖和杭州西湖
风成湖	因沙漠中沙丘间的洼地低于潜水面，由四周沙丘汇集洼地而形成，受降水或地下水补给	新疆塔里木河下游一带的沙丘间洼地
堰塞湖	由于地质变动，如火山熔岩流、地震活动等原因引起山崩，造成河谷或河床的堵塞，之后储水形成湖泊	黑龙江省五大连池、镜泊湖
冰川湖	分布在高山有冰河的地方，当冰河溶化时，会因为冰川挖蚀成的坑和冰山溶化的水堵塞蓄积而成为湖泊	博格达山北坡的新疆天池、小天池，甘孜以西的新路海，青海省文果县的果海
人工湖、水库	人类为了灌溉、饮用等因素而在河谷筑起堤坝，拦截河里的水所形成湖泊	三峡水库、新安江水库、天目湖水库等

沼泽地指长期受积水浸泡、水草茂密的泥泞地区。在气候湿润的地区，河水挟带着泥沙汇入湖泊，因为水面的突然变宽，水流速度减慢，携带泥沙的能力减弱，泥沙便在湖边沉积下来，形成浅滩。还有一些微小的物质，随着水流漂到湖泊宽广处，沉积到湖底。在湖水深浅的不同位置各种水生植物逐渐繁殖起来，在湖泊深处，生长着眼子菜等各种藻类；在较深地带，生长着浮萍、睡莲、水浮莲等；在沿岸浅水区，生长着芦苇、香蒲等。它们不断生长、死亡，大量腐烂的残体不断在湖底堆积，最终形成泥炭。随着湖底逐渐淤浅，新的植物又出现，并从四周向湖心发展，湖泊变得越来越浅、越来越小。当湖泊中的沉淀物增大到一定的限度时，原来水面宽广的湖泊就变成浅水汪汪、水草丛生的沼泽了。沼泽地是纤维植物、药用植物、蜜源植物的天然宝库，是珍贵鸟类、鱼类栖息、繁殖和育肥的良好场所，具有湿润气候、净化环境的功能。

我国幅员辽阔，天然湖泊遍布全国，无论高山与平原、大陆或岛屿、湿润区还是干旱区都有天然湖泊的分布，就连干旱的沙漠地区与严寒的青藏高原也不乏湖泊的存在。这些湖泊各具特色，有的深居高山，雪山环抱，湖光山色交相辉映；有的静卧平原，烟波浩渺，水天一色，就像一颗颗璀璨的明珠，充满生机和灵气地散落在华夏大地之上，给大自然增添了无限风采，给人们带来许多美的享受。各民族对湖泊的习惯称谓也有所不同，一般在太湖流域称荡、漾、塘和氿；松辽地区称泡或咸泡子；内蒙古称诺尔、淖或海子；新疆称库尔或库勒；西藏称错或茶卡。中国的湖泊分布广且不均匀，按照湖群地理分布和形成特点，可将全国划分 5 个主要湖区：青藏高原湖群、东部平原湖群、蒙新高原湖群、东北平原及山地湖群、云贵高原湖群。我国湖泊旅游处于蓬勃发展期，是在观光湖基础上的转型升级阶段，未来，湖泊度假将成为重点项目，体验式旅游产品将成主流，湖泊开发的主要模式如表 4–3 所示。

表 4–3　湖泊开发的主要模式

开发驱动力	开发模式	典型代表
观光旅游驱动	“湖泊旅游 + 文化城镇 + 休闲”的模式	奥地利哈尔施塔特湖、韩国普门湖、美国尚普兰湖、英格兰湖区
康养度假驱动	“康疗养生 + 湖泊观光 + 文化体验”的模式	杭州千岛湖、荷兰艾瑟尔湖、日本芦湖、德国沙米策尔湖畔的巴特罗萨
美食休闲驱动	“美食休闲 + 湖泊观光”的模式	阳澄湖
运动休闲驱动	“运动休闲 + 湖泊观光 + 度假”的模式	法国安纳西湖、瑞士 Rotsee 湖、北京昆明湖、南京玄武湖
科考探险驱动	“科考探险 + 湖泊观光”的模式	新疆罗布泊、新西兰陶波湖、英国尼斯湖
旅游地产驱动	“旅游地产 + 湖泊休闲”的模式	意大利科莫湖

BBA 游憩湖区：湖泊水体的观光游览区与段落。图 4–2 分别为高原湖泊、高山峡谷湖泊、花岗岩山丘间凹地中积水形成的小湖等湖泊常见类型。

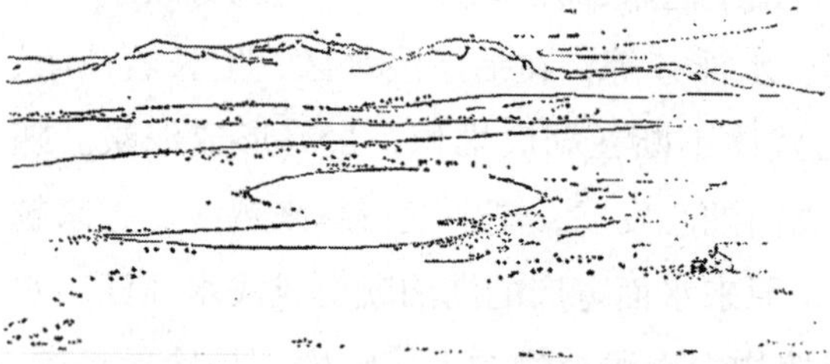

高原湖泊

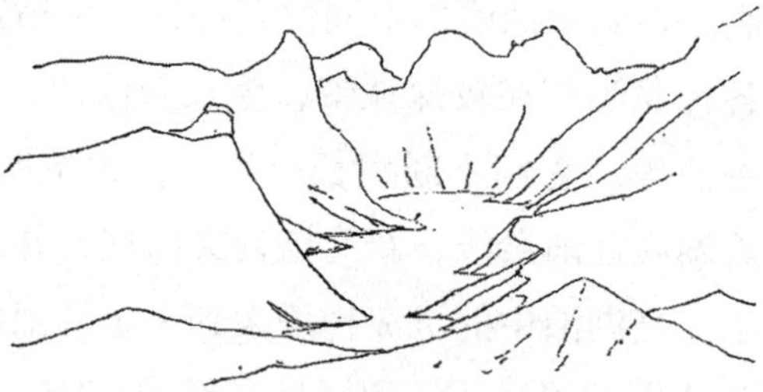

高山峡谷湖泊

花岗岩山丘间凹地中积水形成的小湖

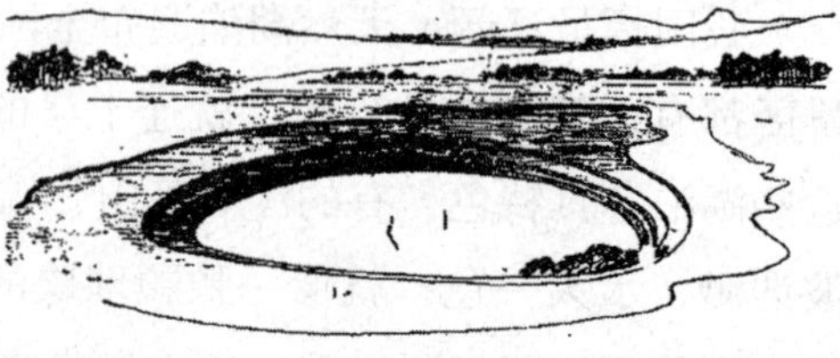

石灰岩被溶蚀形成的漏斗状洼地积水所形成的湖

冰蚀湖

火口湖

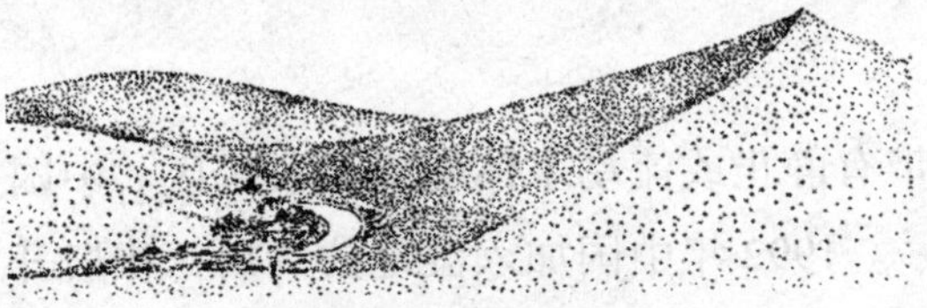

新月形沙丘与月牙形湖

海岸和海之间为沙嘴或沙堤隔开所形成的潟湖

戈壁中的淤泥沉积的季节积水湖

河流改道所形成的牛轭湖

图 4–2 湖泊常见类型

太湖古称“震泽”，又名“笠泽”，位于富饶的沪、宁、杭三角地中心，是长江和钱塘江下游泥沙淤塞了古海湾而成的湖泊。它是我国东部近海区域最大的湖泊，也是我国的第三大淡水湖。周围则群星捧月一般分布着淀泖湖群、阳澄湖群、洮滆湖群等。纵横交织的江、河、溪、渎，把太湖与周围的大小湖荡连起来，形成了极富特色的江南水乡。

BBB 潭池：四周有岸的小片水域，多出自山涧、峡谷、瀑布等地。潭水强调的是深度，一般而言，潭水小而深，有时深不见底。古诗“桃花潭水深千尺”，说的就是潭水的深度。《楚辞 · 九章 · 抽思》注：“潭，渊也。楚人名渊曰潭。”潭池一般水质清澈，环境幽雅，有旅游开发价值。

巴丁村坐落于广西河池都安县东庙乡以北 2 公里左右的地方，在巴丁村的村头，一座孤峰静静地矗立，山脚下就是一个水潭，叫作巴丁潭。当地村民对巴丁潭充满了敬畏，因为这是十里八村最深的一个水潭，但是它到底有多深，谁也不知道。深邃又神秘的巴丁潭，也渐渐引起了很多探险爱好者和地理专家的关注。一支来自民间的探险队，潜入水潭深处发现，巴丁潭是一个弯曲向下的洞穴，其深度远远超出他们的想象，在潭下潜水队员几度遭遇危险，在40多米深的地方，他们发现了突起如薄刀的岩石，这些岩石险些将潜水员身上的氧气管割裂。而洞穴中沙石和石壁上的淤泥，仅仅因潜水员呼出的气泡带来的微弱的水压变化就被搅动飞舞，还引发了让人难辨东西的水下沙尘暴。水潭下面地形特别复杂，暗洞沟壑特别多，潜水员误入狭小的暗洞，很可能被夹住，从而发生意外，很多潜水高手在此被夺走了生命。

BBC 湿地：天然或人工形成的沼泽地等带有静止或流动水体的成片浅水区。中国是世界上湿地类型齐全、数量丰富的国家之一。1992 年中国加入湿地公约后，积极开展湿地保护工作，已有 14 个湿地加入不同的国际组织，生态环境得到有效改善。我国湿地按地域划分为东北湿地、黄河中下游湿地、长江中下游湿地、杭州湾北滨海湿地、杭州湾以南沿海湿地、云贵高原湿地、蒙新干旱 / 半干旱湿地和青藏高原高寒湿地。湿地是众多植物、动物特别是水禽生长的乐园，同时又向人类提供食物（水产品、禽畜产品、谷物）、能源（水能、泥炭、薪柴）、原材料（芦苇、木材、药用植物）和旅游场所，是人类赖以生存和持续发展的重要基础。湿地是大自然的产物，最多的湿地出现在河流出海口或河流经过的沿岸。宽广的出海口因为长年淤积而产生泥滩地；在大陆棚边缘因为潮汐涨退的缘故，也会形成滩地；在河口海岸生长的红树林具有阻挡泥沙的功能，所以也会造成湿地生态，而海岸漂沙围成的潟湖，以及隆起的珊瑚礁、裙礁、堡礁、潮地等，都是形成湿地的原因。在平原及高山上，同样会因为各种不同因素的积水现象，孕育出各种湿地。例如，海水倒灌之后造成海岸边较低地层的积水；老年期的河水改道，旧有河道残留大量积水；内陆的湖泊经过长年的淤沙；或高山冰水退去之后会有大量积水而形成泥滩地，都是形成湿地的天然力量。

湿地具有提供水源、调节气候、涵养水源、调蓄洪水、美化环境、净化水体、保护生物多样性等多种重要作用，因而被人们称为“地球之肾”。如作为直接利用的水源或补充地下水，又能有效控制洪水和防止土壤沙化，还能滞留沉积物、有毒物、营养物质，从而改善环境污染；它能以有机质的形式储存碳元素，减少温室效应，保护海岸不受风浪侵蚀，提供清洁方便的运输方式……各种湿地公园、湿地保护区等湿地旅游都是湿地保护的方式。1971 年 2 月 2 日，来自 18 个国家的代表在伊朗南部海滨小城拉姆萨尔签署了《关于特别是作为水禽栖息地的国际重要湿地公约》。为了纪念这一创举，并提高公众的湿地保护意识，1996 年《湿地公约》常务委员会第 19 次会议决定，从 1997 年起，将每年的 2 月 2 日定为世界湿地日。德国于 1974 年首先建造人工湿地，之后人工湿地相继在欧洲、美国和加拿大等国得到推广。湿地旅游主要开发模式如表 4–4 所示、列入国际组织的中国湿地如表 4–5 所示。

表 4–4　湿地旅游主要开发模式

类型	开发要点	适用性	典型代表
生态观光型	保护为主，规模取胜，原生景观	适合生态价值很高、景观价值高、相对远离城市的湿地	韩国顺天湾
科普教育型	合理的保护措施，丰富的科普活动	适合具有较高科普价值的湿地、人造的功能性湿地或严格保护性湿地的缓冲区	香港湿地公园
城市休闲型	良好的生态基础，亲民的休闲游憩	适合临近巨大消费市场（多位于城市中或城市近郊），湿地敏感度相对较低，休闲活动区域不是湿地核心保护区的湿地	伦敦湿地公园
复合发展型	合理的功能分区，可持续的产品组合，良性的开发节奏	适合湿地规模大、具备发展为旅游目的地的条件（有独特吸引或良好区位或强大资本）、有一定的土地资源的湿地	杭州西溪国家湿地公园

表 4–5　列入国际组织的中国湿地

列入国际“人与生物圈计划”（MAB）	江苏盐城湿地保护区、浙江南麂列岛自然保护区、广西山口红树林自然保护区
加入“东亚—澳大利亚迁徙涉禽保护网络”	山东黄河三角洲、辽宁双台河口、辽宁鸭绿江口、江苏盐城、上海市崇明东滩鸟类自然保护区、香港米埔自然保护区
加入“东北亚地区鹤类保护区网络”	兴凯湖、黄河三角洲、鄱阳湖、盐城国家级自然保护区
加入“雁鸭类迁飞网络”	黑龙江三江自然保护区

三、地下水

地下水（ground water），是指赋存于地面以下岩石空隙中的水。广义上，以各种形式埋藏在地壳岩石中的水均为地下水；狭义上是指地下水面以下饱和含水层中的水。地下水的形成必须具备水分来源和储存水空间两个条件。水源条件有渗入水、凝结水、埋藏水和初生水。渗入水来源大气降水和地表水，受现代和古代气象和水文过程影响，不同地区地下水的储量有所不同，一般与气候干湿程度相关，干旱区比湿润区的地下水储量少。凝结水指大气水汽进入地下土或岩石中凝结而形成的水，埋藏水和初生水是指沉积岩形成的残留岩浆冷凝时产生的水。岩石的孔隙度和水理性质是决定地下水储存的条件。岩石土层中的空隙是地下水储存的空间和运移的通道，孔隙度指岩石中空隙的体积与岩石总体积的比值。岩石的水理性质指岩石与水接触后表现出来的性质，包括溶水性和持水性。我国的干旱地区，一般指年降水量在 250 毫米以下的地区。这里植被稀疏，除大片分布的沙漠外，草原可养活牲畜，农田仅分布在水源条件好的小片绿洲附近；半干旱地区，一般指年降水量为250~500毫米的地区，为农牧业并重的地区。年降水量为500~1000毫米的地区为半湿润地区，以华北平原和东北平原及其周边地区为主。地下水储量也受人类社会经济活动的影响。中国是世界上农业发展历史最长的国家之一，西周时期，农业区主要集中在渭河流域和黄河下游；西汉时期，农业区分布在长江以北和长城以南的地区，并扩展到西北的河西走廊和天山南北麓、东北的辽东半岛；隋唐至元明时期，农业区扩大到长江和珠江流域；清以后时期，农业区扩大到东北、内蒙古和云贵高原。随着农业区的不断扩大，土壤水和浅层地下水的储存和循环也有相应的变化。总之，地下水资源的形成，主要来自现代和地质年代的降水入渗和地表水的入渗，地下水资源的丰富程度与气候、地质条件等有关。目前供水勘探和开发的一般深度为200~400米，在盆地内勘探开发热水深度可达600~1000米，在利用地下水资源前，必须对其进行水质评价和水量评价。

BCA 泉：地下水的天然露头，是地下水涌出地表的自然景观。当含水层出露地表或因构造断裂等形成通道时，地下水便涌出地表形成泉。自然界中，形成泉的条件多种多样，因此泉的种类和应用价值也非常多。它决定于许多外界因子，其中比较重要的是地质构造、地貌和水文地质条件等。水文地质学家根据其形成原因和条件，一般将泉水分成侵蚀泉、堤泉、溢出泉、接触泉、断层泉、岩溶泉六大类（见表4-6）。岩溶泉即喀斯特泉，当水流出地表，由于温度、压力的改变，而沉淀出石灰华（钙华），其堆积的形态多样，如锥状、蘑菇状、扇状、台阶状、梯田状等，景观类型多样。各类泉流出地表均有大有小，这主要是因为含水层的面积和厚度大小不同，因此它的补给水量就有大有小，而这便直接影响了泉水流量的大小。在含水层分布面积广、厚度大、降水多的地区，出露的泉水就多，不仅流量大而且较稳定。相反，泉水流量小，甚至有时会干涸或称为间歇泉。泉的价值有很多，主要包括：（1）美学价值：温泉四季如汤，冷泉刺骨，承压水泉喷涌而出，千姿百态，给人以美的感受。（2）保健价值：很多泉水源于承压水，之后出露地表，因此泉水中含有丰富的矿物质。温泉主要利用水中的矿物质和微量元素的医疗效用，现代医学证明，泉水中的矿物元素和微量元素具有舒缓皮肤、提高皮肤抵抗能力的作用。（3）历史人文价值：我国泉水资源开发历史悠久，五大名泉分别是：趵突泉——天下第一泉，无锡惠山惠泉——天下第二泉，杭州虎跑泉——天下第三泉，上饶广教寺陆羽泉——天下第四泉，扬州平山堂大明寺泉——天下第五泉。历史上很多文人都对泉的声、色、形、貌等加以描述，同时由于泉水和人们的日常生活息息相关，所以就有很多关于泉水的历史传说可以挖掘。（4）社会经济价值：通过开展泉水旅游资源，可以串联起当地吃、穿、住、用、行等一系列产品，从而促进当地经济的发展。

表 4-6 泉的成因类型

类型	成因
侵蚀泉	河流不断向下冲刷、侵蚀、切割达到含水层时，地下水溢出地表形成的泉
堤泉	隔水层局部突起，使地下水向前流动受到阻挡而溢出地表形成的泉
溢出泉	山前平原地区，由于地层岩性发生变化使地下水不能向前流动而溢出地表形成泉
接触泉	水层与隔水层层面接触处由于地下水沿着岩层层面流动，在有出口的地方使地下水出露而形成的泉
断层泉	含水层被错动的断层破碎带切割露出地表，使地下水流出而形成的泉
岩溶泉	在岩溶地区，由于可溶性盐岩类被溶蚀形成了洞穴，地表水渗入洞穴后，常常迅速地以泉的形式出露于地表形成的泉

龙固镇地下水位于徐州沛县西北部。龙固，古时候的湖陵城，是刘邦起义的第一战场，至今仍有许多汉代遗存。在二叠纪时期，这里是一片辽阔的海洋。后来，由于地壳运动和时代的变迁，大海变成了桑田。据地质学家论证，龙固镇旅游区地下每钻 100 米，水温就会上升 5℃，温水中含有人体所需的 70 多种微量元素，充分利用这些温水资源可做成古海温泉度假区，享受来自地心的温暖体验。同时当地也将利用地下两亿年以前的海盐调配成古海原水，营造古海风情，体验古海浮。

BCB 埋藏水体：埋藏于地下的温度适宜、具有矿物元素的地下热水、热气。地下水在一定地质条件下，因受地球内部热能影响而形成温度不同的地下热水（见表 4–7）。其温度下限尚无统一标准，不同国家甚至在同一国家的不同地区都可不同。中国目前采用 20℃ ~25℃作为热水下限，国外大多以 20℃为冷热水温度界限，但一般把高于当地年均气温的地下水称为热水。在现代火山活动地区由于强大的热源，在地壳浅部可以形成高温过热水和蒸汽。中国台湾大屯火山区地下热水温度达 293℃，美国塞罗普里埃托地下水温度高达 388℃。在正常地温梯度地区，如在一些褶皱带和盆地内，在 1000 米深度范围内水温一般不超过 100℃。地下热水沿着岩层裂隙或断裂构造上涌溢出地表，便形成温泉、喷泉或间歇喷泉。地下热水中常常含有某些特殊化学元素，如硅、氟、铁、硼、锂、碘、砷以及铀、镭等放射性物质，此外还含有较多的气体成分，如二氧化碳、氮、硫化氢、甲烷和放射性氡等。由于地下热水中的这些特殊成分对人体具有生理上的影响，人们自古将温泉用于治疗疾病。中国主要的温泉资源分布集中在西南滇、藏、川，华南粤、湘，华东鲁、闽，以及台湾地区。

表 4-7　地下热水的地质作用和赋存特征

地质作用类型	赋存特征	地质特质
火山和岩浆活动型	高温热水或蒸汽，在地面上常出露有热泉、沸泉和喷气孔	酸度较大，常含有较多的硫酸、硅酸、偏硼酸，以及铵、铁、氟、砷、锂等元素，气体成分常有二氧化碳、二氧化硫、硫化氢气等
褶皱山地断裂带深循环型	低矿化碱性中、低温地下热水，在断裂和岩层裂隙带常以温泉的形式出露地表	低矿化的重碳酸型淡水，含有较高含量的硅酸、氟和放射性氡，气体成分以氮气为主
沉降盆地型	中低温热水，在盆地下 1000 米深度	化学成分和矿化度有很大的差别，东部低西部高。气体以甲烷和硫化氢气为主

日本列岛由于火山众多，所以温泉资源非常丰富。自古以来人们就有用温泉抵御自然的寒冷并温暖身心的习惯，后来温泉成为社会交流、互换信息的场所，最后逐步发展成现代的精神放松、养生保养的综合温泉旅游形式，可以说泡温泉对于日本人来说已经是生活中必不可少的一部分。日本温泉旅游的发展得益于以下几个条件：(1) 得天独厚的自然优势。日本处于环太平洋地震带，频繁的地壳运动造就了日本星罗棋布的温泉。由于各地地理环境以及气候的不同，温泉也各具特色。比如世界上温泉总类最多的别府温泉，弱酸性能够杀菌排毒的草津温泉以及历史悠久的热海温泉等。这种得天独厚的自然优势是日本温泉旅游能够有此发展的主要原因。(2) 汤治（温泉疗养）。近年来，随着交通的发展，各地的温泉就变成了深受人们喜欢的旅游观光之地。在温泉的地方，经营者还标出了泉水的性质、温度以及功效等。例如，新市的月冈温泉泉水性质为氯化物泉，具有治疗神经痛、风湿病等疾病的功效。(3) 自然环境优美。日本的温泉设计往往注重与自然环境的完美结合，使游客可以边泡温泉边欣赏美景。夏天到伊豆半岛旅游，在当地的温泉旅店内，傍晚时分，将整个人浸泡在温泉之中，远眺大海，美丽的景色尽收眼底。冬天到福岛旅行学习，泡在温泉里看雪花纷飞起舞，那一刻有一种世间尘埃尽除的纯净之感。人们在学习工作之余能放松身心、欣赏美景，这也是日本温泉旅游发展的原因之一。(4) 季节美食以及特色美食。日本料理，十分注重与季节相适应，温泉旅馆的温泉料理也是如此。春天赏樱花的季节，温泉旅馆会设计以樱花为主题的怀石料理；炎热的夏季，则会让游客品尝鲜鱼；秋季枫叶正红，很多旅馆会让游客品尝山珍；冬季白雪皑皑，则会以烧烤、牛肉火锅来满足游客舌尖的需求。另外还有一些与温泉有关的特色美食，最值得一提的便是箱根火山温泉中煮的黑鸡蛋。把普通鸡蛋用铁网装着，放到温泉水中去煮，白皮的鸡蛋就变成黑色的鸡蛋了。有各地特色美食相诱，也是日本人喜爱温泉旅游的原因之一。(5) 温泉文化历史悠久，内涵丰富。日本人泡温泉的历史可以追溯到绳文时期。日本温泉的发展，经历了由贵族化向平民化的过程。史料记

载，日本温泉在古代主要是供皇室、贵族、官宦，以及具有特殊身份与地位的人如僧侣享用，只是到了近一百年来，才逐渐平民化，发展至今，日本温泉也成为旅游的重点项目。在日本泡温泉与中国不同，无须穿泳衣，在进入浴池前，要先在池外将身体冲洗干净，不能将毛巾带入温泉池内，并且泡温泉时很少看到服务打扫人员，但是环境卫生却异常干净，让游客在干净放松的环境中尽情享受温泉带来的快乐。

四、冰雪地

冰雪地作为水体的固态形式，是水域风光类旅游资源中十分独特的一个亚类。冰雪的稳定性取决于环境温度，有长期性冰雪和季节性冰雪两种。地球表面每年被冰雪覆盖的总面积占地球表面积的23%，其中2/3覆盖地面，1/3覆盖海洋。地球上永久冰雪区面积约占陆地面积的11%。中国的冰雪面积约为9万平方公里，主要分布在西部高山冰川积累区。稳定季节冰雪面积为420万平方公里，包括东北、内蒙古东部和北部、新疆北部和西部以及青藏高原区；不稳定积雪区南界位于北纬24°~25°。无积雪地区仅包括福建、广东、广西、云南四省南部，以及海南岛和台湾大部地区。冰雪是重要的淡水资源，也是陆地水资源的重要来源，被称为“固体水库”。陆地上每年从降雪获得的淡水补给量约为60000亿立方米，约占陆地淡水年补给量的5%。中国年平均降雪补给量为3451.8亿立方米，冰雪资源的一半集中在西部和北部高山地区。阿尔泰山和天山地区、青藏高原内陆河流及北部外流河流域的冰雪融水补给占年径流量的50%以上。黑龙江流域、大兴安岭和长白山地区冰雪融水补给也占重要地位。此外，冰雪融水径流具有调节河川流量的作用，使水量不致过分集中于夏季。在干旱区，高山终年冰雪区是固体水库，也是一些河流的水源，冰雪融化后的涓涓细流，出山以后逐渐汇成河流，流向荒漠，形成沿河的绿洲，成为绿洲区农业和城乡发展的命脉。冰雪资源在调节水资源、冷藏、冰雪考古、开展冰雪运动和冰雪旅游等方面都有重要意义。长期积冰和积雪的变化还是气候变化的指示物。自北京冬奥成功申办及举办以来，我国冰雪旅游发展势头逐渐强盛。冰雪旅游正在成为百姓的一种时尚生活方式，冰雪旅游也将成为我国冬季旅游和冰雪经济的核心引擎。

BDA积雪地：长时间不融化的降雪堆积面。积雪地的环境常年温度较低，可形成特色景观。积雪地以其自身优势也可形成滑雪场、溜冰场。世界上许多很高的山峰上终年积雪，像戴着一顶“白帽子”，即使是在炎热的夏天也不消失，甚至在热带的一些山脉也会出现这种现象，如热带非洲的乞力马扎罗山、亚热带的喜马拉雅山等。这是因为高山上的天气要比相同地区的平原冷得多。那么为什么高山上很冷呢？因为山越高，空气就越稀薄，太阳照射来的热量越容易散失，大约每升高100米的高度，气温要下降

0.6℃左右，所以到了一定高度，气温就会降到0℃以下，这样的高度冰雪就会终年不化。这个高度的界线，叫作雪线。距离两极越近，雪线的位置越低，因为那里的天气本来就比较冷；而越靠近赤道，雪线的位置就越高。此外山顶上堆满冰雪后，由于冰雪表面反射阳光的作用强，照射到这里的阳光，一般50%~90%的光热被反射回去，使这里气温更低，冰雪不容易融化。所以在高度超过雪线的山顶上，就会终年积雪。当然，这里还要有雪降落下来，山顶上也还要有可以堆积雪的场所，所以，并不是所有的高山上都能够堆积冰雪，那些积雪的山峰上的冰雪也不是绝对终年不化的，如果有强烈阳光的照射，就会有一些融化。但是不久后又有降雪落下来补充，所以冰雪能始终保持存在，并形成冰川向下运动。“冰冻三尺，非一日之寒。”高山顶上的那些“白帽子”，也绝不是一朝一夕形成的。依托独特的冰雪资源和气候环境，结合当地民俗文化，开发冰雪观光和滑雪运动，是集休闲、观光、运动、娱乐、度假为一体的综合开发模式，以大型度假区、室外滑雪场为主要形式，吸引游客体验，带动周边旅游、经济贸易、设备制造等相关产业。世界积雪地资源开发典型代表如表4–8所示。

表4–8　世界积雪地资源开发典型代表

名称	位置	概况
万龙滑雪场	河北省张家口市崇礼区红花梁区域内	已开发建成初、中、高级滑雪道共计22条，总面积70余万平方米，而且每条雪道都配备了完善的造雪系统，共有5条索道和1条魔毯。雪具大厅内存储了1400多套全新所罗门品牌高级雪具，适合各种水平的滑雪者使用，另有部分全新单板和头盔，以及滑雪服、衣柜和雪上飞碟等装备设施可供租用
云顶滑雪场	河北省张家口市崇礼区	现有雪道41条，其中2条初级道，20条中级道，13条高级道，6条野雪道和雪地公园。作为2022年冬奥会自由式滑雪和单板滑雪比赛场地，新建了奥运会规格的U形池以及空中技巧跳台，可体验奥运级别的比赛设施
雪乡	黑龙江	雪乡原名双峰林场，位于黑龙江省牡丹江市海林市（长汀镇）大海林林业局内的双峰林场，距离牡丹江170公里，距离哈尔滨280公里，是张广才岭与老爷岭交会之处，占地面积500公顷，整个地区海拔均在1500米左右。积雪期长达7个月，积雪深达2米，素有“中国雪乡”的美誉
惠斯勒滑雪场	温哥华以北约120公里的惠斯勒	于1980年建造完成，包含了惠斯勒村和上村两大主要部分，以及周边的高尔夫球场、湖泊、公园等。有盖在山腰上，背靠黑梳山，宛若一座城堡的惠斯勒城堡度假饭店。为接待大批观光客，惠斯勒度假村中约有115家各类型度假饭店，餐厅约有90家，其他商店则约为200家
范尔滑雪场	美国	全美最大的雪场，山前地势平滑，拥有绵长而令人心跳的雪道和几个不同的地形公园。宽阔的后山坳在地平线上不断延伸直到无限。远处，蓝天盆地的丛林引诱着那些富有探险精神的灵魂。范尔镇有近百家精美的商铺，从精美的淘货小店到雪具、艺术品和家具应有尽有

BDB现代冰川：现代冰川存留区域。冰川是陆地上终年缓慢流动着的大型冰体。冰川降落的积雪在重力和压力之下形成，并具有一定的运动规律，可分为大陆冰川与山

岳冰川（海洋冰川）。其中大陆冰川一般分布在纬度较高地区，如极地地区。而山岳冰川在我国特别是西部有广泛的分布且类型多样（见表4–9）。在喜马拉雅山、喀喇昆仑山、昆仑山、祁连山、天山、阿尔泰山、唐古拉山、慕士塔格山、贡嘎山等山区分布着数以千计的冰川。雪山区的地貌变化以冰川霜冻作用为主要营力，这些高山的形态具有明显的垂直分带性，最高一带在现代雪线以上，终年冰雪封冻，成为现代冰川带，山顶和山脊被刨蚀为角峰、刃脊，低凹部分分布着现代冰川。这些地区，冰川刻凿着地面，形成独特的冰蚀地形，同时又把破坏下来的岩屑搬动至他处堆积。现代冰川带以下为高山带，古冰川遗迹到处可见，如古冰斗地形和宽敞的U形谷地及各种古冰川堆积物（见图4–3）。第三带为侵蚀、剥蚀地带，坡积物比较多，最低为冲积、洪积形成的山麓倾斜平原带，常出现洪积扇和冲积锥。

表4–9　我国现有现代冰川类型及特点

冰川类型	特点描述
冰斗冰川	分布在雪线附近的凹地中，由冰斗中伸出的冰川舌形成，规模不大，分布很广
悬冰川	从雪盆地中流出来，急剧下降而悬挂在山坡上或悬谷里的冰川，形体短小，祁连山多见此类冰川
山谷冰川	冰雪大量增多，大量的冰顺坡流到山谷，沿谷地流动，形成山谷冰川，像完全冻结的河流
复式山谷冰川	由一条巨大的山谷冰川和汇入其中的支冰川组合而成
冰塔林／冰瀑布／冰石台／冰裂缝／冰湖	冰川表面受到热力和重力作用时，形成特殊的冰面热融地貌

图4–3　冰川地貌景观

【冰蚀地貌】冰川本身具有重量，每立方米冰川冰重900千克，当冰层厚达100米时，冰川施加在冰床岩石上的静压强即达到90吨/立方米。冰川以如此巨大的压力从冰床上流过的时候，足以使脆性岩石和裂隙发育的岩石破碎。冰川对地面的破坏作用叫刨蚀作用。

【冰碛地貌】冰川在刨蚀冰床的同时，也将破坏物运走，一旦冰川流动到雪线以下地区，冰川冰融化，以至完全消失，冰运物随之就堆积下来形成冰碛地貌。冰漂砾是被冰川搬运至远处的巨大岩块（见图4–4）。

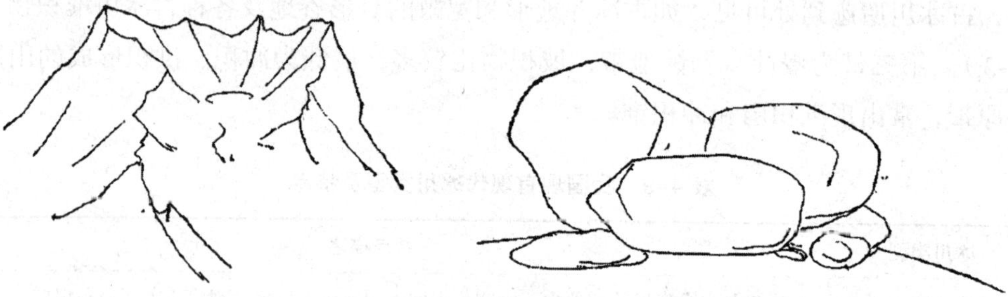

图4–4 冰川刨蚀后冰川洼地和冰碛地貌中的冰漂砾

冰雪资源具有较高的观赏价值，洁白的雪花飞扬飘落本身是一种特殊的气候观赏景观，落在地表的雪花使大地银装素裹，分外壮丽，尤其是名山大川在雪的覆盖下，更成为著名的景观，如九华山的平岗积雪、嵩山的少室晴雪、北京的西山晴雪等。

冰雪还是开展冰雪运动、娱乐体验的良好资源，如滑雪、滑冰、冰雕、冰灯和冰雪主题乐园等（见表4–10）。阿尔卑斯山区是世界冰雪运动胜地，黑龙江、吉林和新疆的山区是我国冰雪运动天然场地，哈尔滨已经是我国享有盛誉的冰雕和冰灯展城市，每年吸引大量游客前往看雪、观赏冰雕和冰灯。

表4–10 冰雪旅游的四种开发模式和经典案例

模式名称	开发模式	案例地
冰雪度假模式	集休闲、观光、运动、娱乐、度假为一体的综合开发	法国拉普拉涅滑雪场及周边小镇、中国黑龙江雪乡
冰雪主题乐园模式	冰雪主题＋商业项目	迪拜滑雪场、哈尔滨万达MALL
冰雪赛事模式	冬奥会	挪威利勒哈默尔、河北万龙滑雪场
冰雪节庆模式	冰雪节、体育节、地方民俗节气	世界四大冰雪节（中国哈尔滨国际冰雪节、日本札幌冰雪节、挪威奥斯陆滑雪节、加拿大魁北克冬季狂欢节）、吉林国际雾凇冰雪节

五、海面

海洋（sea）是地球上最广阔的水体的总称，海水的表面即为海面，它直接反映了海洋的静态和动态。地球上海洋总面积约为3.6亿平方公里，约占地球表面积的71%，平均水深约3795米。海洋中的水约占地球上总水量的97%，而可用于人类饮用的只占2%。地球四个主要的大洋为太平洋、大西洋、印度洋、北冰洋，大部分以陆地和海底地形线为界。当今人类已探索的海底只有5%，还有95%大海的海底是未知的。影响海水颜色的因素有悬浮质、离子、浮游生物等。大洋中悬浮质较少，颗粒也很微小，其水色主要取决于海水的光学性质，因此，大洋海水多呈蓝色；近海海水，由于悬浮物质增多颗粒较大，所以，近海海水多呈浅蓝色；近岸或河口地城，由于泥沙颜色使海水发黄；某些海区当淡红色的浮游生物大量繁殖时，海水常呈淡红色。

BEA游憩海域：可供观光游憩的海上区域，主要是海岸和海滩。海岸是海和陆地天然的交界线，实际上它是海陆相互作用的地带，包括在海水面高低不同的各个时间内由波浪所形成的全部地貌形态和沉积物，包括岛屿以及陆地毗连海的部分。我国大陆海岸线北起中朝交界的鸭绿江口，南止于中越交界的北仑河口。我国钱塘江以北海岸线平直，沿海岛屿稀少，多浅滩，其中江苏沿海是以冲积平原为基础的低平海岸，沙岸较多。如苏北沿海大沙、长沙、北沙、暗沙、全家沙、部家沙、勿南沙等，港湾与岸滩相交错，而辽东半岛及山东半岛等地区除了沙岸外，也有岩石组成的海岸。钱塘江以南都为岩石组成的海岸，海岸线十分曲折，沿海岛屿众多。浙江、福建、广东的海岸多半是复杂的海湾，台湾东部是岸坡峭立，岸线平直的断层海岸，珊瑚礁海岸在我国南海有广泛分布（见图4–5）。海滩是一个充满了浪漫的景点，在海滩看青山绿水、海天一色、碧波白沙相映成趣，光脚踩着细腻的沙滩，感受咸味的海风，听海浪滔滔，是多么美的享受。我国比较著名的海滩包括山东半岛南端的金沙滩、舟山千步沙、厦门鼓浪屿、惠州巽寮湾、三亚亚龙湾、大连金石滩、北海银滩、阳江十里银滩、茂名浪漫海岸、深圳东冲等。游憩海域开发典型如表4–11所示。

黄海岸（江苏）

陡峭海岸

倾斜海岸

断层海岸

砾石海岸

海南风光

图 4-5 海岸类型

表 4-11 游憩海域开发典型

名称	位置	概况
亚龙湾国家旅游度假区	三亚市吉阳区	全长约7.5公里，度假区规划面积为18.6平方公里，是一个拥有滨海浴场，豪华别墅、会议中心、高星级宾馆、度假村、海底观光世界、海上运动中心、高尔夫球场、游艇俱乐部等国际旅游度假区
天涯海角游览区	三亚市区西南23公里处	有五大名石、历史名人雕塑园、笆篱凝霞景区、海天自然景区、天涯路等景点
三亚国家珊瑚礁自然保护区	三亚市鹿回头半岛沿岸	海陆总面积为85平方公里，水下分布有80多种造礁珊瑚。珊瑚礁生物群落中珍稀生物很多，是保护海洋生物多样性的重要海区

BEB 涌潮与击浪现象：海水大潮时潮水涌进景象，以及海浪推进时的击岸现象。早在公元1世纪，东汉的王充就已指出：“涛之兴也，随月盛衰。”涌潮本来是一种自然现象，发生于喇叭形河口或海湾的一种潮差增大的特殊潮汐现象。世界上有涌潮的河流很多，其中南美洲的亚马孙潮、南亚的恒河潮与中国钱塘潮并称为世界三大强涌潮河流，中国三大强涌潮河流是钱塘江、闽江和鳌江。每年钱塘秋潮之际，有大量游客前往观潮，自古至今，钱塘观潮都是人们喜爱的活动。钱塘秋潮如此之盛的原因主要是其独特的地理条件。钱塘江外杭州湾，外宽内窄，外深内浅，是一个非常典型的喇叭状海

湾。出海口江面宽达 100 公里，往西到澉浦，江面骤缩到 20 公里。到海宁盐官镇一带时，江面只有 3 公里宽。起潮时，宽深的湾口，一下子吞进大量海水，由于江面迅速收缩变窄变浅，夺路上涌的潮水来不及均匀上升，便都后浪推前浪，一浪更比一浪高。到大夹山附近，又遇水下巨大拦门沙坝，潮水一拥而上，掀起高耸惊人的巨涛，形成陡立的水墙，酿成潮峰（见图 4–6）。

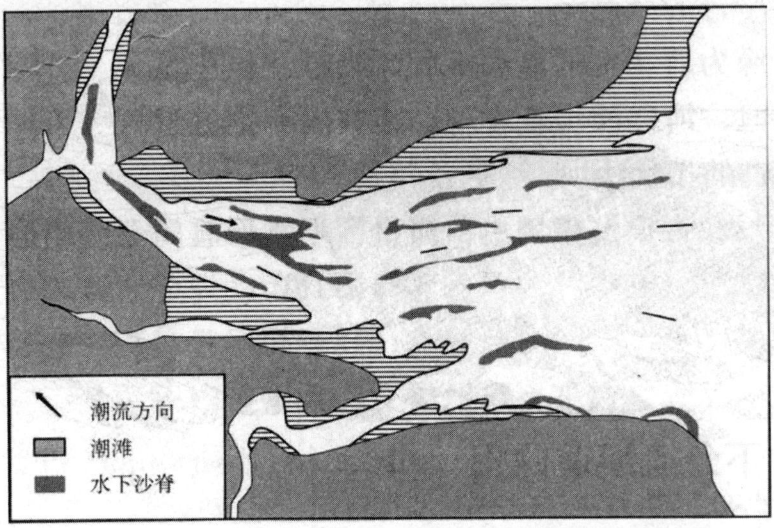

图 4–6　强潮汐河口湾的一般模式

BEC 小型岛礁：出现在江海中的小型明礁或暗礁（见图 4–7）。岛礁多数临近海洋，生物资源和矿物资源丰富，人们不仅可以将美丽的景色用于旅游业，同时还可开采资源使用。由海中的珊瑚虫遗骸堆筑的岛屿，珊瑚虫不断繁衍生息，随着海平面的上升或地壳的下降，当礁体的下沉速度等于或小于珊瑚礁的生长速度时，礁体便向上和四周生长扩大，形成环礁（环状珊瑚礁）；在海风以及海浪的侵蚀下，珊瑚破裂成碎屑并逐渐变成沙土，在浪的作用下，破碎的珊瑚沙向环礁中适宜堆积的地方集中，经过日久天长的堆积，礁体出露海面，珊瑚岛就形成了。

永兴岛是一座由白色珊瑚沙堆积形成的珊瑚岛，位于西沙群岛中部，地势平坦、四周沙堤环绕，正好处于西沙群岛、南沙群岛和中沙群岛的枢纽位置。作为西沙群岛面积最大的岛屿，永兴岛开发面积约 3.16 平方公里，平均海拔约 5 米，距离我国海南岛三亚市约 339 公里。在南沙岛礁吹填以前，也是南海诸岛中面积最大的岛屿，现在已被美济岛、渚碧岛超越。永兴岛是西沙、南沙、中沙三个群岛的经济、军事、政治中心，是三沙市人民政府和众多派出机构的驻地。岛上建设有政府大楼、学校、银行、邮局、医院、商店、宾馆、图书馆、机场、码头、气象站等完善的生产和生活配套设施，已完全具备城市的基础功能。永兴岛地处北回归线以南，属热带季风气候，雨量充沛，但日常用水还需要使用海水淡化。永兴岛海水淡化设施可日淡化海水1800吨，用水已不成问题。永兴岛太阳直射时间多、日照长，紫外线较强烈，年平均气温在26℃。永兴岛上林木十分茂密，最多的是椰树，仅百年以上树龄的就有1000多棵。永兴岛因建设完善，且距离大陆较近，风景优美，成为南海最有可能开发旅游岛的地方。

图 4-7　珊瑚礁体

第三节　水域景观类旅游资源的审美要素

美不光有“灵魂”，更有“骨骼”和“血肉”，也就是说，美也拥有其寄托体——审美客体。作为水域景观的美来说，便是景观水资源的美学特征，不同景观水资源有不同的特点和景致（见表4-12）。水域景观美学特征大致有以下几个方面。

表 4-12　不同水域类型的旅游功能、审美要素和成景要求

类型	旅游功能	审美要素	成景要求
河流	漂流、探险、观赏	河道形状、河床、河岸、流速、水质	漂流河段应具备河道弯曲，暗礁险滩少，河床有一定坡度，流速快，水深以0.5~1.2米为宜，同时两岸植被覆盖率高，富有野趣或拥有观赏性的地貌景观。探险漂流以多急流险滩为佳，观赏性河段应具备河道迂回曲折、两岸奇峰罗列、山水比例适当、水质纯净等条件
湖泊	观赏、泛舟、漫步湖畔	面积、水深、水质、地理环境等	大湖辽阔、小湖秀丽，以大为上。大湖中有岛，岛中有湖，堤岸相接。浅水无色，深水浅蓝色，透明度60厘米以上，大肠杆菌2000个/升以下，悬浮物150毫克/升以下，无油膜或不明显

续表

类型	旅游功能	审美要素	成景要求
瀑布	观赏	声、势、形等	落差大、宽度宽、流程长、形状明显、声音洪亮、周围景色适宜
泉水	观赏、度假、疗养	水质、涌水量、形态、微量元素	水质清澈，涌水量充沛稳定，形态奇特（如含羞泉、间歇泉）的泉水，适合于观赏；富含对人体健康有益的微量元素的温泉适合于疗养，国际上较通行的是以泉的六种离子、三种气体和铁、钾、碘、溴等活性元素的含量为标准来确定其是否为矿泉水
海岸带	度假、疗养（日光浴、沙滩浴）、运动（潜水、游泳）	气象、海象、海滩、腹地、海蚀地貌和人文景观	气象（夏季晴天最少2周；气温25℃~27℃，水温23℃~30℃，风速5米/秒以下）；海象（波浪在0.8米以下，海水流速0.2~0.3米/秒，海水透明度30厘米以上，大肠杆菌含量1000个/升以下，油膜肉眼难以辨明，无藻类和浮游物，无有害生物或有防护有害生物的措施）；海滩（长度200米以上，潮线以上宽度大于32米，沙滩以中细沙为主）；海滩后腹地（平地缓坡，绿地占80%以上，坡地总面积1平方公里以上）；具有一定数量的海蚀地貌景观和渔村、码头、栈桥等人文景观

一、水相

水域景观的整体形象，由水形、水色、水声、水味、水影等要素共同构成水域美学景观面貌。水形，特指水域形状，一般包括海洋、湖泊、河流、涧溪、瀑布和泉水等具有一定形象的实体，每一种水体都具有一定的风韵，或动或静，或动静结合，表现出美的形态。由于无色水体受光线作用，以及水中所含悬浮物选择吸收与选择散射的合并作用，使水体呈现不同的颜色，不同颜色构成不同水色之美。水体受到外力冲击或者自上而下流动，发出各种美妙的湖浪冲击岸声、巨涛哗哗声、河流滔滔声、瀑布轰鸣声、泉流涂涂声……总之，水体运动都会产生特有的声响，这种声响传入人的听觉器官，形成听觉美，震撼人的心灵。水体中由于含有各种矿化物质，使其产生酸、甜、苦、辣的味觉，这便是水域景观的味觉之美，这种特性常令人心生向往，如我国许多山泉清凉澄碧，十分令人神往。同时，万物落入水中都会映出倒影，这正如诗云“水底有明月，水上明月浮，水流月不去，月去水还流”，水影创造出的旅游意境常使人浮想联翩。各种水景要素均能形成水景之美，这些要素相互结合、相互交融更能形成奇妙雅致的水景。这正如车尔尼雪夫斯基所言“辽阔的、一平如镜的、宁静的水使人产生宏伟之感。奔腾的瀑布，其气势令人震惊，它的奇特令人神往，水的灿烂透明令人迷恋……”，水似一名写生画家，不时变换角度和手法，为游人留下难忘的印象。

二、季相

四季变化的水域风景常常左右着观赏者的审美心理，使游客产生特定的赏景观感，游客也往往将自己的情感体验来比拟和描绘水域景观的季节特征。春风吹醒了沉睡的大地，万物苏醒，神采奕奕，那一岁一枯荣的小草，又绿江南岸的林木，伴随着水域冰雪融化、细水清流都标志着生命的萌动，游客欣欣然。夏季，林木郁郁葱葱，充沛的降雨量使溪流峡谷急湍、悬崖飞瀑，充分展示了水的气派。绿是生命之色，水是生命之液，在它们的哺育下，自然山川露出无限的生命力，于这样的景观中游憩，无不使人舒适坦然。秋高气爽，碧水如镜，满山红叶伴随着萧瑟秋风摇曳，荷塘月色下面弥望着甜甜叶子，使人陶醉、使人思绪万千。冬天，气候寒冷，万物萧条，植物叶落枝枯，动物入穴冬眠，大自然一派寂静，然而，就在冬季日子里，造就了冰雪世界，玲珑剔透的冰灯、冰塔，造就了一个个“瑶林仙境”“琼楼玉宇”……尤其大雪过后，白雪皑皑，各种万物仿佛披上了白色盛装，展示出其浑圆的雄姿，山舞银蛇，原驰蜡象……一切景观，好像经过了纯化，显得异常统一。

三、时态

昼夜晨昏的光影变化、四季转换会使水域景观现出千姿百态的美来。江河湖海、草木林泉，并非一幅恒定不变的画面，而因时光转换造成明暗交接的水域形象，才会出现古诗中的“一道残阳铺水中，半江瑟瑟半江红”“日落红湖白，潮来天地青”的景象。离开时间流逝、光照转换，就不会观赏到丰富多彩的水域之美。水域景观的光彩色调，来自太阳光的照耀和反射，早晚的锦缎彩云，日出时的奇观，甚至月夜朦胧的小景都离不开各种形式的光线转换。如普陀山的“朝阳涌日”，是看海上日出；庐山含鄱口的“都阳晨曦”，是从山上看平湖上的日出；仅在西湖景区便有“葛岭朝暾”“苏堤春晓”“雷峰夕照”和“三潭印月”四个以观赏西湖水域晨夕时光变幻为主题的著名景点。

四、水位

观赏水域景观的位置不同，便会产生不同的旅游效应。一般仰视会产生雄伟、宏大之感，“夔门天下雄”的雄伟就在于两岸的千仞绝壁。俯视则使人拥有崇高、豪迈的胆气，产生战胜困难的英勇之气，这正如“白日依山尽，黄河入海流，欲穷千里目，更上一层楼”古诗所云，催人上进、奋发。瀑布景观的美学特征与观赏位置尤为相关。瀑布由溪流、跌水和深潭三部分组成，定位观赏只能看到它的局部，要全面领略瀑布的美，就必须从远到近、从低到高，有一个选择和变动的观赏点的过程。清人梁章钜游了雁荡山龙湫之后说“遥见障端有苍烟状，勃勃上浮”，稍近，则见水“凌云飞泻，白光射人，若决银河而下”，走到近处，“又成一片苍烟，飞沫溅身，衣帽尽湿”。如果从低到高用不同高度的视点来欣赏瀑布，更可见其景观真谛。

五、引致

大面积的水域，形成一种良性动态平衡的水域生态系统。栖息在水中的动物、水边的水禽，以及自然生长在山林泉壑中的鼠、猴、鹿、野羊等野生动物，加之水中游动的鱼、虫，水面上飞舞的蝶、蜂、蜻蜓等，形形色色的动物，在自然水域景观中表现出千姿百态和生机盎然的美，加强了山水林泉的野趣，游客进入这样的空间环境自然会感到与自然万物同呼吸、共命运，心胸坦荡，杂念俱消……鱼儿悠闲地嬉耍、追逐，鸟雀水禽快乐歌唱、求偶、繁衍，动物与大自然相依相存、相互辉映，创作出一幅幅美不胜收的图画"白鸥傍桨自双浴，黄蝶逆风还倒飞""秋水共长天一色，落霞与孤鹜齐飞""飘风乱萍踪，落叶散鱼影"……

氡泉对治疗神经衰弱、心律不齐、高血压、糖尿病、月经不调、皮肤病等都有较好的疗效；硫化氢泉可溶解角质，软化皮肤，帮助肉芽和上皮细胞生长，有助于皮肤外伤的康复；硅酸泉有助于机体生长和骨骼发育以及湿疹、皮肤瘙痒、银屑病等的治疗；碳酸氢钠（小苏打）泉可软化皮肤，浴后皮肤光滑柔软、清爽舒适，对创伤、皮肤病均有疗效，被称为"天然苏打水"。

【同步练习】

一、单选题

1. 黑龙江五大连池属于（　　）。

A. 河成湖　　B. 冰川湖　　C. 堰塞湖　　D. 人工湖

2. 冰川在刨蚀冰床的同时，也将破坏物运走，一旦冰川流动到雪线以下地区，冰川冰融化，以至完全消失，冰运物随之堆积下来形成（　　）。

A. 冰碛地貌　　B. 冰蚀地貌　　C. 冰川地貌　　D. 雪山地貌

3. 下列不属于我国四大名泉的是（　　）。

A. 中泠泉　　B. 惠山泉　　C. 趵突泉　　D. 大明寺泉

4. 冬奥会属于冰雪旅游的哪种开发模式？（　　）

A. 冰雪主题乐园模式　　B. 冰雪赛事模式

C. 冰雪节庆模式　　D. 冰雪度假模式

5. 下列属于珊瑚岛的是（　　）。

A. 崇明岛　　B. 舟山岛　　C. 永兴岛　　D. 长兴岛

6. 湖面辽阔，资源丰富，历史悠久，素有"日出斗金"美誉的我国第四大淡水湖泊是（　　）。

A. 鄱阳湖　　B. 洞庭湖　　C. 洪泽湖　　D. 太湖

7. 下列属于河流的审美要素的是（　　）。

A. 水深　B. 水质　C. 水势　D. 面积

二、多选题

1. 水的利用具有以下哪几种功能？（　　）

A. 造景功能　B. 交通功能　C. 疗养功能　D. 项目功能

2. 湿地旅游开发模式包括：（　　）。

A. 生态观光型　B. 科普教育型　C. 城市休闲型　D. 复合发展型

3. 下列属于瀑布成因类型的是（　　）。

A. 断层瀑布　B. 堰塞瀑布　C. 袭夺瀑布　D. 悬谷瀑布

4. 冰川的类型包括：（　　）。

A. 冰斗冰川　B. 悬冰川　C. 山谷冰川　D. 复式山谷冰川

5. 下列属于湖泊的开发模式的是（　　）。

A. 观光旅游驱动　B. 美食休闲驱动　C. 科考探险驱动　D. 康养度假驱动

6. 湖泊的成因类型包括：（　　）。

A. 构造湖　B. 火口湖　C. 风成湖　D. 海成湖

7. 下列属于游憩海域开发典型地区的是（　　）。

A. 亚龙湾国家旅游度假区　B. 江苏西山旅游度假区

C. 天涯海角游览区　D. 三亚国家珊瑚礁自然保护区

8. 日本温泉旅游发展的有利条件有（　　）。

A. 得天独厚的自然优势　B. 温泉文化历史悠久

C. 季节美食以及特色美食　D. 汤治（温泉疗养）

三、判断题

1. 生命起源于水，生物的生存离不开水。水是环境中最活跃的自然要素之一，也是地球上分布最广泛和最重要的构景要素之一。（　　）

2. 游憩河段可供观光游览的河流段落，包括大江大河中的峡谷风景河段、小溪小涧以及漂流河段。（　　）

3. 洞庭湖古称“彭泽”，是我国第一大淡水湖。（　　）

4. 江苏沿海是以冲积平原为基础的低平海岸。（　　）

5. 硫化氢泉可软化皮肤，浴后皮肤光滑柔软、清爽舒适，对创伤、皮肤病均有疗效，被称为“天然苏打水”。（　　）

6. 黄果树瀑布和诺日朗瀑布都属于喀斯特瀑布。（　　）

7. 湿地具有提供水源、调节气候、涵养水源、调蓄洪水、美化环境、净化水体、保护生物多样性等多种重要作用。（　　）

8. 古河道段落可分为埋藏古河道和裸露古河道。（　　）

四、填空题

1. 瀑布的共同的3个审美特征是__________、__________、__________。

2. 泉的价值包括__________、__________、__________、__________。

3. 水域景观美学特征大致有以下5个方面：__________、__________、__________、__________、__________。

4. __________作为水体的固态形式，是水域风光类旅游资源中十分独特的一个亚类。

5. 台湾日月潭的湖泊成因类型是__________。

6. __________是埋藏于地下的温度适宜、具有矿物元素的地下热水、热气。

7. 海岸带的旅游功能有__________、__________、__________。

第五章　生物景观

【本章概要】

对生物景观类旅游资源的概念、观赏生物与旅游的关系、吸引要素等进行基本介绍，对植物景观和野生动物栖息地资源的分布规律、景观特征和典型代表进行具体阐述。

【学习目标】

理解生物景观类旅游资源的概念和功能；

重点掌握地带性森林、各类草原、赏花地和各类野生动物栖息地的分布特点和景观特征；

理解生物景观类旅游资源开发保护的要点。

【拓展训练】

实地考察并深度认知当地的生物景观类旅游资源。

［步骤］

1. 4~5 人一组，每个小组选择不同的主题。

2. 每组的组长针对本组的调查负责分配成员的任务，分工合作，共同讨论，形成调查报告。该报告包括资源的基本概况、分布情况、受保护情况及景观特色等。

3. 全班一起讨论如何更好地保护这些生物旅游资源及如何更好地突出这些资源在旅游地中的特色，集思广益。

4. 将每个小组的调查报告进行汇总，就这些动植物资源如何更好地发挥其特色，增加当地的旅游吸引力提出合理建议。

【拓展阅读】

［1］王硕．北京八达岭国家森林公园景观评价［J］．国土与自然资源研究，2021（2）：65–67.

［2］姚媛．秦岭北麓生态文化旅游示范区开发模式研究［J］．陕西农业科学，2014，

60（1）：97–101.

［3］李琛钰，陈美兰，张童，杨芷一，彭杨靖，崔国发，满自红．甘肃吐鲁沟国家森林公园生态旅游资源吸引力研究［J］．西北林学院学报，2019，34（6）：240–248.

［4］沈庆仲，杨南，杨雁，张潇，王斌，胡天祥，张莉．西双版纳望天树体验式旅游探索［J］．当代旅游，2021，19（17）：45–48+97.

［5］陈阁芝．自然旅游地游客亲环境行为的驱动因素研究——以鼎湖山国家级自然保护区为例［J］．四川旅游学院学报，2021（4）：65–69.

［6］陈佳秋，陈俊，康晓光，许信，王明明，安树青，傅海峰．盐城湿地公园地域特色营造初探［J］．湿地科学与管理，2021，17（4）：56–60.

［7］钟林生，马向远，曾瑜皙．中国生态旅游研究进展与展望［J］．地理科学进展，2016，35（6）：679–690.

［8］于倩楠，彭勇，刘政，李婷，胡君，黄涛，刘庆．川西山地生态旅游景观资源及灌丛景观资源调查研究［J］．四川环境，2018，37（5）：60–69.

［9］俞益武，李健，肖胜和，陈占丰．浙江省生物景观类旅游资源现状分析及旅游项目开发［J］．浙江林学院学报，2005（1）：95–99.

［10］何方永．光雾山彩叶林旅游生态系统服务功能价值评估［J］．四川林业科技，2016，37（4）：47–51.

［11］罗庆华，陶水秀，蒋万胜，胡骁，刘柯，陈进豪，付磊，曹威．旅游干扰对张家界市大鲵饵料鱼及大鲵种群数量的影响［J］．生命科学研究，2020，24（3）：199–207.

［12］覃方铭，马月伟，贯子薇，叶文．夹金山脉大熊猫栖息地遗产旅游可持续发展评价［J］．地域研究与开发，2019，38（3）：89–94.

［13］戴君虎，高新月，刘浩龙，陶泽兴，马翔，曹丽娟．物候学在旅游地理理论与实践中的应用基础和前景［J］．中国生态旅游，2021，11（2）：161–175.

第一节 生物景观类旅游资源概述

一、生物景观类旅游资源的概念

生物景观是自然景观的有机组成部分，是指生物圈中对人类具有一定审美价值的动物、植物以及由它们所组成的生物群落。据估计，地球上曾经有过5亿种生物。在整个生物进化过程中，生物赖以生存的地理环境曾发生过多次重大变化，生物在自然选择和本身的遗传与变异共同控制下，也不断地发生分异与发展，旧种逐渐灭亡，新种相继产生，不断演化和发展而形成今日地球繁荣的生物界——丰富的生物资源。目前，世界上大约有数百万种生物，其中占绝大多数的是无脊椎动物和植物。物种的数量以热带地区最多，向两极逐渐减少。过去的灭绝大都是自然发生的，但近400年来，人类活动的影响日趋加剧，导致了大量人为的物种的灭绝。根据生物资源的特性，合理利用和保护生物资源，就成为当前国际科学界密切关注的问题之一。

我国幅员辽阔，气候多样，是生物多样性最丰富的国家之一，有3万多种高等植物，6347种脊椎动物，599类陆生生态系统类型。从北向南形成了寒温带落叶针叶林带、温带针阔叶混交林带、暖温带落叶阔叶林带、亚热带常绿阔叶林带、热带季风雨林带等。生物特有属种比例大，动植物区系起源古老，珍稀物种众多，从而提供了大量可资利用的生物资源。多年来中国生态建设的实践已总结出许多有用的经验。例如，建设大型防风林、营造沙漠绿洲的经验；坡地改梯田、建设高产稳产田的经验；兴修大型水利和小型蓄水保土工程的经验；退耕还林、还草、恢复生态植被的经验；种植经济林、生态林和种树种草相结合的经验；旱作农业、节水灌溉、采用先进生产技术的经验；山、水、田、林、路相配套，综合治理小流域的经验；荒山承包植树造林、种草的经验；治理草场退化、沙化、碱化的经验等。这些经验和做法对于保护生物多样性起到了十分积极的作用。

国家公园概念源自美国，通常是都以天然形成的环境为基础，以国内或者世界重要天然或原始的景观为主要内容建设的公园。世界上第一个国家公园就是美国的黄石公园。2021年10月，中国正式设立三江源、大熊猫、东北虎豹、海南热带雨林、武夷山五个第一批国家公园，保护面积达23万平方公里，涵盖近30%的陆域国家重点保护野生动植物种类。首批国家公园，有一个共同点是都具有典型的生态功能代表性，如三江源国家公园地处青藏高原腹地，实现了长江、黄河、澜沧江源头整体保护。大熊猫国家公园保护了全国70%以上的野生大熊猫。海南热带雨林国家公园是全球最濒危的灵长类动物——海南长臂猿唯一分布地。武夷山国家公园分布有全球同纬度最完整、面积最大的中亚热带原生性常绿阔叶林生态系统。东北虎豹国家公园分布着我国境内规模最大、唯一具有繁殖家族的野生东北虎、东北豹种群。国家公园是我国自然保护地最重要类型之一，属于全国主体功能区规划中的禁止开发区域，纳入全国生态保护红线区域管控范围，实行最严格的保护。国家公园的首要功能是重要自然生态系统的原真性、完整性保护，同时兼具科研、教育、游憩等综合功能。

二、生物景观类旅游资源的功能

（一）丰富资源

动植物资源成为旅游资源常常是通过它们的个体或群体的外观形象以及群体的平面布置和空间组合而成的景观，它们或独立成景，或配合地形、水体、建筑等成景，形成丰富多彩的生景资源。动植物旅游资源一般是指珍稀树种、奇花异草、珍禽异兽、古树名木、成片的森林、成片的灌丛等。动植物资源的丰富为设立野生动植物保护区、森林公园、植物园、动物园、观光果园、花圃、水族馆等旅游场所提供了充分条件，由于这些场所能使多种自然特性不同的动植物集中在一起，人们可以进行不同层次的旅游活动。因此，这些旅游场所也属动植物旅游资源。此外，绝大多数的动植物具有易采集、易加工的特点，以它们为原料能加工生产丰富且别具风味的产品，直接为旅游市场提供旅游购品，满足旅游者的购物要求，但国标中一般将其作为旅游购品大类。总而言之，动植物本身丰富了旅游资源的内涵。

（二）改善景观

纵观各类风景旅游区的自然景观，无不发现动植物资源所起的作用。它们与其他的自然景物协同作用，创造风景空间，布置景观层次，以突主景、衬主景、缀主景、现主景的特点改善自然景观的整体效果和表现旅游区的风光特色。比如黄山风景区的黄山松，素有“无树非松，无石不松，无松不奇”之誉，是构成黄山宏观、微观景色的主要构景素材之一。它不仅以其顶平、干直、盘根错枝、苍翠奇特的形态特色单独成景，如迎客松、送客松、接引松、探海松等，而且以成片的松林构景，如狮子林、万松林、眉毛峰等。松林郁郁葱葱，松涛轰鸣，蔚为壮观。各种黄山松构成黄山“四绝”之一，吸引国内外游客前去观赏。

（三）改变环境

森林以其特有的功能改变着旅游环境，使旅游环境质量得到有效提高。组成森林的乔木、灌木、草本和苔藓以及盘结在土壤中的根系，形成多层结构，截留降水，同时削弱降水对林地的冲击力，减少土壤侵蚀。林地表层的枯枝落叶层吸收大量降水，并使降水渗透入土，有效地减轻了地表通流，起到了涵养水源、保持水土的作用。森林中植物繁茂，水源充沛，为各种野生动物包括驯养动物的生存、栖息、繁衍提供了良好的环境条件。多种野生动物的存在在静卧、悠闲漫步与奔跑时，形成动静结合、姿态万千的景观，从而丰富了旅游空间和旅游内容。森林环境负氧离子含量高，绿色枝叶通过吸收太阳的紫外线，可以减少对眼睛的刺激，使疲劳的神经系统得到调整，所以森林环境是辅助人们休闲度假、康养身心和游憩活动的良好空间。森林能够创造较理想的绿色视觉环境，绿视率理论认为，当绿色在人的视野里达到 25% 时，人感到最为安逸、舒适。

（四）娱乐游憩

我国风景名胜区、森林公园等类型的旅游区，均分布有一定规模的原始森林或原始次生林，保存着原始、粗犷的景观，充满野趣和神秘感，进行旅游开发能使游人有返璞归真的感受，能领略大自然的妙趣。目前，垂钓和狩猎旅游已形成世界潮流。因此，为满足众多垂钓和狩猎爱好者的需求，开辟一定的场所，为旅游者提供有限制的垂钓和狩猎条件，不仅能丰富旅游内容，而且能为经营者提供经济收入，有利于野生动物的保护。在旅游区开辟标本采集区，供游人在其中围捕昆虫、采集植物，制作的标本可作为旅游纪念品，开展这样的活动能满足游人的求知和猎奇心理。由于一些动植物具有可食用的特点，在保护性利用和科学养殖下，充分利用这些食用动植物资源，开展品尝野味或美食旅游，往往会成为游人感兴趣的活动。

（五）科学考察

我国拥有一批珍、稀、奇的动植物，如大熊猫、扬子鳄、牛羚、水杉、银杉、金花茶、桫椤等，其生活环境具有独特性。因此，组织旅游者进行珍稀动植物生境的考察活动，具有较大的旅游意义，能充分发挥珍稀动植物特有的旅游功能。我国现有城市 600 余个，多数城市选出了市树、市花，如北京市市树为国槐、市花为月季、菊花，天津市市树为绒毛白蜡、市花为月季，成都市市树为银杏、市花为芙蓉花等。此外，有部分省选出了省树和省花。一般来说，市树、市花是一个城市最具代表性、最有特色的植物。因此，组织市民对市树、市花考察，有利于市民了解市树、市花，树立良好的保护花木、保护自然环境的社会公德。

第二节　生物景观类旅游资源类型

一、植被景观

CAA 林地：生长在一起的大片树木组成的植物群体。林地是森林的载体，是陆地上重要的生态系统之一。森林是物质生产和生态服务的源泉，也是典型的生物多样性富集区或水源涵养区。森林具有净化空气、涵养水源、保持水土、调节气候等多种功能，是保护环境、维护陆地生态平衡的关键因素。森林景观以其复杂的生态系统、丰富多样的生物资源、千姿百态的自然景观和浩大繁茂、神秘幽深的特点，吸引着人们进行科学考察、探险揭秘、医疗健身、森林旅游和生态旅游等多种活动。按生长的气候区，林地又分为热带雨林、热带亚热带红树林、亚热带常绿阔叶林、温带落叶阔叶林、寒带针叶林等（见表 5-1）。

表 5-1　林地景观类型分布特征

类型名称	植被特征	分布特征	典型地区
热带雨林	厚茎藤本、木质和草质附生植物	平均温度 24℃以上，或者最冷月平均温度 18℃以上的热带潮湿低地。白天温度一般在 30℃左右，夜间约 20℃	亚马孙热带雨林、马达加斯加岛东侧、中国西南部和中南半岛
热带亚热带红树林	10~30 米喜盐植物	热带、亚热带海湾、河口泥滩上冲积盐土或含盐沙壤土高潮线与低潮线之间的潮间带	广西合浦山口红树林生态自然保护区、金海湾红树林景区、广东一带河岸
亚热带常绿阔叶林	常绿的双子叶植物，又称照叶林、月桂树林、樟栲林	亚热带大陆东岸湿润季风气候下的产物。分布区夏季炎热多雨，冬季寒冷而少雨，春秋温和，四季分明，年平均气温 16℃~18℃，年降雨量 1000~1500 毫米。土壤为红壤、黄壤或黄棕壤	遵义习水中亚热带常绿阔叶林国家级自然保护区
温带落叶阔叶林	大叶片（如悬铃木属、七叶树属）、羽状复叶（如白蜡树属、花楸属、核桃属等）、小叶片（如桦树、山杨等）	温带季风气候区和温带海洋性气候区，夏季炎热、温暖，冬季较为寒冷，最热月平均温度 13℃~23℃，最冷月平均温度约 -6℃，年降水量 500~1000 毫米	我国大兴安岭、小兴安岭、长白山自然保护区
寒带针叶林	挪威云杉和欧洲赤松，西伯利亚云杉、冷杉和兴安落叶松，北美云杉、洛杉矶冷杉、加拿大铁杉等	分布于高纬度寒带地区，如北美、加拿大、北欧、西伯利亚等	西伯利亚泰加林

CAB 独树与丛树：单株或生长在一起的小片树林组成的植物群体。独树与丛树能调节气候、保持生态平衡、能防风固沙、涵养水土，还能吸收各种粉尘，同时独树与丛树能减少噪声污染，其分泌物能杀死细菌。在这其中，古树名木是旅游价值较高的植被资源：古树一般指生长百年以上的单株树木，如银杏远在 27000 万年前就开始出现。名木是指跟历史人物或事件有关的或因形态闻名的树木，如轩辕柏、章台古梅（见表 5-2）。

表 5-2　古树名木分布特征和典型代表

种类及其分布		典型代表
古树	柳杉（婆罗）、银杏（白果）	庐山三宝树（树龄 1600 年）
	松柏：广泛分布于我国华北南部及华东地区，象征坚强不屈的品格，与竹、梅一起被誉为“岁寒三友”	山东孟庙古松柏（树龄约 900 年）
	巨杉：原产于美国加利福尼亚州海岸，后被引入中国栽种，在原产地高达 100 米，胸径可达 10 米；耐 -20℃的低温，喜酸性、肥沃、疏松土壤，亦适应石灰土壤，生长快	美国加州红杉国家公园内的谢尔曼巨杉，树龄 2300~2700 年，安徽黄山迎客松也有说法是 3500 年
	黄山松：生长于中国海拔较高的高山上，耐旱且耐贫瘠，寿命长，生长较慢	安徽黄山迎客松

续表

种类及其分布		典型代表
名木	猴面包树：又叫波巴布树、猢狲木或酸瓠树，大型落叶乔木，分布于热带或亚热带非洲的国家气候炎热、干燥的地区。树干内部组织中贮水，高约 20 米左右	马达加斯加穆隆达瓦猴面包树（集中了全马岛 7 个不同的面包树品种）
	百岁兰：原产于非洲纳米比亚沙漠，是沙漠中难能生成的矮壮木本植物，能固沙保土	百岁兰分布于安哥拉及非洲热带东南部，生于气候炎热和极为干旱的多石沙漠、枯竭的河床或沿海岸的沙漠上。长得十分奇特，4 米高的茎秆，露出地面的只有 20 厘米左右。百岁兰有两片从茎顶生出并左右分开的革质叶子，匍匐在地上，叶宽 30 厘米，长 3 米左右，最长能有 6~7 米
	珙桐：落叶乔木，是 1000 万年前新生代第三纪留下的孑遗植物，在第四纪冰川时期，大部分地区的珙桐相继灭绝，只有在中国南方的一些地区幸存下来，成为植物界今天的“活化石”，被誉为“中国的鸽子树”，又称“鸽子花树”“水梨子”，野生种只生长在中国西南四川省和中部湖北省和周边地区	湖北神农架林区号称“华中屋脊”，在海拔 1700 米的千永坪生长着世界少见的大珙桐
	桫椤：别名蛇木，蕨类植物，有“蕨类植物之王”的赞誉。因能长成大树的蕨类植物，又称“树蕨”。桫椤的茎直立，中空，似笔筒，叶螺旋状排列于茎顶端。是已经发现的唯一的木本蕨类植物，极其珍贵，堪称国宝，主要分布在我国的西藏、四川、贵州赤水及南方各地，尼泊尔、不丹、印度、缅甸、泰国、越南、菲律宾及日本南部也有分布	四川乐山的桫椤湖景区以及自贡桫椤王国的桫椤数量多达 4 万余株，种群分布集中，生长良好，结构典型，类型多样，以树形优美多姿、苍劲挺拔而蜚声海内外

CAC 草地：以多年生草本植物或小半灌木组成的植物群落构成的地区。“草原”与“草地”本是一个东西，生态学家看是长着草的原野，称为“草原”，土地利用者视其为以草本植物为主的土地资源，称为“草地”。在景观中更常用“草原”，如“陪你一起看草原”，而不是去“看草地”。我国草原从东到西跨 49 个经度，从南到北跨 36 个纬度；东西长约 4000 公里，南北宽约 2500 公里，草原的类型之多居世界第一位，包括疏林草原、温带草原、草甸草原等（见表 5-3），草原上还生活着许多珍稀野生动物和珍贵的中草药。在旅游业中，应综合利用草地景观及其周围的环境、气候、民情，以满足人们多方面的需求，通过开展民族特色的歌舞、体育、餐饮、观赏、避暑等旅游活动，发挥草地景观资源美学价值从而产生经济效益。

表 5-3 草原类型及典型代表

草原类型	分布特点	我国的典型代表
疏林草原	总体上分布于热带气候湿润的森林边缘或疏林地区，在国外主要分布于东非、南美巴西高原、北澳大利亚和印度半岛等地，多在草原的边缘地带或是雨林附近地区。在中国分布于内蒙古草原的东部、大兴安岭两侧山麓及沿山地丘陵向西南延伸的山地	承德市丰宁满族自治县北部的草原林场、锡林郭勒沙地疏林草原
温带草原	主要分布于温带半干旱至半湿润的气候条件地区，包括欧亚草原区和北美草原区两大分布区	内蒙古呼伦贝尔草原
草甸草原	非地带性分布，属半湿润气候区，集中于平坦的洼地和北向的坡地上。其中平原草甸分布在东北三江平原、辽河平原的低洼地及新疆塔里木河等地。山地草甸集中分布于荒漠地区的山地，也见于大兴安岭林缘地区和西南亚热带山地，是中国主要的夏季牧场。高原草甸主要分布于青藏高原东北部和四川西北部海拔 4000 米以上的高寒地带	巴音布鲁克草原、锡林郭勒草甸草原、重庆白溪草场

CAD 花卉地：一种或多种花卉组成的群体。“花”是植物的繁殖器官，是指姿态优美、色彩鲜艳、气味香馥的观赏植物，“卉”是草的总称。狭义的“花卉”是指具有观赏价值的草本植物；广义的“花卉”不仅包括草本植物，还包括乔木、灌木、藤本以及地被植物和盆景等。由于花卉具有使人轻松愉快、视觉享受的美学价值；净空气、保护环境的生态价值；锻炼意志、陶冶情操的文化价值；可供食用、药用、制茶等实用价值，所以花卉是一种宝贵的自然资源，也是一种重要且独特的旅游资源（见表 5-4）。

表 5-4 典型花卉景观的分布特征及资源点

花名	习性及分布	资源点
杜鹃，又名映山红、山石榴	杜鹃花一般春季开花，每簇花 2~6 朵，花冠漏斗形，有红、淡红、杏红、雪青、白色等，花色繁茂艳丽。生于海拔 500~2500 米的山地疏灌丛或松林下，为中国中南及西南典型的酸性土指示植物	白马雪山自然保护区
樱花	樱花品种相当繁多，全世界共有野生樱花约 150 种，中国有 50 多种	日本上野公园、武汉大学
薰衣草	原产于地中海沿岸、欧洲各地及大洋洲列岛，后被广泛栽种于英国及南斯拉夫。其叶形花色优美典雅，蓝紫色花序颀长秀丽，是庭院中一种新的多年生耐寒花卉，适宜花径丛植或条植，也可盆栽观赏	东方普罗旺斯薰衣草庄园
玫瑰	花瓣倒卵形，花有紫红色、白色，果期 8—9 月，扁球形。枝条较为柔弱软垂且多密刺，每年花期只有一次	曼谷玫瑰花园

二、野生动物栖息地

CBA 水生动物栖息地：一种或多种水生动物常年或季节性栖息的地方。江、河、湖、海是诸多水生动物的天然生长场所或天然避难、避害场所。根据所处环境的不同，可以划分为淡水型水生动物栖息地、咸水型水生动物栖息地及两栖型水生动物栖息地。栖息地政策有效地保护了珍贵、濒危水生动植物，对维护生态平衡、优化生态环境起到了重要作用，目前我国已初步形成布局较为合理、类型较为齐全的保护区网络（见表 5–5）。

表 5–5 珍贵水生动物习性及典型栖息地

名称	水生动物习性	栖息地
中华鲟栖息地	长江中最大的鱼，故有“长江鱼王”之称。底栖鱼类，食性非常狭窄，属肉食性鱼类，主要以一些小型的或行动迟缓的底栖动物为食，生命周期较长，最长寿命可达 40 龄。是中国一级重点保护野生动物，有“水中大熊猫”之称，具有很高的科研、药用和观赏价值。春夏季 5—6 月间喜群集于河口，秋季上溯至江河上游。古有：“鳣出江、淮、黄河、辽海深水处，其居也在堆石湍流之间”之说。分布于中国、日本、韩国、老挝和朝鲜	上海市长江口中华鲟自然保护区、湖北省宜昌中华鲟国家级自然保护区、江苏省东台市中华鲟自然保护区
大鲵（娃娃鱼）栖息地	由 3.6 亿年前古生代泥盆纪时期水生鱼类演变而成的古老的两栖类动物。成鲵一般常栖息在海拔 1000 米以下的溪河深潭内的岩洞、石穴之中，以滩口上下的洞穴内较为常见，食性很广，主要以蟹、蛙、鱼、虾、水生昆虫及其幼虫等为食。主要分布于河北、河南、山西、陕西、甘肃、青海、四川、重庆、贵州、云南等地	湖南张家界大鲵国家级自然保护区、甘肃秦州珍稀水生野生动物自然保护区
长江上游珍稀鱼类栖息地	包括长江鲟、胭脂鱼、岩原鲤等。底食性鱼类，主要以底栖无脊椎动物和水底泥渣中的有机物质为食，也吃一些高等植物碎片和藻类	长江上游珍稀特有鱼类国家级自然保护区
扬子鳄栖息地	现存鳄类中体型很小、行动最迟钝、性情最温驯的鳄类。古老的爬行动物，现存数量稀少，已濒临灭绝。扬子鳄的故乡在中国的长江流域。它的祖先曾经是陆生动物，随着生存环境的变化，迫使扬子鳄学会了在水中生活的本领，所以它具有水陆两栖动物的特点和广阔的活动天地。多栖息在湖泊、沼泽的滩地或丘陵山涧长满乱草的潮湿地带，主要分布在我国长江下游地区的湖泊、水塘和沼泽中	安徽扬子鳄国家级自然保护区
白鳍豚栖息地	中国特有的一种小型淡水鲸，古老的孑遗生物，化石证据表明 530 万年前的中新世晚期就已在长江出现。20 世纪后期以来数量锐减，在 1988 年被列为中国一级重点保护野生动物，但剩余种群仍不断消亡，被认为是第一个由于人为因素而走向灭绝的鲸豚类动物。栖息于洞庭、鄱阳湖等地，以中上层鱼类为主食	湖北长江天鹅洲白鳍豚国家级自然保护区、湖北长江新螺段国家级自然保护区
海龟繁殖地	每年的 6—9 月成群的绿海龟洄游至保护区，上岸产卵，深夜雌龟便慢慢地爬上沙滩，在不被水淹没的高潮线以上，找到适合地点，挖出一个宽大的坑，开始产卵，每次产卵 50~150 枚，龟卵在温暖潮湿的沙滩里自然孵化，经过 49~60 天，幼海龟便会破壳钻出沙来，爬入大海	广东惠东港口海龟国家级自然保护区

CBB 陆地动物栖息地：一种或多种陆地野生哺乳动物、两栖动物、爬行动物等常年或季节性栖息的地方。相比水生动物，陆生动物生活在相对干燥的环境中，其皮肤蒸发、呼吸和排泄都可能造成身体的失水。为了保证体内的水分平衡和细胞的正常代谢活动，陆生动物的形态、体色、生长发育、行为和生态分布等都与陆地生活适应，如生活在干燥寒冷地区的动物体色较浅，而生活在湿润地区的动物体色较深。陆生动物还必须适应陆地上显著变化的温度。体温的调节和温度的耐受性是动物能否在陆地生存的关键

因素。陆地动物及其栖息环境是大自然亿万年进化的产物，孕育了丰富的生物多样性，共同构成了陆地生态系统的主体，以其特有的物种效应，维持生态系统的稳定和进化，它还是人类生产和生活资料的重要来源，一旦遭到破坏，特别是生态系统中关键物种的消灭，将直接影响生态系统的各种功能，甚至造成灾难性后果。珍贵陆地动物的习性及典型栖息地如表 5-6 所示。

表 5-6 珍贵陆地动物的习性及典型栖息地

陆地动物	动物外部特征、习性及分布特征	栖息地
大熊猫	食肉目、熊科、大熊猫亚科和大熊猫属唯一的哺乳动物。仅有两个亚种，雄性个体稍大于雌性。体型肥硕似熊、丰腴富态，头圆尾短，头躯长 1.2~1.8 米，尾长 10~12 厘米，体重 80~120 千克，最重可达 180 千克，体色为黑白两色，脸颊圆，有很大的黑眼圈，标志性的内八字的行走方式，也有解剖刀般锋利的爪子。大熊猫皮肤厚，最厚处可达 10 毫米。黑白相间的外表，有利于隐蔽在密林的树上和积雪的地面上而不易被天敌发现	四川卧龙自然保护区
金丝猴	毛质柔软，鼻子上翘，有缅甸金丝猴（怒江金丝猴）、川金丝猴、滇金丝猴、黔金丝猴、越南金丝猴 5 种，其中除缅甸金丝猴和越南金丝猴外，均为中国特有的珍贵动物。金丝猴群栖高山密林中，以浆果、竹笋、苔藓为食，亦喜食鸟蛋等，栖息地海拔很高，身上的长毛可耐寒。5 个品种均为珍稀品种，均被列为红色物种名录濒危品种	四川白河国家级自然保护区、湖北巴东金丝猴国家级自然保护区、周至金丝猴自然保护区、西藏芒康滇金丝猴国家级自然保护区、红拉山滇金丝猴自然保护区
野双峰驼	被誉为“沙漠之舟”，头较小，颈粗长，弯曲如鹅颈，躯体高大，体毛褐色，极能忍饥耐渴。骆驼可以在没有水的条件下生存 2 周，没有食物可生存一个月之久。驼峰里贮存着脂肪，可在得不到食物时，分解成身体所需养分，供骆驼生存需要。骆驼可用作骑乘、驮运、拉车、犁地等，是沙漠戈壁地区人民和地质勘探、考古工作者不可缺少的伙伴。单峰驼主要分布于苏丹、索马里、印度等国；双峰驼近一半分布于澳大利亚，中国主要分布于新疆、甘肃、内蒙古等地	新疆罗布泊野骆驼国家级自然保护区
亚洲象	亚洲现存的最大陆生动物，长达 1 米多的象牙，是雄象上颌突出口外的门齿，也是强有力的防卫武器。象的眼小耳大，耳朵向后可遮盖颈部两侧。四肢粗大强壮，前肢 5 趾，后肢 4 趾。尾短而细，皮厚多褶皱，全身被稀疏短毛覆盖。头顶为最高点，体长 5~6 米，身高 2.1~3.6 米，体重达 3~5 吨。野生象现已很少，在东南亚一些国家驯养的家象、役象很多。我国的野生象仅分布于云南省南部与缅甸、老挝相邻的边境地区，数量十分稀少，属于国家一级保护动物。亚洲象栖于亚洲南部热带雨林、季雨林及林间的沟谷、山坡、稀树草原、竹林及宽阔地带，常在海拔 1000 米以下的沟谷、河边、竹林、阔叶混交林中游荡。喜群居，每群数头、数十头不等，在林中游走后常形成明显的象路	云南西双版纳国家级自然保护区

续表

陆地动物	动物外部特征、习性及分布特征	栖息地
麋鹿	因为头脸像马、角像鹿、蹄像牛、尾像驴，因此得名“四不像”。原产于中国长江中下游沼泽地带，以青草和水草为食物。性好合群，善游泳，喜欢以嫩草和水生植物为食。求偶发情始于6月底，持续6周左右。从麋鹿宽大的蹄及蹄间有皮腱膜分析，适于在沼泽地活动；长而多毛的尾，利于驱赶飞扰的昆虫；从饲养麋鹿喜泡水和泥浴的习性判断，它们过去生活于温暖潮湿泽地。喜平原、沼泽和水域，长江三角洲平原湿地是其理想的栖息地	江苏大丰麋鹿国家级自然保护区（黄海之滨）、集成麋鹿保护区

CBC 鸟类栖息地：一种或多种鸟类常年或季节性栖息的地方。鸟类的分布很广，它们生活在不同环境条件之中，自然而然地形成了各个生态类群，在结构、生理、习性方面，有着各自的特点。每当人们步入了一种自然环境中，结合具体的地区和季节等因素，便能大致知道在这里栖居着哪些种鸟类。当然这不是绝对的，因为有些鸟类是生活在两种或更多的环境中，比如啄木鸟，它们在阔叶林中觅食，而在针叶林内也有它们的足迹。各种鸟类的栖息环境，不仅决定着它们在这些生活环境中生存的可能性，同时也决定着它们的习性、生活方式和生物学特性。在不同的季节和生活史阶段，鸟类对栖息地类型的选择取决于季节性变化的植被因素和鸟类在不同生活史阶段对栖息地的不同需求；而鸟类的繁殖栖息地选择取决于小尺度上的植被结构。鸟类栖息地分布特征如表5–7所示、珍稀鸟类典型保护区如表5–8所示。

表 5–7　鸟类栖息地分布特征

鸟类	外形特征	典型代表
林灌鸟类	翼较短、宽而钝，小翼羽通常发达；能自由地在树林中起飞和降落，脚趾都在同一平面上，大多数种类能抓住树枝，牢固地停息在上面	啄木鸟、松鸡、大山雀、珠颈斑鸠、白头鹎、伯劳、画眉、钩嘴鹛等
开阔区鸟类	大多数有保护色，栖息在辽阔的大草原，以及村镇、耕地、菜园等平原环境中，包括能空中翱翔的猛禽，或能飞行急速的鹤形、鸽形、雀形鸟等	草原雕、大鸨、沙鸡、百灵、小云雀、乌鸦、戴胜、喜鹊、麻雀等
水域鸟类	绝大多数羽毛丰满而紧密，趾间有蹼，善于游泳，以水中小动物为食	鲣鸟、鹈鹕和鸬鹚等
沼泽鸟类	脚和趾均细长，适于在泥泞中行走，有些种类的趾间有蹼膜，保证躯体免遭下沉；嘴均细长，适于在泥土、沙滩和沼泽中觅食	朱鹮、鹭、鹳、鹬类等

表 5–8　珍稀鸟类典型保护区

保护区名称	区位价值	典型栖息鸟类
盐城湿地珍禽自然保护区、黑龙江齐齐哈尔扎龙自然保护区、吉林莫莫格国家级自然保护区、辽宁双台河口自然保护区、天津北大港湿地、北京野鸭湖湿地国家公园	东北亚与澳大利亚候鸟迁徙的重要停歇地，水禽的重要越冬地	丹顶鹤

续表

保护区名称	区位价值	典型栖息鸟类
巴音布鲁克天鹅湖、威海荣成大天鹅湖国家级保护区	喜马拉雅山脉南麓及地中海候鸟的越冬繁衍地	大天鹅、小天鹅、疣鼻天鹅
哈萨克斯坦库尔加尔金自然保护区	非洲、欧洲以及南亚地区至中亚的鸟类迁徙停留点	火烈鸟

CBD 蝶类栖息地：一种或多种蝶类常年或季节性栖息的地方。生物学家已发现 1.7 万多种蝴蝶，它们分别属于 16 个不同的科。全球大部分蝴蝶栖息在热带雨林，代表有柑橘凤蝶、云纹粉蝶。蝶类与植物相互依存、协同进化，其对生境独特的敏感性和对生境指示的便捷性，可用于快速评估生境质量动态变化或生境破碎化；关注和明确蝶类对于生境的指示作用，对维持生态系统的稳定性与可持续发展具有重要价值；蝶类也是短期监测生态恢复的敏感指示群体，选取适宜的蝶类类群反映生态恢复进程，监测与预警土地利用方式改变对蝶类群落的影响，有利于筛选和发展适合生境特征的生态恢复手段，为生态恢复评估提供新视角。我国目前主要的蝶类自然保护区包括江西庐山国家级自然保护区、广东南岭自然保护区、台湾蝴蝶谷、江西武夷山自然保护区、贵州习水国家级自然保护区、建永安天宝岩保护区、广东象头山国家级自然保护区、珠海荷包岛等。

第三节　生物景观类旅游资源的审美要素

生物旅游资源是自然风景的重要构成要素，更是园林构景的基本要素。生物旅游资源的外形颜色、气味和声音等可以通过人们的视觉、嗅觉和听觉等感觉器官的刺激，使人们产生景观审美享受。中国文化中的比德思想有赋予山水和生物资源各种寓意的传统，尤其对大自然中的各种观赏性植物更是有丰富的寓意以获得审美感染力。

一、观其形

对于植物的姿态，很早就有欣赏，植物往往以疏斜、苍古、秀雅为美。在江南园林中，树种名贵与否不是绝对重要，关键是树的姿态，或苍劲、或挺拔、或古朴、或盘根错节、或婀娜多姿。江元祚在《横山草堂记》中提道："庵前梨树一株，疏秀入画"，形容梨树的"疏秀"之姿态宛若画图。李渔的《闲情偶寄 · 种植部》中说芭蕉叶大如绿云，使窗前尽染碧绿之色，姿态有韵味而不俗，"坐其下者，男女皆入画图"。《芥子园画传》当中讲画树讲究树姿潇洒、枝干遒劲、枝叶扶疏；王维的《山水论》中有言："临岩古木，根断而缠藤"，凸显了树木的古朴厚重之美。

江南园林中常见“敬斜探水”之态的植物，常种植于石岸高起处或者临水山麓之上，如无锡寄畅园临水石矶上的枫杨，苏州沧浪亭大门入口水岸处的古树，以及苏州拙政园中部假山山麓处的植物，这也符合自然界中植物趋光趋水的特性，体现出植物生长的动势，同时也构成了“水边石际，横偃斜披”的画意景象。

在园林空间中，植物可以同时形成高、深、幽的境界，称之为幽深之境。如苏州留园西部假山南侧部分，通过与山石、园路的配合而形成林木“参天之高”、山路“曲折之深”、枝梢“缥缈之幽”的境界。假山南侧山路曲折呈“S”形，两旁山石至腰以上，人行其中宛若身处山谷之中。在山石上种植较为低矮茂密的竹丛，可遮挡人的视线，在其上植鸡爪槭、青枫、枫香等大小乔木，借山石的高度而更显树之高耸。树梢相接，荫蔽参天如盖，加上曲折的山路和竹丛，顿觉山林幽深之境界，向上行至“舒啸亭”，更有如陶渊明“登东皋以舒啸”之快意。

二、看其色

花是重要的审美景观，一年四季花开不断，纷繁的花色也常常最令人心动。国色天香的牡丹，娇羞粉艳的海棠，洁白如玉的玉兰，灿若云霞的桃花……它们以缤纷的色彩，诉诸观赏者的视觉感官，给人以不同的风格印象，或娇俏，或飘逸，或浓艳，或素净，进而引发观赏者以不同的情感变化。

玉兰花因“色白韵香”而素来受文人墨客喜爱，被称赞为“玉树”。

梅花为中国传统十大名花之一，品种丰富，花色也丰富多样，有白、粉、红、绿等等，通常以素雅、简洁为胜。

人们对桃花的欣赏自古有之，如《诗经》中有：“桃之夭夭，灼灼其华”，陶渊明在《桃花源记》中形容桃花“芳草鲜美，落英缤纷”，还有崔护《题都城南庄》：“去年今日此门中，人面桃花相映红”，等等。清代李渔认为，桃李之所以能够“领袖群芳”，就是因为其花色媚人，称“其色极娇，酷似美人之面”，可见桃花之色红艳而惹人喜爱，同时，桃花也因陶渊明而具有了隐逸的色彩，桃花源也成为文人志士心中理想的世外桃源。

牡丹有“国色天香”的称谓，是高贵富裕的象征，被誉为“国花”。牡丹花大而娇艳，品种多样，颜色丰富，有红色、黄色、白色等，极具观赏性。刘禹锡《赏牡丹》中：“唯有牡丹真国色，花开时节动京城”，可见牡丹花开时节的热闹景象。

海棠花色粉艳，有“国艳”的美称，树姿潇洒动人，仲春时开放，常与玉兰、牡丹、桂花配置，形成玉堂春富贵的美好寓意。苏东坡曾称海棠“嫣然一笑竹篱间”，陆游称赞之“虽艳无俗姿”，形容海棠美艳优雅，李渔也称赞海棠姿态优美，像绰约可爱的美人。

蔷薇是江南园林里的重要造景植物，种类花色十分丰富。如明代王象晋《群芳谱》中记载，“其类有朱千蔷薇，赤色多叶”“荷花蔷薇，千叶，花红状似荷花”“五色蔷薇，花亦多叶而小，一枝五六朵，有深红、浅红之别”，此外还有黄蔷薇、白蔷薇、紫者、黑者、粉红者等。

山茶具有潇洒高贵的品格，在寒冷的冬季也不凋零，李渔称赞之“具松柏之骨，挟桃李之姿”，颜色种类繁多，可与蔷薇一争高下。李渔称其色浅、深、浓、淡无一不备，浅红之色如“美人腮”，如“酒客面”，深红之色如“猩猩之血”，如“鹤顶之珠”。

植物的叶和果也是重要的审美对象。叶除了绿化、遮阴的作用以外，可为园林提供大面积的绿色空间及色彩。果令人感觉到生命之充实，枇杷、石榴、橘、南天竹等果实在夏、秋、冬季节为园林提供点点色彩（见表 5–9）。

表 5–9　植物色彩审美

植物取境类型	色彩类型	典型代表
花色取境	淡雅之色	玉兰花、梅花
	明艳之色	桃花、牡丹、海棠
	绚丽之色	蔷薇、山茶
叶色取境	清新静谧之色	柳、香樟、枫杨、竹
	绚烂艳异之色	鸡爪槭、枫香、乌桕

三、嗅其味

植物的花朵、枝叶、果实或者根茎均能散发出悦人味蕾的香气，其中以花朵散发的香味最为醉人，正如唐代宋之问灵隐寺所吟：“桂子月中落，天香云外飘”。描述了一幅仲秋时节，夜色清宁，金桂飘香的醉人景致。因此，以花香取境是江南园林中最为普遍的香境营造方式。

橘花开于 4 月，有淡淡的清香，具备观赏性以及经济价值，同时橘树也象征着君子坚贞的美好品质。在江南园林中多有种植，而且因其数量较多，往往采取“先田”的形式进行种植，如明代王世贞的弇山园中：“右方除地为小圃，以甽计，皆种柑橘，名之曰‘楚颂’”，花开时满圃清芬，沁人心脾。拙政园“待霜亭”附近也栽有“柑橘数十本”，春季花开时坐于亭中，有“橘花香里坐薰风”之感。

荷花是江南园林中常用的水景植物，具有“香远益清”的特点，周敦颐的《爱莲说》将其特性描绘得极为细致。李渔《闲情偶寄》中也有描述：“可鼻，则有荷叶之清香，荷花之异馥。”江南园林中常常会在荷池边建亭、廊、榭之类的敞室，如《红楼梦》大观园中有“藕香榭”，水榭悬于池上，四面通透，就是典型的“敞室荷风”的营造方式。扬州瘦西湖有“流波华馆”，亦在水中而建，亭廊虚敞，周围荷花环绕，荷香远送。拙政园“远香堂”的夏日，荷花开于堂前广池中，荷叶田田，菡苍妖娆，微风携荷香越飘越远，越觉香清怡神。拙政园“荷风四面亭”“芙蓉榭”、杭州“曲院风荷”同样以荷香取胜，均是借荷香组景的佳例。

菊花常常盛开于深秋。深秋时分，篱边黄菊盛放，菊香四溢，颇有守拙归田园之意。

水稻虽不是典型的用于观赏的园林植物，但是稻花的香气却历来受到欣赏。江南园林中也常开辟稻田，在供食用的同时，也营造出了一种自然朴拙的园林意境。稻花之清香一洗繁浊，令人心旷神怡。《红楼梦》大观园中有“稻香村”之景，“分畦列亩”“漫然无际”，仿若置身于田园乡村之间。

梅花的香气常用“暗香”来形容，如诗中“遥知不是雪，为有暗香来”“疏影横斜水清浅，暗香浮动月黄昏”等。拙政园“雪香云蔚亭”位于园区中部假山之上，旁临“待霜亭”，从山上亭中南望，可见湖对岸的“远香堂”。绕亭丛植梅花，梅林北侧植有散生的乔木。当冬末春初下雪之时，踏雪游于岛山之上，忽闻香气阵阵，沁人心脾，恰遇一亭伫立于梅林中，题名“雪香云蔚”，顿觉踏雪寻梅的诗意，令人回味无穷。

蔷薇、茶藤、木香等都是蔷薇属的攀缘植物，蔷薇花屏常常沿路径而设，香气就沿着整条路径弥漫开来。茶藤、木香常常搭制成花棚、花架，为人们提供香气四溢的休憩空间。

栀子花“色白而香烈”，常常点缀在庭院之间，到了夏日整个庭院都会飘满香气。在古人看来，栀子在古时亦被称为“禅友”，故而在佛堂院落中常植栀子花，营造出禅香满庭的境界。

桂花之香浓而致远，《长物志》形容桂花开时仿若置身“香窟”。因为桂花香气的这种特点，在江南园林中常将桂花植于高处，留园“闻木樨香轩”位于园子中部水池的西侧，是中部园区的最高点，从桂枝之间可远望中心水池景区。

蜡梅常被称为“花中异士”，其香气独特、浓烈却不陷于庸俗，只需点缀一二即可令整个庭院香气盎然。如网师园“小山丛桂轩”旁“云岗”假山上的蜡梅，搭配南天竹，冬季凌寒而开，虽仅一株却可使寒香满园。

竹子是江南园林中不可缺少的造景植物，除了四季青翠之色、坚韧高洁之品性之外，其独特的竹竿之清香，也大受历代文人所赞赏。陆游亦有诗云“笋箨自解时吹香”，生动地描述了春季竹子外部的笋壳脱落时，渗透出更为浓厚的竹粉香气。春末夏初，配以柔绵春雨，诗意盎然。

四、闻其声

除了自然风雨之声，虫声鸟鸣在审美意境的营造中的亦有着不可小觑的作用。鸟鸣声可以为空间增添轻松活泼的气氛，如唐代杜甫《江畔独步寻花》的“自在娇莺恰恰啼”就描述出一幅生动热闹的娇莺啼鸣景象。唐代王勃《春庄》中“直知人事静，不觉鸟声喧”则意指非但不觉鸟的喧闹，反而觉得环境的寂静。宋代王安石《菩萨蛮》中所云：“何物最关情？黄鹂三两声。”声音虽然转瞬即逝，但却颇能打动人心，在灵魂深处荡漾交响。为这些虫鸟提供栖息环境的就是各种生物景观资源。《闲情偶寄》中有植树邀蝉的说法，园林中常见的柳树、槐树、榆树等高大乔木，都是鹂、蝉等音韵姣好的飞鸣所喜爱的栖息之处。

明代刘基曾在《松风阁记》对不同叶质所发出的声响进行了评论，认为叶大而声窒、叶槁而声悲、叶弱而声懦。松这种植物，主干挺拔高耸，叶子纤细而修长，舒展而茂盛，交错而精巧，所以风吹过它的时候，不滞塞不激荡，流顺通畅，具有自然的和谐，故而听了可以消除烦恼忧虑，洗净昏沉污浊，使人精神旷达、心情愉快。苏轼亦有“自知醉耳爱松风”之句。

竹叶薄而细密，当风吹过，竹叶发出的声响随风的强弱而变化有致，十分动听。古人称赞其声为“戛玉”之音，沧浪亭“翠玲珑”四周皆为竹林，建筑中有对联题咏：“风篁类长笛；流水当鸣琴”，点出了风吹过竹林时所形成的声音境界。

梧桐叶大而状如掌，风过时发出动听清亮之音。南京熙园有“桐音馆”，旁植梧桐，用以听风吹桐叶作响之声。

芭蕉“叶大而虚”，叶片易被风吹裂开，因而多栽于庭院屋旁的避风处，或倚靠高墙，或傍石而立。

荷花自盛夏至深秋均有听声之用。拙政园“留听阁”是拙政园西部的赏荷听声处。阁前有平台临池，池中植荷，阁名取自唐代李商隐“留得枯荷听雨声”之句。

五、琢其寓

中国古代劳动人民通过在日常生活中的观察，逐渐发现植物的美感，并通过仔细的甄别，使得自己的情感寄托在植物上，久而久之植物便有了自己特殊的意象并慢慢形成了情景交融的状态。《诗经 · 国风》作为中国古代诗歌开端，如同一幅幅生动的画卷，其中的每一株植物都承载着2500多年前人们的悲喜与感怀。所引用的植物众多，包含食用、观赏类以及用于纺织类的各种植物，其中融入了周先民的喜怒哀乐，记录了他们的生活方式，也寄托了他们对生活的期许（见表5–10）。

李渔在《闲情偶寄 · 种植部》中把植物分成木本、藤本、草本，并谈及自己对这三种植物的感受，“先固其根……而得养生出世之方。人能虑后计长，事事求为木本，则见雨露不喜，而睹霜雪不惊”，也就是人要学木本，把根扎得深深的，踏踏实实做人，踏踏实实做事，只有这样才能做自己，不浮躁，不可学藤本依附于别人。李渔在描写梅花的时候，没有像一般人那样直接咏梅的坚毅，而是自己在赏梅过程中得出了自己的切身感受，认为世界上没有十全十美之事，美好的事物也有自己的缺点。“凡梅开之时，人之好恶不齐……风送香来，香来而寒亦至，令人开户不得，闭户不得，是可爱者风，而可憎者亦风也。”既然是这样，人生中难免有缺陷，因此，人必须看得清这个道理，必须有乐观豁达的心态。桃花因为其花色的极纯而备受称赞，然而现在的人却不懂欣赏只看重桃果的大与小，“今人所重者为口腹计，未尝究及观览”，如把本来天然的极纯的桃花树嫁接就失去了美丽的花。同时，要想欣赏到极美的桃花需要走到野外，“武陵人之偶入桃源，始能复得其乐”，要想得到美好的东西必须付出一定的努力。

表 5–10　中国古籍中的植物人格化特征

来源	植物	植物描述
《闲情偶寄·种植部》	合欢	凡见此花者，无不解愠成欢，破涕为笑
	兰	然相贵乎有情，有情务在得法；有情而得法，则坐芝兰之室，久而愈闻其香。但勿焚香……此花性类神仙，怕亲烟火……故有兰之室不应久坐……
	竹	惟竹不然，移入庭中，即成高树，能令俗人不舍，不转盼而成高士之庐
	梧桐	一部编年史，每长一年就多一个年轮，也就大一圈
《诗经·国风》	荇菜	关关雎鸠，在河之洲。窈窕淑女，君子好逑。参差荇菜，左右流之。窈窕淑女，寤寐求之。求之不得，寤寐思服。悠哉悠哉，辗转反侧。参差荇菜，左右采之。窈窕淑女，琴瑟友之。参差荇菜，左右芼之。窈窕淑女，钟鼓乐之
	蒹葭	蒹葭苍苍，白露为霜。所谓伊人，在水一方。溯洄从之，道阻且长。溯游从之，宛在水中央。蒹葭凄凄，白露未晞。所谓伊人，在水之湄。溯洄从之，道阻且跻。溯游从之，宛在水中坻。蒹葭采采，白露未已。所谓伊人，在水之涘。溯洄从之，道阻且右。溯游从之，宛在水中沚
	桑葚	于嗟鸠兮，无食桑葚！于嗟女兮，无与士耽
	木槿	有女同车，颜如舜华。将翱将翔，佩玉琼琚。彼美孟姜，洵美且都。有女同行，颜如舜英。将翱将翔，佩玉将将。彼美孟姜，德音不忘
	桃花	桃之夭夭，灼灼其华。之子于归，宜其室家。桃之夭夭，有蕡其实。之子于归，宜其家室。桃之夭夭，其叶蓁蓁。之子于归，宜其家人
	甘棠	蔽芾甘棠，勿翦勿伐，召伯所茇。蔽芾甘棠，勿翦勿败，召伯所憩。蔽芾甘棠，勿翦勿拜
	葛、萧、艾	彼采葛兮，一日不见，如三月兮。彼采萧兮，一日不见，如三秋兮。彼采艾兮，一日不见，如三岁兮

在植物审美方面，儒释道都崇尚自然，都强调人与自然的融合，“儒”从自然中发现美德，“道”从自然中追求自由，“佛”从自然里探寻智慧，这些思想也都深刻影响着传统文人的植物审美观念。例如，荷花在中国文化中即为“三教”共赏的植物。《诗经》

中“灼灼芙蕖”，意为花形之外在美，屈原“制芰荷为衣兮，集芙蓉以为裳”，意为花高洁之内在美，符合儒家美善合一的审美思想；荷花亭亭玉立，清香四溢，符合道家清雅的审美，并在道教中还成为何仙姑手中的法器；周敦颐的《爱莲说》赞美了莲花的香、净、姿，将儒家比德、道家清雅、佛的比附融为一体，全方位地将莲花的特点和品质描写出来，荷花不愧为《闲情偶寄》中所说的“兼百花之长，而各去其短”，委实可敬可爱。除了荷花，竹也是“三教”共赏植物，有着非常深厚的文化意蕴。竹，潇洒挺拔、俊逸神韵、四季常青，象征风度翩翩的君子，具有虚心、生而有节的特质，比喻谦虚、柔中带刚以及高风亮节。竹集“美”与“善”为一体，魏晋以来就一直作为文人雅士的理想人格化身，如王徽之言“不可一日无此君”。同时，竹还代表着隐逸，竹林茅舍也是隐士居所的象征。除此以外，竹子还是佛教教义的象征，竹节之间的空心，是佛教概念的“空”“心无”的形象体现，所谓“青青翠竹，尽为法身”。晋朝的“竹林七贤”，唐朝的“竹溪六逸”也都与禅有关。由此而知，为何竹如此受世人所喜爱了。儒道释相融合后的思想深深影响着士大夫的人生观、自然观，这些思想奠定了审美的哲学思维。如松、竹、梅、荷等植物因满足上述对美的追求而被士大夫们所崇敬和喜爱。因此，了解这些传统哲学思想以及植物的内涵对景观意境的理解和营造具有非常重要的意义。

第四节　生物景观类旅游资源的开发和保护

生物旅游资源是自然保护区和野生动植物保护法的保护对象。在泰国清迈的老虎王国，游客可以近距离抚摸老虎，从萌虎宝宝、小老虎到中老虎、大老虎各种体型的老虎，全票 400 元 / 人，1 小时的游览时间让人感受到在猛兽之王身边独特的心跳体验。澳大利亚北领地达尔文鳄鱼公园让各国寻求刺激的游客蜂拥而至，在公园内不仅可以体验用鲜牛肉做诱饵垂钓鳄鱼，抚摸喂食鳄鱼宝宝，还可以体验与鳄共舞的“死亡之笼”，遵循专业人员的指导，与庞大的咸水鳄面对面。就是这样全世界独一份的超酷体验，使它们名声大噪。广州长隆野生动物世界开启了全新的观赏模式——空中 720° 缆车项目，2.7 公里行程包含天鹅湖线、熊猫乐园线与非洲草原线，最低点距地仅 1 米，透明的玻璃地板设计让游客清晰看到脚下的山林、走兽，全程自动的动物科普讲解，给游客带来与兽同行、与鸟同飞的非凡体验。

从外观到体验感全方位升级的动物主题酒店逐渐走进人们的视野，吸引了无数年轻人和亲子家庭的关注和追捧。例如，在澳大利亚的贾马拉野生动物度假酒店可以体验鲨鱼小屋里看鲨鱼、丛林别墅与棕熊共浴、和狮子共进晚餐。肯尼亚的长颈鹿庄园是全球首家以长颈鹿为主题的酒店，老式苏格兰狩猎屋，藤蔓交织的外墙，以及长颈鹿喂食、抚摸等亲密接触，给人带来与长颈鹿生活在同一屋檐下的奇特体验。在云南普洱，由湄公河集团打造的小熊猫庄园是首家小熊猫主题度假胜地，酒店推出全新森林体验服务，倡导“保护原始森林、保护野生动物、传承少数民族文化”的经营理念，游客可以住全景木屋别墅，偶遇小鹿和小熊猫，尽享野趣、野奢、野美的特色森林文化。在动物主题旅游中，餐饮是消费的重要一环，独特的互动餐饮不仅能拉动游客消费，亦能增强景区的吸引力。例如，珠海长隆国际海洋度假区中的企鹅酒店，拥有以极地冰川为主题、超过 1600 个餐位的帝企鹅自助餐厅，设有独特的企鹅馆和企鹅动雕剧场，游客在享用美食的同时，可以近距离与憨厚可爱的珍稀企鹅接触，也能观赏有趣的企鹅动雕表演，游客可以为了坐在海洋世界享受一块可爱的企鹅造型蛋糕而前往珠海长隆度假。

动物园的夜间是神秘和安静的。夜间剧场、动物表演活动不仅能延长动物园的游览时间，亦构成独特的体验。世界第一家专为夜间动物而设立的野生动物园——新加坡夜间野生动物园于 1994 年开放，贯穿全天时段的特色动物主题旅游体验，使其 12 次荣获由新加坡旅游局颁发的“最佳旅游景点体验奖”，每年迎来约 110 万名游客。当夜幕降临，婆罗洲土著部落的喷火、舞蹈等节目揭开夜间活动的序幕，园中分布着沙袋鼠、马来虎等超过 1200 只世界各地的 110 种夜行性动物，游客可以步行零距离观察动物的生活习性，也可以乘坐观光车游览于东南亚雨林、尼泊尔河谷、缅甸丛林等七大夜行动物生活区，全程 45 分钟。此外，还有夜间的精灵动物表演剧场。

“保护动物”是人类社会发展进程中恒久的话题。广州长隆野生动物世界践行动物保护理念，取消了动物表演，取而代之的是“大象传奇”“非洲发现”等科普大讲堂。长隆动物学院是野生动物世界的特色项目，设有 26 个驿站，由工作人员驻场讲解。“考拉学堂”“熊猫学堂”“移动学堂”“丛林发现”“悦悦课堂”和“COCO 六毛之家”六大学堂各有特色；“移动学堂”每天设 3 班科普号列车；“熊猫学堂”和“悦悦课堂”让游客更了解国宝熊猫。动物学院还提供“夜宿熊猫馆”“白虎小小保育员”“动物小医生”“空中学堂”等独特科普体验。海昌萌宠公园、马塔塔动物王国相继在苏州和合肥开业，两馆融合了“海洋、萌宠、森林、互动、表演、多媒体、科普”等概念。动物主题旅游走进人们的日常生活，在城市商业空间里为人们提供奇趣萌宠互动、自然科普教育、休闲游乐体验。此外，动物园里全天播放的科普视频、每个主题区配备的讲解，不仅能让游客深入了解动物的起源、习性和生存演变，还能培养孩子们的爱心与耐心，树立人与动物平等共处的价值观。旅游让我们更亲近动物，让人类更了解动物、关爱动物。动物主题旅游还有许多未知和可能等待着我们用心去探索和发现。

江苏盐城海风吹动，苇荡作响，成群的鸟儿在蓝天上翱翔；结伴的麋鹿在矮草中嬉戏，在滩涂上奔跑——在盐城黄海湿地，随时都能感受到这块“自然馈赠之地”的生命活力。条子泥涨潮时刻，大堤外海浪涌来；一堤之隔，几万只鸟儿停息在720亩高潮位栖息地，踱步、嬉戏、觅食。这是国内设立的首个固定高潮位候鸟栖息地。在全球自然湿地丧失和退化不断加剧的背景下，条子泥湿地的候鸟种群数量不降反升。在第43届世界遗产大会上，盐城黄海湿地作为中国黄（渤）海候鸟栖息地（第一期）成功列入《世界遗产名录》。央视新闻频道推出特别节目《寻找勺嘴鹬》，将直播镜头聚焦盐城条子泥湿地，向世界展示我国生态环境保护的卓越成效和生物多样性的神奇魅力。作为中国黄（渤）海候鸟栖息地（第一期）上的一颗生态明珠，条子泥湿地每年有20万到30万只候鸟在此越冬，300多万只候鸟在此过境停歇。在这些候鸟中，有全球野生迁徙种群数量仅1000余只的丹顶鹤，有数量仅600多只的极度濒危物种勺嘴鹬（每年的8月、9月、10月会迁徙到这里），有黑脸琵鹭、东方白鹳、小青脚鹬、大滨鹬等全球濒危物种……它们的青睐是对盐城黄海湿地保护管理成效的最佳褒奖。到条子泥景区观鸟、到黄海森林公园“森”呼吸，奇妙的“湿地之旅”由此开启。遇见条子泥，踏海滩、赏日出、观珍禽，“摊玩儿·星空野市”“探寻鸟类踪迹”“潮涨潮落条子泥、生生不息期栖地”直播秀等主题活动精彩纷呈；这里全年累计接待游客近百万人次，吸引了全球众多游客的目光。很多来自不同国家的游客竞相前来“打卡”，徜徉在这片国家湿地公园中，近距离感受“百万水鸟飞平湖”的壮观场面。在东台弶港镇巴斗村入口处，一只巨型“文蛤”舒展彩翼起舞迎宾，“巴斗渔乡”四个大字缤纷秀丽。申遗成功后，随着生态保护的深入，大批候鸟群聚湿地，条子泥的名声越来越响，曾经的小渔村也跟着火了起来。渔旅融合，养海护海，兴办渔家乐、民宿、三水滩旅游度假村，“海滨海鲜海风光，渔家渔村渔文化”让巴斗成为远近闻名的生态文化村。联合国教科文组织世界遗产可持续旅游中国第二批试点项目在此启动，巴斗村荣获“世界自然遗产保护与社区协同发展实践基地”称号。世遗效应不断放大，“全景世遗”逐步彰显。“探秘自然遗产、解码古老串场、戏水湖荡湿地、寻踪黄河故道、传承红色基因”5条旅游产业带建设如火如荼。总投资700亿元的长三角（东台）康养基地、建湖九龙口淮剧小镇加快建设，大丰荷兰花海争创国家5A级旅游景区通过省级验收，东台条子泥、盐都草房子乐园、射阳安徒生童话乐园创成国家4A级旅游景区。目前，盐城市共有4A级以上旅游景区21家，省级旅游度假区7家，总数列全省第四和第三。通过构建东部沿海的“绿色风光”，注重沿海生态风貌保护，围绕“世界级滨海生态旅游廊道”打造，注重生态价值转化，以两个国家级保护区和条子泥为重点，以长三角康养基地为龙头，大力宣传麋鹿、丹顶鹤、勺嘴鹬湿地“吉祥三宝”，系统提升了世界遗产地品牌影响力。

【同步练习】

一、单选题

1.2021 年 10 月，我国正式设立了第一批国家公园，以下不属于我国首批国家公园的是（　　）。

A. 三江源国家公园　　B. 大熊猫国家公园

C. 普达措国家公园　　D. 海南热带雨林国家公园

2. 刘彻《秋风辞》中的诗句“秋风起兮白云飞，草木黄落兮雁南归”体现了生物景观旅游资源的（　　）的美学价值。

A. 气味美　　B. 动态美　　C. 形态美　　D. 象征美

3. 挪威云杉原产欧洲北部及中部，主要分布于高纬度地区，属于（　　）。

A. 热带雨林景观　　B. 亚热带常绿阔叶林景观

C. 温带落叶阔叶林景观　　D. 寒带针叶林景观

4.（　　）具有潇洒高贵的品格，在寒冷的冬季也不凋零，李渔称赞之“具松柏之骨，挟桃李之姿”。

A. 梅花　　B. 菊花　　C. 山茶　　D. 蔷薇

5.（　　）广泛分布于我国华北南部及华东地区，象征坚强不屈的品格，与竹、梅一起被誉为“岁寒三友”。

A. 松柏　　B. 菊花　　C. 兰花　　D. 云杉

6.（　　）是世界著名的珍贵观赏树，因其花形酷似展翅飞翔的白鸽而被西方植物学家命名为“中国鸽子树”，并有和平的象征意义。

A. 银杏　　B. 珙桐　　C. 百岁兰　　D. 桦树

7.（　　）就是传说中的仙鹤，由于寿命长达 50~60 年，人们常把它与松树作为长寿的象征。

A. 白鹤　　B. 赤颈鹤　　C. 灰鹤　　D. 丹顶鹤

8. 动物园的夜间是神秘和安静的，世界第一家专为夜间动物而设立的野生动物园是（　　）。

A. 泰国清迈夜间动物园　　B. 芬兰拉努阿野生动物园

C. 新加坡夜间野生动物园　　D. 澳大利亚凯恩斯夜间动物园

二、多选题

1. 世界上大约有数百万种生物，其中占绝大多数的是（　　）。

A. 无脊椎动物　　B. 脊椎动物　　C. 植物　　D. 哺乳动物

2. 根据《旅游资源分类、调查与评价》（GB/T 18972—2017）国家标准，生物景观类旅游资源划分为（　　）两大亚类。

A. 林地景观　　B. 植被景观　　C. 植物景观　　D. 野生动物栖息地

3. 生物景观类旅游资源的特点包括（　　）

A. 广泛和多样性　　B. 再生性　　C. 季节性　　D. 脆弱性

4. 条子泥湿地是东亚—澳大利西亚迁徙路线上候鸟们的“国际机场”，每年（　　）月，勺嘴鹬会长途跋涉来到盐城。

A. 7　　B. 8　　C. 9　　D. 10

5. 我国著名的陆地生物自然保护区有（　　）。

A. 卧龙自然保护区　　B. 台湾蝴蝶谷

C. 云南西双版纳国家级自然保护区　　D. 金丝猴国家级自然保护区

6. 李白《宫中行乐词八首》中的诗句“柳色黄金嫩，梨花白雪香”属于生物景观类旅游资源审美要素的（　　）。

A. 观其形　　B. 看其色　　C. 嗅其味　　D. 闻其声

7. 一般来说，市树、市花是一个城市最具代表性、最有特色的植物。北京的市花是（　　）和（　　）双市花。

A. 菊花　　B. 杜鹃花　　C. 月季　　D. 芙蓉花

三、判断题

1. 我国生物特有属种比例大，动植物区系起源古老，珍稀物种众多，从而提供了大量可资利用的生物资源。（　　）

2. 动植物资源能创造出丰富的生景资源，但只能配合地形、水体、建筑等成景，不可独立成景。（　　）

3. 国家公园的概念源自中国，世界上第一个国家公园就是中国黄石国家公园。（　　）

4. 海南热带雨林国家公园是全球最濒危的灵长类动物——海南长臂猿唯一分布地。（　　）

5. 莲花出淤泥而不染之品格恒为世人称颂，并与“梅、竹、菊”并列，合称“四君子”。（　　）

6. 陆生动物的形态、体色、生长发育、行为和生态分布等都与陆地生活适应，如生活在干燥寒冷地区的动物体色较深，而生活在湿润地区的动物体色较浅。（　　）

四、填空题

1. 生物资源是指生物圈中对人类具有一定经济价值的__________、

______、______有机体以及由它们所组成的生物群落。

2. 国家公园具有______、______、______等综合功能。

3. 我国首批国家公园的共同点是都具有典型的______代表性。

4. ______是森林的载体，是森林资源资产的重要组成部分。

5.______是在雨水适中、气候适宜的条件下，由多年生丛生禾草及根茎性禾草占优势所组成的草原植被。

6. 野生动物栖息地包括______动物栖息地、______动物栖息地、______动物栖息地和______动物栖息地。

7. 根据所处环境的不同，可以将水生动物栖息地划分为______水生动物栖息地、______水生动物栖息地及______水生动物栖息地。

8. 花卉不仅具有极高的美学价值，还具有保护环境的______价值、市场经营的______价值以及陶冶情操的______价值。

第六章　天象与气候景观

【本章概要】

对天象与气候景观类旅游资源的概念、功能、与其他旅游资源的关系等进行阐述，对各类天象景观和气候地的成因、特征及著名资源等进行分析和介绍。

【学习目标】

了解天象与气候景观类旅游资源的概念和功能；

重点掌握日月星辰观赏地、云海和雾凇等景观地的形成条件，以及彩虹、佛光、蜃景和特殊气候等景观的成因；

基本掌握天象与气候景观类旅游资源的评价指标和开发价值。

【拓展训练】

学生观看有关天象与气候景观类旅游资源视频，并对录像中的景观进行正确的讲解。

［步骤］

1. 由教师播放不同地域的天象与气候景观类旅游资源视频。

2. 学生认真观看，获取视频中的资源信息。

3. 学生分析视频中景观的成因与美学特征。

4. 学生对录像中的景观进行正确的讲解，要求讲清景观特征、景观成因以及美学价值。

5. 教师对学生的讲解进行点评。

【拓展阅读】

［1］钟乐，杨锐，赵智聪．国家公园的一半是暗夜：暗夜星空研究的美国经验及中国路径［J］．风景园林，2019，26（6）：85-90.

［2］李冬梅．国家气候标志“中国雪都”产生的旅游综合效益分析［J］．气象科技

进展，2021，11（6）：65–66.

［3］郑治斌．气候资源旅游经济探讨［J］．经济师，2021（12）：166–168.

［4］李正泉，贺忠华，胡中民．气候与健康及气候康养研究进展［J］．海洋气象学报，2020，40（1）：107–116.

［5］杜正静，帅士章，陈静怡，宋丹，熊方．贵州省旅游气象服务的现状与发展思考［J］．中低纬山地气象，2021，45（5）：1–3.

［6］殷浩然，张平平，董庆栋，陈全通，朱连奇．基于海拔梯度的秦巴山地旅游气候适宜性评价［J］．山地学报，2021，39（5）：710–721.

［7］唐洁尘，张林霞．中国入境游客气候偏好研究［J］．旅游研究，2021，13（5）：1–17.

［8］张丹，王敏，甘萌雨，杨林生．北极旅游影响因素研究进展［J］．资源科学，2021，43（8）：1687–1699.

［9］蔚丹丹，李山，张粮锋，罗轶，史正燕．旅游气候舒适性评价：模型优化与中国案例［J］．旅游学刊，2021，36（5）：14–28.

［10］许剑勇，陈建春，吴永泽．黄山雾凇气候特征及旅游气象指数预报［J］．中低纬山地气象，2020，44（6）：51–55.

［11］周丽贤，黄蔚薇，章芳，贾力，孙倩倩，苏丽欣．平原与高山雾凇景观的旅游气象指数预报［C］// 第 33 届中国气象学会年会 S5 应对气候变化、低碳发展与生态文明建设，2016：407–418.

［12］景恬华．南京地区气候因素对游客量的影响分析［J］．科技创新导报，2015，12（27）：112–113.

［13］万日金，吴国雄．江南春雨的气候成因机制研究［J］．中国科学 · D 辑：地球科学，2006（10）：936–950.

［14］吴国雄，刘屹岷，刘新，段安民，梁潇云．青藏高原加热如何影响亚洲夏季的气候格局［J］．大气科学，2005（1）：47–56+167–168.

［15］吴娟，梁萍，林荷娟，吴志勇，钱琦雯．太湖流域梅雨的划分及其典型年异常成因分析［J］．湖泊科学，2021，33（1）：255–265.

第一节　天象与气候景观类旅游资源概述

一、天象与气候景观类旅游资源的概念

天象是古代对天空发生的各种自然现象的泛称，现代通常指发生在地球大气层外的现象。气候是指某一地区多年的天气和大气活动的综合状况。作为一种自然环境要素，天象与气候景观通常与其他景观要素（地文景观、水域风光及生物景观）呈组合形式——景观综合体出现，因此，尽管国标中已列出物候景象，但易被认为仅仅是一种“附属”，而将其归并入其他类型的资源单体中去。如在旅游资源普查过程中发现的枫林、杜鹃林、花卉林等往往仅考虑其生物特性而将其归入生物景观大类中，而如果考虑到特定时空环境下，天气气候在此类景物形成过程中的重要作用，则应将其归入天象与气候景观中的物候景象（DBC）基本类型中。如唐代诗人白居易所写“人间四月芳菲尽，山寺桃花始盛开”诗句中“山寺桃花”就是特定时空环境下天气气候因素所产生的物候景象。

大气是自然地理环境各组成部分中最为敏感和活跃的要素，因此，天象与气候景观在时间上（周期性和非周期性）以及空间上（地带性和非地带性）较之于其他类型的旅游景观更具有地域性、动态性和随机性，而国标中诸如光环现象、海市蜃楼现象、极端气候现象等基本类型应该理解为所对应的各种天象与气候景观的多发地或出现概率的相对高值地区。

二、天象与气候景观类旅游资源的功能

天象与气候旅游资源的多变性、立体性、速变性、差异性、节律性、递次性的特点迎合了旅游者的猎奇和求异心理，激发了他们的旅游动机。归纳起来，天象与气候资源的旅游价值有以下几个方面。

（一）造景功能

旅游的重要动机之一是猎奇和求异。天象、气候景观虽然多为非实体的景象，但它们又的确有可见的形象，地域差异性正好迎合了人们的猎奇和求异心理，人们都希望去看一看未曾经历的世界。陕西太白山国家森林公园是秦岭主峰的太白山，因其3767米的海拔高度所特有的垂直气候带形成极端与特殊的气候。太白积雪的奇妙自然现象，对旅游者来说充满新鲜感和神秘意义。此外还有黄山的云海、吉林雾凇、建德新安江的白

沙奇雾、四川峨眉山的金顶佛光等。

（二）衬景功能

天象气候景象与地貌、水色以及人文景观形成有机结合，它们相互烘托和映衬，使整体景观富有层次感，更加多姿多彩。在很多情况下，天象气候旅游资源是与其他旅游资源组合开发的，在特定天象、气候资源的衬托下，使主体旅游资源的价值得到提升。正如北宋画家郭熙所言："山以水为血脉，以草木为毛发，以烟云为神采。故山得水而活，得草木而华，得烟云而秀媚。"太白积雪、骊山晚照、彩虹瀑布这些景观，都是在雪、晚霞、彩虹等天象气候资源的衬托下，使得太白山、骊山、太平森林公园瀑布的旅游资源价值得到提升。

（三）康乐功能

所谓康乐，是指人们在这样的气候条件下感觉很舒服。当气温在 16℃ ~28℃，相对湿度为 30%~70% 时，人们感到最舒适，可以开展疗养和度假旅游。避暑型气候是指夏季温凉舒适，人们无须借助任何避暑措施，感觉刚好适宜且无须调节的气候条件。而高度对气温的影响是从山麓到山顶随着海拔高度的增加，气温逐渐降低，通常每上升 100 米气温下降 0.6℃左右。山地的降水量通常比邻近的平地多，山地通常凉爽而湿润，适合纳凉避暑。在旅游活动中，注重身心体验、感受旅游环境和氛围，如露营的适宜地、疗休养适宜地等，从而获得更优质的康养享受。

第二节　天象与气候景观类旅游资源类型

一、天象景观

DAA 太空景象观赏地：观察各种日、月、星辰、极光等太空现象的地方。来自地球表面之外的天象景观，在地球的某些位置可以观赏到最独特的景象，因此最佳观赏地被开发成旅游景点，吸引对此有兴趣的旅游者前往。通过直观欣赏、感受到天象景观的美，帮助研学旅游者探求其形成的物理原因，促进天文学的传播和应用，让更多人了解天文现象，更好地认识世界。具体包括天文台、暗夜公园、日出日落观赏地、极光观赏地等。

【天文台】天文台设在山上，不是因为山上离星星近一点，而是因为地球被一层大气包围着，星光要通过大气才能到达天文望远镜。大气层中的烟雾、尘埃以及水蒸气的波动等，对天文观测都有影响。尤其在大城市附近，夜晚城市灯光照亮了空气中的这些微粒，使天空带有亮光，妨碍天文观测较暗的星星。在远离城市的地方，尘埃和烟雾较少，观测情况要好些，但是还不能避免这些影响。越高的地方，空气越稀薄，烟雾、尘埃和水蒸气越少，影响就越少，所以天文台大多设在山上。世界上公认的三个最佳天文台台址都是设在高山之巅：夏威夷莫纳凯亚山山顶，海拔4206米；智利安第斯山，海拔2500米；大西洋加那利群岛，海拔2426米。2012年，由海峡两岸、日本、韩国天文学家组成的东亚核心天文台联盟（EACOA）确认，将阿里地区西南部作为东亚地区联合建设世界级天文观测站的候选地区。目前阿里天文台建设已粗具规模。

【暗夜公园】暗夜公园是一种公共保护区，是星空和夜间动物的避难所，其常设活动内容如表6–1所示。由此也兴起另一种旅游业，称为天文旅游。在这样的暗夜公园里，若是碰上晴天，人们不仅可以尽情欣赏由数十颗乃至数百颗星体组成的夜空图，还能捕捉到划过天际的流星。而在城市的上空，往往只剩下零落的星光。为了打造真正意义上的暗夜天堂，公园的管理部门必须厉行各种法规。他们首先应当拆除或是改造路灯等照明系统，从而使灯光集中于地面，而不是向四周或是天空散射。这一举措的技术要求并不高，然而耗资巨大，一些坚持不愿放弃大规模仓库照明系统的居民成了建设暗夜公园的最大阻碍。迄今为止，国际暗夜协会（International Dark–Sky Association）认定的4座暗夜公园，分别是犹他州天然桥国家保护区（Natural Bridges National Monument）、宾夕法尼亚州的樱桃泉国家公园（Cherry Springs State Park）、俄亥俄州的格奥加公园（Geauga Park）和英国加洛韦森林公园（Galloway Forest Park）。这些地方的光污染情况最轻，漆黑的夜空使人们很容易看到银河和仙女座等遥远的星系。我国也在积极推进暗夜公园建设和申报，目前较适宜观测星空的地方，包括西藏阿里暗夜公园、舟山花鸟岛景区、长白山景区、塔克拉玛干沙漠、茶卡盐湖、纳木错、济南七星台、黑马河、羊卓雍错、黄山、台州括苍山、鸣沙山月牙泉、额济纳胡杨林保护区。

表6–1　暗夜公园的常设活动内容

活动名称	活动内容
天象观测	在天文工作人员指导下，通过租用公园内的天文望远镜或自带设备，对日象、月象、流星、彗星等天象进行观测
音乐与星夜	在观星后，当地往往安排一场音乐演出
解说活动	向游客介绍望远镜的使用方法，使其能够在园中开始学会使用观测设备；解说猫头鹰、蝙蝠、昆虫等夜间生物的习性、特点，并阐明其存在的重要性；介绍并教游客分辨夜间的各种声音，如狼、猫头鹰、狐狸等夜间动物的叫声；讲解鸟类筑巢、迁徙的过程；理解光污染的影响和危害
教育者天文知识讲习班	鼓励并开设对于当地教师的夜空知识培训，以提升教育者的夜空保护意识
夜游活动	在可视度下降的情况下，通过身体的其他感官去探索周边的环境

【日出日落观赏地】日出，指太阳初升出地平线或最初看到的太阳的出现。一般是

指太阳由东方的地平线徐徐升起的时间，而确实的定义为日面刚从地平线出现的一刹那，而非整个日面离开地平线。日出是新的开始，日落是最后的辉煌。有人偏爱朝阳的活力，而有的人偏爱那迟暮的安宁与平静。日落时分，夕阳红映在山上，山天一体，照在水里，水天一色，有震撼人心的宏大美。中国日出日落观赏地主要是山顶、海边、湖上，具体见表 6–2。

表 6–2 日出日落观赏地

日出观赏地	观赏点	日落观赏地	观赏点
安徽黄山	鳌鱼峰、光明顶	普陀山	佛顶山寺（慧济寺）寺前平台
山东泰山	日观峰、观鲁台	杭州西湖	长桥上看雷峰夕照
陕西华山	东峰朝阳台	避暑山庄外八庙	“锤峰落照亭”
四川峨眉山	金顶睹光台、舍身岩	泰山	玉皇顶
泸沽湖	里格半岛、大落水	黄山	西海
湖南张家界	大观台、天子山、袁家界、黄石寨	敦煌	鸣沙山
广西龙脊梯田	梯田的观景台	广东湛江	乌石天成台
海南三亚	娱支洲岛观日岩、鹿回头山顶	涠洲岛	滴水丹屏和石螺口海滩

【极光观赏地】极光出现于纬度靠近地磁极地区上空，是一种绚丽多彩的等离子体现象，其发生是由于太阳带电粒子流（太阳风）进入地球磁场，在地球南北两极附近地区的高空，夜间出现的灿烂美丽的光辉。在南极被称为南极光，在北极被称为北极光，一般呈带状、弧状、幕状、放射状，这些形状有时稳定，有时作连续性变化，极光观赏地如表 6–3 所示。芬兰、挪威、瑞典、丹麦、俄罗斯、加拿大、美国的阿拉斯加、北极、南极都可以看到，中国最北的小镇漠河也是有机会看到的。而挪威无论从地理位置、气温舒适度还是出现概率上而言，都可谓是世界上观看北极光的最佳之地。漠河北极村以北极光和极昼现象闻名于世。每当夏至前后，一天 24 小时几乎都是白昼，午夜向北眺望，天空泛白，西边晚霞未逝，东方朝晕又起，像傍晚，又像黎明，人们在室外可以下棋、打球。每年的夏至节都吸引着国内外游客从各地赶来，欣赏这一年一度的自然景观。人们在大界江边点燃篝火载歌载舞，饮酒叙话，通宵不眠，整个夜晚充满欢乐和浪漫的气氛。

表 6–3 极光观赏地

	北极光	南极光
极光外观	以白色偏向绿色为主	颜色偏粉红、偏橙

续表

	北极光	南极光
观赏地点	冰岛、挪威、芬兰、美国、加拿大、俄罗斯以及多数北极圈周围国家	澳大利亚、新西兰
观赏时间	8月至次年4月	4月至9月

DAB 地表光现象：发生在地面上的天然或人工光现象。太阳光到达地球时，受云层影响会形成的朝霞、晚霞和雾霞，接近地面的小水珠和水面会形成多种姿态的彩虹，被地球物质反射又经大气折射后会形成各种蜃景，如出现在沙漠表面的沙海蜃楼、海洋表面的海市蜃楼等。长期产生地表光的地点，可以吸引旅游者专程前去观赏，产生经济效益，成为地表光的旅游目的地。

【霞光】霞光是日出或日落时天空云层因受日光斜射而呈现的光彩，由大气中悬浮颗粒物（尘埃、冰晶、水滴等杂质）对阳光的折射、散射和选择性吸收形成。这些悬浮颗粒物的半径远小于日射光波长，当阳光照射到这些颗粒物上时会发生瑞利散射（又称分子散射）。因为阳光中的蓝、紫、青等颜色的光波较短被大量地散射出去，而红、橙、黄等颜色的光波较长透光能力强不容易被散射，所以我看到的霞大多呈现红色、橙色。古代有“朝霞不出门，晚霞行千里”的说法，因为朝霞多是积云造成的，极容易发展为积雨云；而晚霞多是淡积云造成的，淡积云不会造成降水，而且一般预示着一定范围内未来几天将持续晴好，有利于出行。霞光观赏地很多，但多是视野开阔的海边和山顶，我国著名的云霞观赏地有泰山、黄山、三亚亚龙湾、牛背山、洱海、青岛崂山、呼伦贝尔草原、丽江泸沽湖、青海湖、涠洲岛等。

【佛光】佛光是一种非常特殊的自然物理现象，其本质是太阳自观赏者的身后，将人影投射到观赏者面前的云彩之上，云彩中的细小冰晶与水滴形成独特的圆圈形彩虹，人影正在其中。佛光的出现需要阳光、地形和云海等众多自然因素的结合，只有在极少数具备了以上条件的地方才可欣赏到。峨眉山舍身岩就是一个得天独厚的观赏场所。中国十大佛光观赏地有黄山风景名胜区、庐山风景名胜区、铜仁市梵净山旅游景区、泰山风景名胜区、安徽九华山风景区、峨眉山风景名胜区、五台山风景名胜区、杭州灵隐寺、普陀山风景名胜区、白马寺。

【彩虹】彩虹多出现于两种条件下，一是太阳雨，太阳出来，雨还没停，这个时候很容易看到彩虹。二是瀑布边上，天气晴朗的时候，瀑布边上会出现彩虹。彩虹是因为阳光射到空中接近球形的小水滴，造成色散及反射而成的。阳光射入水滴时的角度不同，在水滴内亦以不同的角度反射。其中以 40°~42° 的反射最为强烈，造成我们所见到的彩虹。造成这种反射时，阳光进入水滴，先折射一次，然后在水滴的背面反射，最后离开水滴时再折射一次，总共经过一次反射、两次折射。因为水对光有色散的作用，不同频率的光的折射率有所不同，红光的折射率比蓝光小，而蓝光的偏向角度比红光大。由于光在水滴内被反射，所以观察者看见的光谱是倒过来的，红光在最上方，其他颜色在下。彩虹观赏地多在高原低空、瀑布附近，如雨季的那曲草原、井冈山五指峰水口瀑布等地。

【蜃景】在平静无风的海面、湖面或沙漠上，有时眼前会突然耸立起亭台楼阁、城郭古堡，或者其他物体的幻影，虚无缥缈，变幻莫测，宛如仙境，这就是海市蜃楼，简称蜃景。是一种因为光的折射和全反射而形成的自然现象，是地球上物体反射的光经大气折射而形成的虚像。只有在特定的环境下才能看到海市蜃楼，所以这一景象在众人眼中如人间仙境一般。海市蜃楼是一种因远处物体被折射而形成的幻象，其产生原因是太阳使地面温度上升后形成的一种气温梯度。由于密度不同，光线会在气温梯度分界处产生折射现象。我们的大脑认为光线总是沿直线传播，但是当光线通过下方温度低、密度大的大气时，就会向下折射，所以大脑中显现的远处物体就会比实际高。我国山东蓬莱海面上常出现这种幻景，古人归因于蛟龙之属的蜃，吐气而成楼台城郭，因而得名。在我国可以观赏到蜃景的地方有连云港海州湾、渤海长岛、北戴河东联峰山、庐山五老峰、塔克拉玛干沙漠、烟台蓬莱岛、成都德阳旌湖、汕头揭阳、郑州氾阳、海口、武陵源城区索溪河、连云港灌南县城、松花江畔、长江源头、酒泉阿克塞城等。

二、天气与气候现象

DBA 云雾多发区：云雾及雾凇、雨凇出现频率较高的地方。云雾景观通常在高海拔地区或江、湖边出现，有身临“仙境”的感受；雾凇、雨凇等景观在秋冬季出现，且一般在纬度或海拔高的地方。吉林是雾凇景观最著名的地区，每年都会吸引大量游客前往。云雾对景观的作用是：①直接构景，直接构成丰富多彩的气象景观，成为吸引人们的重要景观之一；②增强了景观的动态性，降水、云雾、风，这些使名山景观更富有动感，增强山地景观的生命感召力；③背景性和借景性，云雾景观虽可直接观赏，给人以美感，但并不像山水花草长时间存在，故常作为其他风景的背景和借景因子，以风景综合体的形式出现，供人观赏，增强景观的感染力和神秘性。根据形成原因的不同云雾景观又可分为：云雾（云海）、热带云雾林、雾凇和雨凇等。

【云雾（云海）】云海是山岳的重要景观之一，在一定条件下形成的云层，云顶高度低于山顶高度，当人们在高山之巅俯首云层时，看到的是漫无边际的云，如临于大海之滨，浪花飞溅，惊涛拍岸，故称这一现象为“云海”。黄山云海的形成，有其自身原因、规律和形成条件。黄山山高谷低，林木繁茂，水分不易蒸发，湿度大，水汽多，这是形成云海的必备条件。但仅有足够的湿气，云海还是难以形成，还要有山上山下气温温差变化、气流、风向及山势地理环境等。在春季，黄山云海云状有时会出现碎层云、碎雨云。碎层云一般由层云分裂或因雾抬升而形成，在早晚时期也会直接生成。碎雨云常出现在降水时或降水前后的降水云层之下。冬季的时候，大气层较稳定，逆温层下部则容易形成层积云。此外，湿空气水平运动受到黄山山脉强迫抬升时，在大气层结稳定的情况下也会产生层积云。庐山云雾景观是庐山一大奇景，四季皆有，夏季最多，秋季较少，全年平均有雾日达 192 天。庐山云雾以其变幻多姿、多种形态著称于世，庐山由鄱阳湖和长江环绕，加之山中植被多，雨水充沛，云雾多，其形态千姿百态，有玉带云、云梯云、瀑布云。夏季云雾多在山顶，冬季云雾多在山腰，全年平均有雾日达 192 天。“庐山云雾景观奇，变幻无常千万姿；刚作浪涛腾汉海，又成瀑布泻天池。”

【热带云雾林】繁茂于云雾连绵的山地森林，由于林木茂密，空气湿度极大，暖湿气流从地势较低的山谷上升到高处的山脉遇冷形成云雾，苔藓植物一直密生到森林的高处，生态学上将这种现象叫云雾林。热带云雾林一般分布在热带山地的山顶或山脊，有持续性或季节性云雾覆盖，植株相对矮小、树干弯曲。热带云雾林的形成，需要两个必不可少的条件：一个是持续的充沛水汽，一个是足够低的凝结温度。热带云雾林在热带地区的分布极不均匀，约 59.7% 分布于亚洲热带地区，印度尼西亚和巴布亚新几内亚是亚洲云雾林分布集中的地区；海南热带云雾林的云雾形成与海拔和水汽都有关。由于分布的海拔较高，温度较低（如霸王岭石峰的热带云雾林雨季空气温度可达 17℃左右），当海上的水汽被风水平输送到该海拔区域，与空气颗粒物结合形成雾，可以为植物（特别是附生植物）生长提供丰富的水平降水。

【雾凇】雾凇是一种附着于地面物体（如树枝、电线）迎风面上的针状或颗粒状的白色或乳白色不透明凝结物。“雾凇”一词最早出现于南北朝时期宋·吕忱所编的《字林》里，其解释为：“寒气结冰如珠见日光乃消，齐鲁谓之雾凇。”雾凇的形成是因冬季多雾天气时，空气中的雾滴碰撞到同样低于冻结温度的物体时，便会形成雾凇。吉林雾凇发生于吉林市松花湖丰满大坝的下游沿岸地区，是东北寒冷的气候条件和较温暖的江水互相作用，由潮湿的水雾直接凝华为霜晶体，附着在堤岸边的树木上形成的雪柳现象。雪凇是一种冬季自然现象，在东北、内蒙古以及新疆等冬季漫长的地区，赏雾凇的时间较长。内蒙古兴安盟的阿尔山有着长达 50 多公里的雾凇带，素有“大兴安岭百里雾凇长廊”的美称，长达 7 个月的冰雪期为雾凇景观提供了天然的保护；吉林赏雾凇胜地众多，雾凇岛、松花江畔都是著名雾凇观赏地，长白山魔界风景区的雾凇因雾气较大，比普通的雾凇观赏地更添了几分神秘感。在南方，湖南天门山、衡山，安徽黄山以及四川峨眉山都是赏雾凇的绝佳观赏地，其中峨眉山的雾凇观赏期最长，每年平均雾凇日数达 140 多天。吉林雾凇在每年 12 月下旬到翌年 2 月时集中出现，也是全年当中观赏吉林雾凇的最佳时节。吉林每年会举办国际雾凇冰雪节。所以春节期间来吉林市赏雾凇，正好在最佳观赏期内。观赏过程大致为三个阶段，即“夜看雾，晨看挂，待到近午赏落花”，在每一个时段内都能让人感受到不同的惊奇。

【雨凇】超冷却的降水碰到温度等于或低于零摄氏度的物体表面时所形成玻璃状的透明或无光泽的表面粗糙的冰覆盖层，叫作雨凇，也叫冰凌、树凝，形成雨凇的雨称为冻雨。《春秋》曾载，公元前575年春天，下雨后树木枝条上凝聚了雨冰（就是“雨凇”）。这是世界上对雨凇的较早记载。雨凇和雾凇的形成机制差不多，通常出现在阴天，多为冷雨产生，持续时间一般较长，日变化不很明显，昼夜均可产生。从冰晶层掉下来的雪花通过暖层时融化成雨滴，接着当其进入靠近地面的冷气层时，雨滴便迅速冷却，成为过冷却雨滴（大气中有这样的物理特性：气温在零下几十摄氏度时，仍呈液态，被称为“过冷却”水滴，如过冷却雨滴、过冷却雾滴）。形成雨凇的雾滴、水滴均较大，而且凝结的速度也快。这些雨滴的直径很小，温度虽然降到零摄氏度以下，但还来不及冻结便掉了下来。当这些过冷雨滴降至温度低于零摄氏度的地面及树枝、电线等物体上时，便集聚起来布满物体表面，并立即冻结成毛玻璃状透明或半透明的冰层，使树枝或电线变成粗粗的冰棍，一般外表光滑或略有隆突。有时还边滴淌、边冻结，结成一条条长长的冰柱。就变成了我们所说的“雨凇”。我国出现冻雨、雨凇最多的地区是贵州，其次是湖南、湖北、河南等地。在北方，山东、河北、辽东半岛、陕西和甘肃等地雨凇也比较常见，其中山区比平原多，高山最多。

DBB 极端与特殊气候显示地：易出现极端与特殊气候的地区或地点，如风区、雨区、热区、寒区、旱区等典型地点（见表6-4）。一方面，特殊气候的典型地点开发后可进行旅游活动带来经济效益；另一方面，特发性的极端气候，如暴风雪、干旱、暴雨等，会造成极大的副作用，如破坏原有的旅游资源，降低旅游质量，还有很大的安全隐患。

表 6-4　五处特殊气候显示区及其成因

寒区	南极	纬度高导致太阳入射角小热量低；南极大陆95%以上覆盖冰雪，冰雪对日照反射率高；海拔高加上空气稀薄导致热量不容易保存，所以南极异常寒冷
	黑龙江漠河	处在较高纬度，太阳辐射时间较短，故温度较低；离蒙古—西伯利亚高压（冬季风源地之一）近，同时漠河处在大陆的内部，冬季大陆冷得快，故温度低
	奥伊米亚康	位于东西伯利亚，大陆性气候特别显著，年温差和昼夜温差极大。冬季漫长而严寒，最冷的1月平均气温接近 -50℃，冬至日昼长只有3.5小时。夏季短促凉爽，7月平均温度为14℃，年平均气温为 -16℃左右，是北半球冬季最寒冷的地方之一（仅次于南极，比北极更寒冷）和世界上年温差最大（达100℃）的地方，属于极端严酷的亚寒带大陆性气候。 该盆地深处东、西、南三面被契尔斯基山脉和维尔霍扬斯克山脉包围的谷地之中。南面来的暖空气被挡在外面，而北方来的冷空气可以长驱直入，并在谷地中停滞积聚，处于周围山地的环绕之中，冷气流沿着山坡下沉至盆地底部，使盆地底部更加寒冷

续表

风区	新疆达坂城	巨大的海拔高差在几十公里距离内分布，其中达坂城海拔 1103 米，吐鲁番海拔 34 米，冷空气翻过达坂城谷口之后，顺着地势倾泻而下浩浩荡荡，势不可当。达坂城到托克逊方向有一条白扬河谷，冷空气顺河谷直插托克逊（海拔只有 1 米），因而托克逊风更大。当地有句俗语（也是天气经验）：乌雨托风。意思是说冷空气在乌鲁木齐造成降雨之后，向东必然造成托克逊的大风天气。吐鲁番盆地基本上是沙漠戈壁，吸热能力很强，冷空气来之前，当地往往晴朗干燥，气温高、气压低。冷空气气温低、气压高，巨大的气压梯度必然导致强烈大风
雨区	夏威夷怀厄莱阿莱	位于美夏威夷群岛考爱岛的威阿列勒山东北坡，这里常年吹东北信风，但岛上的高山像一堵屏风，挡住东北信风的去路。湿润的海风在山坡环流，冷热空气交汇，上下对流，既有锋面雨，又有地形雨、对流雨，形成东北坡的热带雨林景观。而山脉西南部背风坡却成了干旱的地区，长着仙人掌和灌木丛
	四川雅安	雅安地处亚热带季风性湿润气候区，西侧是世界屋脊青藏高原，东面则是平畴千里的四川盆地。雅安处于这两种天壤之别的地貌环境之间，常受高原下沉气流和盆地暖湿气流的交互影响，再加上从印度洋来的南支西风挟带大量暖湿气流，常被迫绕高原东移进入雅安境内，这几种气流相互作用，致使雅安不但雨日多、雨时长，而且雨量大
	台湾火烧寮	主要是由位置、地形、冬夏季风和台风等诸多因素影响造成的。该地区位于台湾山脉东北端山坡上，坡向面海。夏秋季节，自东南海上吹来的湿热夏季风、台风登陆时被地形抬升作用造成丰沛的降水；冬季时，又受到东北季风的影响，由于东北季风经过了广阔的海洋，特别是掠过了“黑潮”的暖流洋面后水汽剧增，暖湿气流到达该地区时，又受到地形的抬升便形成了大量的降水。由于该地区冬夏降水量都很大，从而成为中国的“雨极”
热区	新疆吐鲁番	地处典型的大陆性暖温带荒漠气候区，夏季气候干，温度高。地形为盆地，空气不流通，热量易积聚。地势低，即此处大气层厚度大，大气吸收地面辐射能力强，热量不易散失。全年平均气温 13.9℃，高于 35℃的炎热日在 100 天以上，被人们称为“火洲”。夏季极端高气温为 49.6℃，地表温度多在 70℃以上，有过 82.3℃的纪录。当地素有“沙窝里烤熟鸡蛋”“石头上烤熟面饼”之说
旱区	塔里木盆地	深居内陆，距海遥远，周围高大的山脉重重阻隔，海洋湿润气流难以深入。盆地地形，距西伯利亚高压近，全年降水稀少，蒸发大。盆地地势西高东低，微向北倾，罗布泊是盆地最低点
	南美阿塔卡马沙漠	南美洲西海岸中部的沙漠地区，具有大陆西岸热带干旱气候类型中鲜明的独特性。在副热带高气压带下沉气流、离岸风和秘鲁寒流综合影响下，该区成为世界最干燥的地区之一，形成了沿海、纵向狭长的沙漠带。宽广的盐碱地和永恒的雪火山远远望去别具情致。沙漠中还有一片区域，其地理构造如同月球一样，因此被地理学家赋予了一个美丽的名字——月亮谷

吐鲁番的沙疗是吐鲁番当地流行的群众夏季养生医疗活动，具有广泛的群众基础。作为传统的民间医疗保健方法，沙疗是民族医药的重要组成部分，也是一种具有地方特色的中医药疗法。这种传统的自然疗法通过祛除身体表面的病原体来治疗各种腰背痛和慢性病。吐鲁番年降水少，日照时间长，夏季气温高，光热气候条件独特，沙漠资源丰富，用于沙疗的是高品质的黑沙，富含钙、镁、钾、钠、硒、锌等多种微量元素，矿砂的含磁量比普通沙子要高出 9 倍；沙质干净、无混杂物，为养生保健沙疗提供了得天独厚的资源。

【小气候】近地 1~2 米高度空气层内因土壤、植被等差异所产生的特殊气候统称小气候。小气候特征的空间水平尺度一般不越过 10 公里。因近地 1~2 米高度层称“贴地层”，故亦称“贴地气候”。这一层是包括人类在内的一切生物活动的场所，也是人们旅游活动的主要场所，故小气候与人类旅游活动的关系极为密切。小气候的形成与下垫面的关系极为相关，因此，人类的活动在一定程度上可以改变小气候，如建设水库可以使库区周围气候比周围地区湿度大、温度低。小气候的差异是引起人们近距离旅游的一个主要因素之一，如从城市气候转到湖滨气候、森林气候、乡村农田气候、洞穴气候等气候环境中休闲度假、享受更适宜人的气温和湿度成为必然。人们在开发利用气候旅游资源时，一方面要注意对小气候的开发与保护，另一方面可以改变不利于旅游的小气候，使其向对旅游者有吸引力的气候类型发展。

DBC 物候景象：物候景象包括动物候景象和植物候景象，但作为当前旅游景观，主要讨论植物候现象，即各种植物的发芽、展叶、开花、结实、叶变色、落叶等季变现象。在不同的纬度上，物候来临的迟早是不同的。例如，越往北桃花开得就越迟，候鸟来得也越晚。值得指出的是物候现象不仅有南北的差异，而且受气候的大陆性强弱不同影响而产生地域差异。凡是大陆性强的地方，冬季严寒而夏季酷暑（中国温带地区就是如此）；反之，大陆性弱（即海洋性气候地区），则冬季既不太冷，夏季也不太热。在欧洲如德国，从西到东，离海渐远，气候的海洋性逐渐减弱，大陆性逐渐增强，所以德国同一纬度的地带，春初东面比西面冷，而到了夏季又会变成东面比西面热。植物的抽青、开花等物候现象在春夏两季越往海拔高处越迟，但到了秋季，如乔木的落叶等现象则越往高处越早。不过在研究这一因素时，也应该考虑到会有例外的情况。例如，秋冬之交在天气晴朗的空中，常会出现一种特殊的逆温层现象：在一定高度上，气温不但不比低处低，反而更高。古代和现代，物候的迟早也是不同的。学界有观点认为，物候是周期性波动的，其平均周期为 12.2 年，物候的迟早与太阳黑子周期有关。正因为物候现象与纬度、经度、海拔高度、古今时间周期均有联系，因而我们只能考察具体地区的植物候景象发生规律。苏北地区农作物的物候景观和农事活动如表 6–5 所示。

表 6–5　苏北地区农作物物候景观和农事活动

月份	节气	物候景观和农事活动
1 月	小寒　大寒	庄稼施腊肥，果树林木整枝
2 月	立春　雨水	三麦、油菜除草
3 月	惊蛰　春分	植树造林、棉花种子处理、苗床喷药
4 月	清明　谷雨	水稻浸种、秧田化除，大田棉花播前种子处理、苗床防治病害
5 月	立夏　小满	收割大麦、油菜

续表

月份	节气	物候景观和农事活动
6月	芒种　夏至	小麦收获，水稻栽插、追肥、除草、搁田
7月	小暑　大暑	防治水稻条纹叶枯病
8月	立秋　处暑	防治水稻病虫害
9月	白露　秋分	收获玉米、芝麻、大豆，采菱角
10月	寒露　霜降	收割稻谷，三麦播种，油菜移栽，收获山芋
11月	立冬　小雪	三麦、油菜追施苗肥、化学除草
12月	大雪　冬至	三麦、油菜施越冬肥，收获芦苇

远在春秋时期，中国古代先贤就定出仲春、仲夏、仲秋和仲冬四个节气，以后不断改进和完善，到秦汉年间，二十四节气已完全确立。随着物候学的发展，二十四节气所体现的价值也越来越重要。我国作为农业国，农作物的物候景观尤其明显，表现为当地农事活动的规律性开展，从而成为当前开展研学旅游和劳动教育的重要资源。

第三节　天象与气候景观类旅游资源的评价

天象气候景观类旅游资源除了奇异景象外，还包括特定区域对人体所提供的无形氛围，即宜人气候，也就是能使人感到舒适、有利于开展旅游活动的气候条件。国内外学者开展了气候舒适度的研究，其中生物学家特吉旺根据前人研究成果对世界各地的气候进行生物气候学分类，提出两个生物气象指数，即舒适指数（CI）和风效指数（WEI）。

一、舒适指数

舒适指数是指人们对周围空气环境感觉舒服的程度。用气温和相对湿度的不同组合来表示，通常采用月均最高气温和月均最小相对湿度（表示白昼）以及月均最低气温和月均最大湿度（表示夜间）四个指标，在舒适指数列线图上查得昼夜舒适指数，确定舒适指数等级。也可通过各月平均气温和平均相对湿度两个指标查各月舒适指数。大多数人（90%以上）在舒适指数为+1至–1之间感到舒适，为适宜旅游季节，其中“0”区持续的时期为最佳旅游季节。从舒适指数列线图上可得，在温度一定的情况下，湿度过大就会让人感觉闷热，如气温在26.7℃时，相对湿度30%以下感觉舒适（舒适指数为0），相对湿度30%~80%感觉暖（舒适指数为+1），相对湿度80%以上就感觉闷热（舒

适指数为 +2b），具体见舒适指数列线图（图 6–1）和舒适指数分级表（表 6–6）。

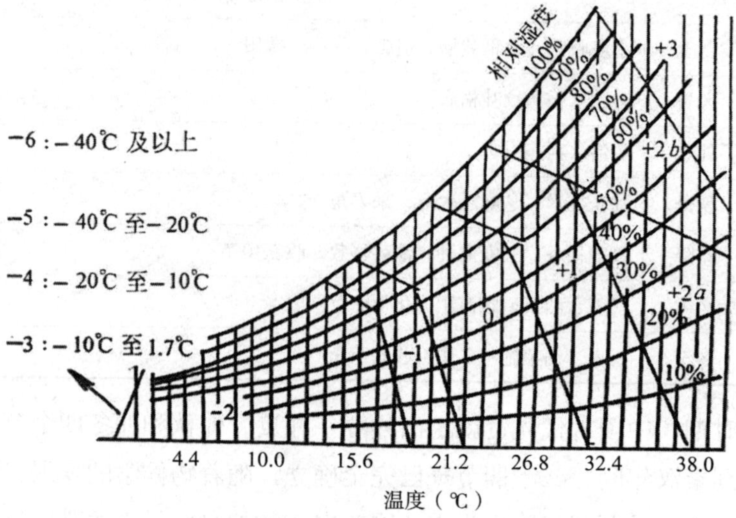

图 6–1　舒适指数列线图

表 6–6　舒适指数分级表

符号	大多数人的感觉	符号	大多数人的感觉
–6	极冷	0	舒适
–5	非常冷	+1	暖
–4	很冷	+2a	热
–3	冷	+2b	闷热
–2	稍冷	+3	极热
–1	凉		

二、风效指数

风效指数是指人们的裸露皮肤在气温和风速的不同组合作用下感觉冷暖的程度。用温度和风速的组合来描述的指标。通过月均最高气温（表示白昼）、最低气温（表示夜间）和风速三项指标查风效指数列线图，得出风效指数的昼夜值，确定风效指数的等级。也可通过月平均气温和平均风速求得各月风效指数。风效指数在“–a”的暖风和“–c”的凉风之间为适于旅游的时期，风效指数在“–b”时为最佳旅游季节，具体见风效指数列线图（图 6–2）、风效指数（表 6–7）和风效指数分级表（表 6–8）。

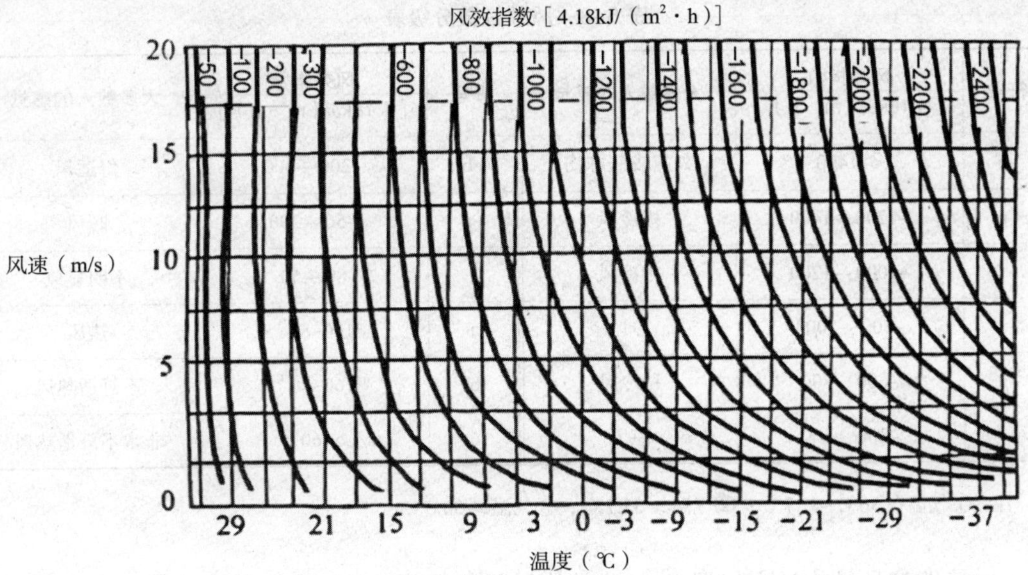

图 6–2　风效指数列线图

表 6–7　风效指数

昼／夜	c	b	a	n	–a	–b	–c	–d	–e	–f	–g	–h
–a	c1	b1	a1	n1	–a1	—	—	—	—	—	—	—
–b	c2	b2	a2	n2	–a2	–b1	—	—	—	—	—	—
–c	c3	b3	a3	n3	–a3	–b2	–c1	—	—	—	—	—
–d	—	b4	a4	n4	–a4	–b3	–c2	–d1	—	—	—	—
–e	—	—	—	—	–a5	–b4	–c3	–d2	–e1	—	—	—
–f	—	—	—	—	—	—	–c4	–d3	–e2	–f1	—	—
–g	—	—	—	—	—	—	—	–d4	–e3	–f2	–g1	—
–h	—	—	—	—	—	—	—	—	—	–f3	–g2	–h1
符号	ci	bi	ai	ni	–ai	–bi	–ci	–di	–ei	–fi	–gi	–hi
意义	不舒适热风	不舒适热风	热风	不明显风	暖风	舒适风	凉风	稍冷风	冷风	很冷风	极冷风	冻伤

表 6-8　风效指数分级表

符号	风效指数 [4.18kJ/ (m^2 · h)]	大多数人的感觉	符号	风效指数 [4.18kJ/ (m^2 · h)]	大多数人的感觉
–h	<–1400	外露皮肤冻伤	–b	–200~–300	舒适风
–g	–1200~–1400	极冷风	–a	–50~–200	暖风
–f	–1000~–1200	很冷风	n	80~–50	不明显风
–e	–800~–1000	冷风	a	160~80①	热风
–d	–600~–800	稍冷风	b	160~80②	不舒适热风
–c	–300~–600	凉风	c	>160③	非常不舒适热风

注：①气温在 30℃ ~32.7℃；②气温＞ 32.7℃；③气温＞ 35.6℃

如某地某月月均最高气温 21℃，月均最低气温为 9℃，月均风速 5 米 / 秒。测定该地的风效指数。在风效指数列线图上查出白天风效指数为 –c，夜晚风效指数为 –d，在风效指数表中查得为 –c2。然后根据风效指数分级表查得凉风符号是 –c，所以，该地该月涵盖昼夜状况的综合风效指数为 –c。以此类推，可得某地全年各月的风效指数，从而确定该地适合旅游的季节长短。如昼夜温差和风速变化不大的地区或气候资料不详的情况下，可通过月均气温和月均风速两个指标，直接从风效指数列线图和风效指数表中获得各月风效指数。

三、空气中的负氧离子含量

空气分子在高压或强射线的作用下被电离所产生的自由电子大部分被氧气所获得，因而常常把空气负氧离子统称为“负氧离子”。负氧离子对人体新陈代谢、机体免疫力以及人的行为、情绪、记忆力、生长发育等都有一定的促进和提高作用。人体健康与负氧离子含量的关系通常表现为：负氧离子含量低于 25 个 / 立方厘米时，人会感到头痛、恶心、眩晕、疲劳；健康人生活环境的负氧离子含量应达到 1000~3000 个 / 立方厘米；理想的疗养、度假胜地负氧离子应达到 20000 个 / 立方厘米以上。

旅游气象服务面向旅游产业，利用专业气象预报技术、平台和方法，针对不同旅游区特点，开发出各种旅游气象信息服务产品，为旅游资源的开发利用提供气象服务。我国的旅游气象服务主要由基层气象部门负责，既提供公益性旅游气象服务，同时提供旅游市场需求的气象商品。无论是对公众出行还是对景区旅游气候资源的开发以及对景区经营者和旅游公司的决策来讲，旅游气象服务已经越来越体现出其重要的作用。单一的天气预报已经无法满足旅游经济供需双方的需求，国内景区气象部门正在陆续开展多种形式的旅游气象服务。气象部门提供的旅游气象服务主要是发布旅游安全气象预报预警信息，为旅游安全提供气象服务保障。主要服务产品包括旅游气象指数预报、旅游景区气候评价、景区客流量分析和预报、旅游气象安全预警服务和假日旅游气象服务等。

【同步练习】

一、单选题

1. 一些特殊景象必须在特定场合与地点才会显现，如雾凇多出现在松花江沿岸，这反映了天象与气候景观的（　　）特点。

A. 地域性　　B. 瞬变性　　C. 组合性　　D. 季节性

2. 以下哪个地方是极端与特殊气候中风区的显示地（　　）。

A. 黑龙江漠河　　B. 新疆达坂城　　C. 四川雅安　　D. 新疆吐鲁番

3.（　　）的旅游形象向来以阳光和海滩呈现。

A. 中国　　B. 日本　　C. 美国　　D. 西班牙

4. 以下（　　）景观是经过超冷却的降水碰到温度等于或低于零摄氏度的物体表面时所形成玻璃状的透明或无光泽的表面粗糙的冰覆盖层。

A. 雾凇　　B. 雨凇　　C. 雪凇　　D. 云雾

5. 山岳地区由于海拔高、气压低、阳光充足、无污染、空气清新、空气负氧离子含量大，这种气候适于贫血、高血压、心脑血管疾病、支气管炎、哮喘等疾病患者的疗养。这体现了天象与气候景观的（　　）功能。

A. 造景功能　　B. 不确定　　C. 育景功能　　D. 疗养功能

6. 以下（　　）现象多是淡积云造成的，淡积云不会造成降水，且一般预示着一定范围内未来几天将持续晴好，有利于出行。

A. 彩云　　B. 朝霞　　C. 雾霞　　D. 晚霞

二、多选题

1. 天象与气候景观的特点有（　　）。

A. 组合性　　B. 季节性　　C. 地域性　　D. 瞬变性

2. 天象与气候景观在时间及空间（　　）上较之于其他类型的旅游景观更具有地域性、动态性和随机性。

A. 周期性　　B. 非周期性　　C. 地带性　　D. 非地带性

3. 天象与气候资源的旅游价值包括以下（　　）方面。

A. 造景价值　　B. 康乐价值　　C. 衬景价值　　D. 医疗价值

4. 避暑型宜人气候可分为（　　）三小类。

A. 高纬度型　　B. 海滨型　　C. 阳光充足型　　D. 山地高原型

5. 迄今为止，国际暗夜协会（International Dark-Sky Association）认定的 4 座暗夜公园，包括（　　）。

A. 犹他州天然桥国家保护区　　B. 宾夕法尼亚州的樱桃泉国家公园

C. 英国加洛韦森林公园　　D. 俄亥俄州的格奥加公园

6. 气候影响旅游景观文化的（　　）等方面。

A. 节气　　B. 农耕　　C. 饮食　　D. 服饰

7. 以下观赏地属于观赏日出日落的最佳地方是（　　）。

A. 安徽黄山　　B. 山东泰山　　C. 四川峨眉山　　D. 陕西华山

8. 以下（　　）描写的都是风的景致。

A. 山舞银蛇，原驰蜡象

B. 不知细叶谁裁出，二月春风似剪刀

C. 春风又绿江南岸，明月何时照我还

D. 沾衣欲湿杏花雨，吹面不寒杨柳风

三、判断题

1. 气候既是一种自然旅游景观，又是开展旅游活动的必要条件。（　　）

2. “平湖秋月”“三潭印月”“象山夜月”“二泉映月”“太清水月”“石湖串月”“二十四桥明月”都是长三角地区著名的赏月胜地。（　　）

3. 雷电以其威力无比的特性成为自然景观中壮美的典范，人类都把雷电想象为正义的化身。（　　）

4. 从一定意义上讲，只有那些使人身心愉悦的宜人气候，才是真正的气候旅游景观。（　　）

5. 云雾能够催生“隔雾看花”的审美朦胧感，倘若没有适当的云遮雾障，将山体面貌看得过于真切，反而不能产生浓郁的美感。（　　）

6. 雾凇、雨凇等在春秋季出现，且一般在纬度或海拔低的地方。（　　）

7. 日晕是指太阳初升出地平线或最初看到的太阳的出现。（　　）

四、填空题

1. 目前较为典型的地表光现象包括__________、__________、__________和__________。

2. __________是吐鲁番当地流行的群众夏季养生医疗活动，具有广泛的群众基础。

3. 暗夜公园是一种公共保护区，是星空和__________的避难所。

4. 近地__________米高度空气层内因土壤、植被等差异所产生的特殊气候统称小气候。

5. 彩虹多出现于两种条件下，一是__________，二是__________。

6. 生物学家特吉旺根据前人研究成果对世界各地的气候进行生物气候学分类，提出两个生物气象指数，即舒适指数和__________。

第七章　建筑与设施

【本章概要】

对建筑与设施类旅游资源的概念、景观意义、风格体系进行全面、系统的阐述，对国标中包含的各类建筑与设施景观类型、典型代表、吸引要素和开发方法等进行分析和介绍。

【学习目标】

了解建筑与设施类旅游资源的概念、景观价值和各类风格特点；

掌握建筑与设施类旅游资源的主要类型和典型代表；

理解中国传统建筑景观的内涵特点和开发价值。

【拓展训练】

学生实地走访调查当地的建筑设施类旅游资源，如乡村村落、园林、街巷、高校及科研院所、宗教寺庙、工厂企业等，对其建筑设施类景观进行正确的讲解。

［步骤］

1. 4~6 人一组，以组为单位，独立完成任务。团队的任务是使每个成员都能比较充分地理解建筑设施旅游资源的审美特点。每个小组的主题都不同。

2. 每组的组长针对本组的调查主题，负责分配成员的任务，分工合作，共同讨论，形成调查报告。该报告包括资源的基本概况、审美表现、受保护情况及开发利用建议等。

3. 全班一起讨论如何更好地利用这些建筑设施旅游资源及如何更好地引导人们欣赏其特色，集思广益。

4. 将每个小组的调查报告进行汇总，对所调查的旅游资源点提出建议，针对现存的问题提出对策。

【拓展阅读】

［1］林崇华，刘璐瑶．传统建筑木构艺术形态构成与审美意境表达［J］．河北工业大学学报（社会科学版），2019，11（2）：79–83.

［2］姜锐，姜华．我国古代建筑旅游经济开发现状及对策分析［J］．工业建筑，2021，51（5）：247.

［3］周春媚，江汇．谈审美心理距离与建筑景观设计［J］．旅游纵览（下半月），2014（6）：344.

［4］肖星，钟燕森，姚若颖．中国近代西洋建筑的旅游价值评价体系与实证［J］．经济地理，2014，34（7）：165–170.

［5］杜留棣．太和殿的形体艺术［J］．新建筑，1986（4）：70–71.

［6］黄继东．开展民国建筑旅游，丰富南京文化旅游内涵［J］．南京晓庄学院学报，2008（5）：40–45.

［7］矫克华．儒学与东北亚国家建筑景观研究［J］．中国人口·资源与环境，2018，28（S1）：227–232.

［8］胡沛东．论建筑的审美与自然主义——以高迪的神圣家族大教堂为例［J］．华中建筑，2019，37（3）：86–89.

［9］沙润．中国传统民居建筑文化的自然地理背景［J］．地理科学，1998（1）：63–69.

［10］唐孝祥，魏峰．中国传统建筑与书法艺术的审美共通性初探［J］．华南理工大学学报（社会科学版），2017，19（1）：112–118.

［11］魏峰，唐孝祥．中国传统建筑与书法艺术的审美共通性再探［J］．华南理工大学学报（社会科学版），2017，19（6）：102–107.

［12］魏峰，唐孝祥．中国传统建筑与书法艺术的审美共通性三探［J］．华南理工大学学报（社会科学版），2018，20（3）：123–128.

［13］李琼，杨桂玲．浅析移情在旅游审美活动中的应用——以建筑景观审美为例［J］．商丘师范学院学报，2012，28（3）：101–104.

第一节 建筑与设施类旅游资源概述

一、建筑与设施类旅游资源的概念

建筑是建筑物与构筑物的总称，是人们为了满足社会生活需要，利用所掌握的物质技术手段，依据一定的科学规律、建筑理念和美学法则创造的人工环境。建筑物有广义和狭义两种含义。广义的建筑物是指人工建筑而成的所有东西，既包括房屋，又包括构筑物。狭义的建筑物是指房屋，不包括构筑物。房屋是指有基础、墙、顶、门、窗，能够遮风避雨，供人在内居住、工作、学习、娱乐、储藏物品或进行其他活动的空间场所。建筑相关专业多是指狭义的建筑物含义。《老子·道德经》中“埏埴以为器，当其无，有器之用。凿户牖以为室，当其无，有室之用。”这无疑是对狭义建筑物概念既清晰又直接的表述。

如同中国古典园林中所体现的“造园”技艺和理念，西方园林设计师赫弗里·雷普顿（Humphry Repton）和安德鲁·杰克逊·唐宁（Andrew Jackson Downing）也提出建筑（building）和花园（garden）需要作为一个整体来设计，主张“乡村住宅丰富各异的形式和如画般别致的外形，其游廊、阳台等，和周边的自然环境是保持着某种合理且完美的联系，建筑之美必须结合景观环境和地形的美感来综合考虑”。可以说，建筑一旦与环境融为一体就超越了物质和功能的要求，而成为建筑景观的组成部分。因而，从定义上来说，建筑景观就是指以人工构筑物为主景并成为旅游观赏对象的环境综合体。其范围一般包括建筑物及其周边的环境。好的建筑总是融入其周围的环境之中。在旅游活动中，成为旅游景观的建筑主要都是艺术性较强、建筑质量较高，为人们所珍惜而保存下来的，其表现的情感往往可以升华为一种理性，如民族的自豪、时代的精神、自然的回归等，从而具有深刻的思想性，可以陶冶人的性情。

二、建筑与设施类旅游资源的特点

建筑虽然具有物质和精神双重属性，但从旅游景观的角度看，观赏者更多地会联想到建筑所要表达的是什么或反映什么，这些都归属于建筑的景观特建筑的景观特征，包括建筑对时代精神和地域风貌的反映，也包括建筑与周边环境的协调。

（一）时代精神

首先，建筑的技术水平总是受制于相应时代的生产力发展水平。原始社会生产力低下，人类只能营造简陋的地面构筑物。进入奴隶社会后，出现了青铜器，中国木构建筑物初步形成，出现了宫殿、宗庙、陵墓等建筑物。在漫长的封建社会，中国建筑逐步形成了成熟、完整、独特的建筑体系，在建筑技术和艺术等方面具有卓越的创造。中国进入半殖民地、半封建社会后，西方建筑大量出现，打破了中国传统建筑的程式，使中国建筑呈现出带有近代风貌的过渡色彩。因此，不同时代的建筑总是反映了相应时代的建筑材料和工艺水平。此外，人的创造活动总是在具体的社会文化环境中进行的，建筑也不例外，一个时代有什么样的形态文化，就必然形成什么样的建筑体系，产生相应的建筑艺术。古希腊神庙建筑反映了处于人类童年时代的希腊人的宇宙观，他们承袭埃及金字塔三角形朝“天”的神圣意义，将三角形放置在大理石梁柱结构上，成为著名的古典神庙样式。欧洲的中世纪（约公元 4 世纪至 14 世纪），是缺乏人文关照的，随着基督教的兴起，其建筑形式和艺术充满了神学意识，哥特式建筑通过描述圣经故事的彩色玻璃窗、雕塑、尖券以及其建筑上史无前例的高度感强化了这一时代的神权精神。儒家思想占统治地位时期的中国古典建筑，也处处可以见到礼制规范的烙印。

（二）地域风貌

不得不说，地域风貌在生产力发展水平较低的时期表现更为突出，在技术水平较高的现代建筑中这一特征已不明显，但在作为旅游景观的建筑中，传统建筑占相当比重，传统建筑的地域风格也相当突出。建筑的基本实用功能是遮阳、避雨、防寒，以庇护人们进行休息和生产生活活动。而温度、降雨、刮风等气候因素各地都不一样，因而适应各地的气候的建筑也就不同程度地打上了地域性的烙印，传统建筑尤其如此。如降水多的地方屋顶坡度较大，降水少的地方屋顶坡度较小。北方天寒需要更多阳光，因此，院子大一点；南方酷热，建筑密度较大，院落很小，以便取得更多的阴影面积来防暑。如东北大院的面积大于北京四合院，更大于南方建筑的“明堂”“天井”。中国传统建筑选择地点和朝向特别注重与自然环境的结合，体现出很强的风水观念，这在中国江南丘陵地区表现最为明显。各地域的社会观念、哲学思想对建筑地域风格形成的影响也不能小觑，如中国传统建筑强调实践理性，注重现实社会生活，容易产生亲切的美感。体现在建筑结构上，是沿中轴线的平面铺展和对称，且又等级分明，这种建筑布局既展现严肃、庄重及井井有条的理性精神，也符合封建礼制思想。而西方古典神庙、“罗马风”建筑、“哥特式”建筑追求的是高大、强壮、神秘、威严和震慑效果，体现一种弃绝尘寰的宗教出世精神，似乎要拉开和扩大人与建筑的距离，并由此来产生崇敬和仰慕的美感。

（三）建筑景观场

建筑景观场指建筑景观向观赏者呈现出的总氛围。在高质量的建筑景观中，主体建筑总是与周边环境和谐统一的。即便是遗存下来的重要传统建筑，其保护的重要方面也包括与周边环境的协调，以维持其景观继承性。因此，鉴赏建筑景观绝不能只注重主体建筑而忽视其总体的环境氛围。建筑主体与周边环境的和谐既包括实用功能的需要，也包括生态和景观美学上的和谐。从景观鉴赏角度看，应更强调后者。主体建筑与周边环境融为一体，发挥了整体性优势，使建筑景观显示出更为丰富多彩的内容，观赏者在审美鉴赏中将感知到更多、更全的信息，获得更大的想象空间。福建武夷山风景区内的武夷山庄、碧丹酒家等建筑采取“武夷传统民居风格”，使建筑与碧水丹崖融合为一，建筑点化了风景，环境衬托了建筑，取得了极佳的景观效果。反过来，当人们忽视了主体建筑与周边环境的关系时，景观就遭到了破坏。在建筑景观中，主体建筑是否与其周边的环境协调自然，是形成高品位的景观场的基本条件，也是判断建筑景观质量高低的重要尺度。

三、建筑景观的主要风格体系

综观世界上曾出现过的建筑，根据其所处地域的自然、历史和文化背景不同，可以划分为不同的体系。古代世界大约有过 7 个主要独立建筑体系，如古代埃及建筑、古代西亚建筑、古代印度建筑、古代美洲建筑、中国建筑、欧洲建筑和伊斯兰建筑，前面四个或早已中断，或流传不广，成就和影响相应有限，而后三者被认为是世界三大建筑体系，其中又以中国建筑和欧洲建筑延续时代最长、流域最广，成就最为辉煌。

（一）中国传统建筑体系

中华民族的主要发祥地黄河与长江流域的冲积平原，当时是森林广布之地。伐木为材，用于建筑，较为便利，沿袭下来，成为传统。中国传统建筑的萌芽可以从公元前 5000 年左右的新石器时代开始，当时在黄河流域中下游出现了仰韶文化，有了原始半穴居式的地面建筑，大量使用草、木、泥作为建筑材料，用木架绑扎形成支撑结构。如母系氏族时期的半坡遗址，位于陕西省西安市，原始的房屋建筑有半地穴和地面上木架建筑两类，同时期，在长江中下游出现了河姆渡文化，那里出现了干栏式的原始大村落，用榫卯结构支撑达到相当水平。之后的漫长岁月中，中国建筑的发展又与三大帝国平行并进，在文明初创时期的秦汉帝国的宫殿和陵墓是粗犷大气的，木构架的结构体系已经基本形成，屋顶的主要形式已定型。夯土因比石料更为方便，被广泛使用，宫殿的台基、墙壁、城墙均为夯土筑成。汉代出现多层方形楼阁（望楼），开创了中国楼阁式建筑的特殊风格，后来南北朝时期盛极一时的木塔是在此基础上发展起来的。汉代还在宫殿陵墓祠庙外部建阙，以加大隆重感。可以说，第一帝国时期的建筑文化有象征宇宙的胸襟并具有天真狂放的浪漫特征，建筑体现的是古拙的风格和宏大的气势。从现存一定数量的建筑实物表明，隋唐宋第二帝国时期的建筑继承了以前的成就，吸收融合了外来建筑的影响，建筑体系走向成熟，宏伟壮丽的建筑体现了外向、竞争的时代面貌。隋唐时期承袭了三国曹魏以来封闭的里坊建筑并施行夜禁制度，北宋取消里坊将住宅、店铺、作坊面街建造，城市面貌大为改观，宋时完全改变商周以来跪坐习惯和家具，进入垂足而坐时期。从唐到宋，建筑屋顶坡度由缓到陡，檐口厚重感逐渐减轻，斗拱尺度变小，装饰性变强，大、小木作做工趋于精细，风格从稳健雄厚和简洁雄丽走向柔和清雅和精细华丽。到了第三帝国元明清时期，建筑技艺继续发展，由于中小地主、手工业和商人群体的数量增多，民宅和城镇公共性建筑有较大发展。明代城墙全面用砖，城门采用砖券，还出现了无梁殿，说明了制砖业的发展，木石砖雕普遍用于大中型住宅。明清官式建筑进一步规范化、定型化、程序化，但也过分追求细致，导致堆砌烦琐和缺乏生气。但明清两代在建筑组群的总体布局上仍取得了较高成就，在一些民居和园林建筑中体现了因地制宜、建筑体型灵活组合的特点，民居的地域风格已非常合理和典型。由于第三帝国的统治阶级走了闭关锁国之路，建筑表现出内向、非竞争性的风貌。受理学和朴学的影响，明清建筑继承了传统的伦理主题，建造了大量的祠堂和牌坊，为现代旅游发展提供了大量的景观资源。总之，每一次建筑高潮的出现，都相应地伴有国家的统一、长期的社会安定，只有这样的时代背景，建筑艺术才有发展的土壤。中国古典建筑园林的思想，也仍然是建筑景观创作取之不尽的艺术源泉，建筑师张锦秋、贝聿铭、王澍等都源源不断地从古典建筑江南园林中获得过某些深刻的启示。

（二）欧洲建筑风格体系

欧洲建筑是分布在欧洲的古代建筑的统称，其风格在建造形态上的特点是简洁、线条分明、讲究对称、运用色彩的明暗鲜淡来对视觉进行冲击（见表 7–1）。在意态上则使人感到雍容华贵、典雅、富有浪漫主义色彩。欧洲建筑风格包括：巴洛克建筑、法国古典主义建筑、哥特式建筑、古罗马建筑、浪漫主义建筑、罗曼建筑、洛可可风格、文艺复兴建筑。

表 7–1　欧洲建筑风格演变

时间	地区	国家	建筑风格	建筑特点
公元前 3000 年	地中海以南尼罗河中下游盆地	古埃及		巨大金字塔、神庙
	地中海以东的西亚两河流域	古巴比伦		王宫、神庙、观象台
公元前 3000 年至公元前 15 世纪	地中海东北部爱琴海沿岸及岛屿		爱琴建筑	融合古埃及和古西亚建筑传统
公元前 11 世纪至公元前 1 世纪	巴尔干半岛南部和爱琴海地区	古希腊	柱式	和谐、典雅、崇高、理性秩序美，如雅典卫城、帕特农神庙
公元前 2 世纪以来	亚平宁半岛为中心	罗马共和国	拱券结构、穹隆顶、券柱	竞技场、公共浴室、剧场、凯旋门、巴西利卡式厅堂（法庭会场）

续表

时间	地区	国家	建筑风格	建筑特点
4 世纪	东罗马	拜占庭（土耳其）	拜占庭式基督教堂	高大的穹隆顶为中心、帆拱，如君士坦丁堡圣索菲亚大教堂
10 世纪	东欧	俄罗斯	俄罗斯东正教教堂建筑	希腊十字、中央穹顶最大、其余四个小穹顶，穹顶向外鼓出成“洋葱头”穹顶，如莫斯科华西里柏拉仁诺教堂
9 世纪	西欧	法兰西、德意志、意大利、英格兰等	罗马风基督教堂	“巴西利卡”发展而来的拉丁十字，拉得很长的上部为半圆拱的门窗，如意大利比萨大教堂
12 世纪至 15 世纪	西欧	法兰西、德意志、意大利、英格兰等	哥特式教堂	高直的束柱、挺拔的尖券、高耸的尖塔、中洞玫瑰窗、斑斓的彩玻璃，如法国巴黎圣母院、德国科隆大教堂
15 世纪至 19 世纪	西欧	意大利	文艺复兴	古典柱式、穹隆顶、半圆拱券，多作为府邸、市政厅、国会大厦、广场、钟塔，如罗马圣彼得教堂
文艺复兴晚期	西欧	意大利、西班牙	巴洛克	波形曲线与曲面的大量使用、柱子的疏密排列强化立面起伏运动、大面积笔画与雕像、追求华丽和珠光宝气的欢乐气氛
文艺复兴晚期	西欧、北美	法国、美国	古典主义复兴	柱式教条化、轴线对称、主从关系、几何规则、横三段和纵三段，给人以庄严、简洁、雄伟之感，如巴黎星形广场凯旋门、伦敦圣保罗教堂、华盛顿国会大厦
19 世纪末至 20 世纪初	法国、美国		折中主义	选取符号随意拼凑，如巴黎高等艺术学院
20 世纪	德国、法国、美国		现代主义	简单的几何造型和现代结构；玻璃幕墙的大量使用；反对装饰；中性色彩，如德国包豪斯建筑设计学院、法国朗香教堂、宾州流水别墅
20 世纪后半叶	美国、法国、		后现代主义	形式上夸大凸显变形，其他延续，如纽约 AT&T 总部大楼、蓬皮杜文化中心、迪士尼音乐厅、卢浮宫水晶金字塔

第二节 建筑与设施类旅游资源类型

一、人文景观综合体

EAA 社会与商贸活动场所：进行社会交往活动、商业贸易活动的场所。在世界海洋贸易网络中，作为本地与外界的对话窗口，该场所应该展现当地完备的贸易制度体系、较为发达的经济水平以及多元包容的文化态度。从现代城市区块来说，CBD 是城市的功能核心区，是城市的经济、科技、文化、商业等高度集中的地方。主要特点是交通便利，人流、车流、物流巨大；白天人口密度最高，昼夜间人口数量变化最大；地价最高；高楼林立，土地利用率最高。

丝绸之路是指起始于古代中国，连接亚洲、非洲和欧洲的古代商业贸易路线。其中，陆上丝绸之路是西汉时，由张骞出使西域开辟的以长安（今西安）为起点，经甘肃、新疆，到中亚、西亚，并联通地中海各国的陆上通道（这条道路也被称为“西北丝绸之路”）。其基本走向定于两汉时期，包括南道、中道、北道三条路线。在经由这条路线进行的贸易中，中国输出的商品以丝绸最具代表性。因此德国地理学家李希霍芬就将这条陆上交通路线称为“丝绸之路”，此后中外史学家都赞成此说，沿用至今。

EAB 军事遗址与古战场：古时用于战事的场所、建筑物和设施遗存，包括古城墙、炮台、战场、战壕、烽火台、要塞及其遗迹等，如厦门胡里山炮台。由于作战的需要，军事遗址与古战场在地形的选择、火力的布局、防御要点的架设、构筑工事阵地的布设、障碍物的设置等方面，充满许多科学、巧妙的军事本质、特点和规律，旅游者既可饱赏军事阵地的风光，又可从实景中了解历史长河中的政治、军事和文化。

EAC 教学科研试验场所：各类学校和教育单位、开展科学研究的机构和从事工程技术试验的观光、研究和实习的地方。中国著名高校建筑特色如表 7–2 所示。

表 7–2 中国著名高校建筑特色

高校名	建筑特色
厦门大学	清水墙、琉璃顶，被喻为“穿西装、戴斗笠”（比喻中西建筑风格结合）
武汉大学	早期建筑群古朴典雅，巍峨壮观，堪称“近现代中国大学校园建筑的佳作与典范”

续表

高校名称	建筑特色
北京大学	皇家建筑古典园林未名湖，既有北方园林的宏伟气度，又有江南山水园林的秀丽特色
中山大学	岭南风格，红柱、黄墙、蓝瓦，色彩鲜艳但不失庄重，富有当地传统特色
深圳大学	总体呈现中国庭院的内院外院格局，建筑具有中西建筑和江南建筑特色融合特点。如玉泉校区传统宫殿大屋顶和西式房屋完美结合，四角是江南民族形式的飞檐翘角
清华大学	皇家园林清华园、美式的校园布局和众多西洋风格的砖石结构历史建筑是其特色
云南大学	欧洲哥特式建筑和古罗马风格融合的会泽院，美式建筑“科学馆”，中式贡院建筑“至公堂”等是其代表性建筑
四川大学	望江校区的行政楼、江安校区环道古建筑、银杏一条街等是其标志性建筑
苏州大学	民国风格建筑，金秋时节，桂花飘香
中国海洋大学	依傍崂山，有欧洲风格的新哥特式建筑，如六二楼，建有红坡屋顶、山墙、塔楼、装饰性金属塔顶
南京大学	建成于1919年的北大楼坐落于校园中轴线尽端，是南京大学的标志性建筑，更是鼓楼校区的灵魂
浙江大学	之江校区以美式自由风格为特色，建筑物注重平衡与对峙、围合与开放，建筑、道路和树木等有机组合，形成与地形和生态环境和谐的自然美

EAD 建设工程与生产地：经济开发工程和实体单体，如工厂、矿区、农田、牧场、茶园、养殖场、加工企业以及各类生产部门的生产区域和生产线。工业旅游是伴随着人们对旅游资源理解的拓展而产生的一种旅游新概念和产品新形式。2017 年，根据《国家工业旅游示范基地规范与评价》行业标准，经各地推荐，全国旅游资源规划开发质量评定委员会专家组评定，推出了 10 个国家工业旅游示范基地，有山东省烟台张裕葡萄酒文化旅游区、江苏省苏州隆力奇养生小镇、福建省漳州片仔癀中药工业园、内蒙古自治区伊利集团·乳都科技示范园、云南省天士力帝泊洱生物茶谷、汾阳汾酒文化景区、新疆生产建设兵团伊帕尔汗薰衣草观光园景区、黑龙江省齐齐哈尔市中国一重工业旅游区、辽宁省大连市海盐世界公园和安徽省合肥市荣事达工业旅游基地。

EAE 文化活动场所：进行文化活动、展览、科学技术普及的场所。随着经济的发展，近年来，会展业作为新时代的朝阳产业，受到各大城市的青睐，在给行业经济带来利润的同时，带动了城市经济特别是第三产业的强劲发展。如巴黎车展、法兰克福车展、日内瓦国际汽车展、北美车展和东京车展并称为五大车展；纽约、巴黎、米兰、伦敦时装周并称全球四大时装周；以及科隆国际家具展、意大利米兰国际家具展科隆食品展、拉斯维加斯国际消费类电子产品展览会等。比较有代表性的展览中心有米兰国际展览中心、广州国际会展中心、国家会展中心（上海）、杜塞尔多夫展览中心、法兰克福展览中心、汉诺威展览中心、香港会议展览中心、慕尼黑博览中心等。

EAF 康体游乐休闲度假地：具有康乐、健身、休闲、疗养、度假条件的地方。长时间的都市繁忙生活，让越来越多的人向往绿色自然美丽的生活环境，想在一个舒适的场所放松身心。人们往往会选择到水上乐园、主题乐园、温泉度假区、高尔夫球场、赛车场、游艇会等度假村，品尝特色美食，参加各种休闲娱乐活动，或者做 SPA 彻底放松身心，消除工作的疲惫，享受休闲乐趣。度假村一般坐落在僻静的地方或是毗邻热门的风景区，如天目湖御水温泉度假村、南京汤山颐尚温泉度假村、广州从化碧水湾温泉度假村、厦门日月谷温泉度假村、乳山银滩旅游度假区、珠海海泉湾温泉度假村等（见表 7–3）。截至 2020 年 12 月，中国共有国家级旅游度假区 45 家（见表 7–4），分布在全国 23 个省区市，涵盖多种度假类型，其中河湖湿地类 16 家，山林类 8 家，温泉类 6 家，海洋类 5 家，冰雪类 3 家，主题文化类 5 家，古城古镇类 1 家，沙漠草原类 1 家。

表 7–3　中国著名度假村

名称	所在地	资源特点
天目湖御水温泉度假村	江苏省常州市溧阳市	竹海森林里的温泉
南京汤山颐尚温泉度假村	江苏省南京市江宁区汤山镇	集碑、泉、洞、湖、寺于一体
广州从化碧水湾温泉度假村	广东省广州市从化市	集餐饮、住宿、娱乐及大型露天温泉于一体
厦门日月谷温泉度假村	福建省厦门市海沧区	集观光度假、休闲疗养、商务会议、运动健身、生态教学与环保宣传于一体
乳山银滩旅游度假区	山东省威海市乳山市	集山、海、岛、礁、湖、泉、河、林于一体
珠海海泉湾温泉度假村	广东省珠海市斗门区平沙镇	集海洋温泉、海泉湾大酒店、神秘岛、渔人码头、梦幻剧场、健康体检中心、拓展训练营以及运动俱乐部（含高尔夫训练场）于一体
北京九华山庄	北京市昌平区小汤山镇	集商务会议、休闲娱乐和医疗保健于一体
亚布力滑雪旅游度假区	黑龙江省哈尔滨市尚志市亚布力镇	初、中、高级雪道相结合的滑雪场地
长阳清江画廊景区	湖北省宜昌市长阳土家族自治县晒鼓坪村	国家 5A 级旅游景区，国家地质公园，省级风景名胜区和旅游度假区，国家森林公园
深圳华侨城旅游度假区	广东省深圳市南山区	汇聚了中国较为集中的文化主题公园群、文化主题酒店群和文化艺术设施群
亚龙湾国家旅游度假区	海南省三亚市吉阳区	有滨海浴场、豪华别墅、会议中心、高星级宾馆、度假村、海底观光世界、海上运动中心、高尔夫球场、游艇俱乐部
农垦当壁镇兴凯湖旅游度假区	黑龙江省鸡西市密山市	集观光、度假、休闲、娱乐、养殖、加工、会议和养生于一体

续表

名称	所在地	资源特点
北京春晖园温泉度假村	北京市顺义区高丽营镇于庄	集商务、会议、旅游、休闲度假、娱乐、餐饮于一体
阳江温泉度假村	广东省阳江市阳东区合山镇热水村	拥有"一瀑、三湖、六泉、八池"系列大型露天温泉健康中心、粤西地区唯一国际标准高尔夫球会等完善的娱乐设施
宜春市明月山旅游区	江西省宜春市袁州区温汤镇潭下村	集生态游览、休闲度假、科普教育和宗教旅游于一体

表 7–4　国家级旅游度假区①

所在省	度假区名称	所在省	度假区名称
江苏	南京汤山温泉旅游度假区	湖南	灰汤温泉旅游度假区
	天目湖旅游度假区		常德柳叶湖旅游度假区
	阳澄湖半岛旅游度假区	广东	东部华侨城旅游度假区
	无锡市宜兴阳羡生态旅游度假区		河源巴伐利亚庄园
	常州太湖湾旅游度假区	重庆	仙女山旅游度假区
浙江	东钱湖旅游度假区		重庆丰都南天湖旅游度假区
	湘湖旅游度假区	江西	宜春市明月山温汤旅游度假区
	湖州市太湖旅游度假区		上饶市三清山金沙旅游度假区
	湖州市安吉灵峰旅游度假区	贵州	遵义市赤水河谷旅游度假区
	德清莫干山国际旅游度假区		六盘水市野玉海山地旅游度假区
	淳安千岛湖旅游度假区	陕西	宝鸡市太白山温泉旅游度假区
山东	凤凰岛旅游度假区	西藏	林芝市鲁朗小镇旅游度假区
	海阳旅游度假区	安徽	合肥市巢湖市半汤温泉旅游度假区
	烟台市蓬莱旅游度假区	海南	三亚市亚龙湾旅游度假区
	日照山海天旅游度假区	福建	福州市鼓岭旅游度假区
云南	阳宗海旅游度假区	河南	尧山温泉旅游度假区
	西双版纳旅游度假区	湖北	武当太极湖旅游度假区
	玉溪抚仙湖旅游度假区	广西	桂林阳朔遇龙河旅游度假区
	大理古城旅游度假区	河北	崇礼冰雪旅游度假区

① 截至 2020 年 12 月，共四批次。

续表

所在省	度假区名称	所在省	度假区名称
四川	邛海旅游度假区	新疆	那拉提旅游度假区
	成都天府青城康养休闲旅游度假区	黑龙江	亚布力滑雪旅游度假区
	峨眉山市峨秀湖旅游度假区	吉林	长白山旅游度假区

EAG 宗教与祭祀活动场所：进行宗教、祭祀、礼仪活动场所的地方。祭祀是一种信仰活动，源于天地和谐共生的信仰理念，人类最原始的两种信仰：一是天地信仰，二是祖先信仰。在中国文化中，祭天地在祭坛，祭神明、祖先在庙宇、祠堂。祭坛是古代用来祭祀神灵、祈求庇佑的特有建筑。先人们把他们对神的感悟融入其中，升华到特有的理念，通过方位、阴阳、布局等，体现于建筑之中。如天坛、地坛、日坛、月坛、社稷坛等。庙在古代本是供祀祖宗的地方，对庙的规模也有严格的等级限制。庙作为祭鬼神的场所，还常用来敕封、追谥文人武士，如太庙、中岳庙、西岳庙、南岳庙、北岳庙、岱庙、孔庙、岳王庙等。宗教建筑经过数千年的发展和演变，形成了相对固定的型制，包括了教堂、寺庙、道观、神社、石窟、庙宇群、祭坛、宫殿、佛塔等多种宗教建筑类型。随着宗教在全世界的传播，宗教建筑与各国的民族建筑相结合，形成独特的旅游资源（见表 7–5）。

表 7–5　宗教及祭祀场所的不同类型

建筑类型	建筑用途	典型代表
寺	隋唐以前，寺为官署，如大理寺、太常寺、鸿胪寺等；隋唐以后，成为中国佛教建筑的专用名词，是僧人住所的通称	嵩山少林寺、法门寺、洛阳白马寺、塔尔寺
庙	汉代之前作为供祀祖宗的地方；汉代以后，作为祭鬼神、敕封、追谥文人武士的场所	太庙、孔庙、关帝庙
宫观	道教徒活动修炼的场所，也称庙或宫。取古代天文学家观察星象的“天文观察台”之意，常建于山顶，又分子孙庙和丛林庙	白云观、青羊宫、紫霄宫、三清观
神庙	古代埃及的一种典型石造建筑物，宣传“天授神权”	卢克索神庙、帕特农神庙、卡纳克神庙、巴尔贝克太阳神庙、阿尔忒弥斯神庙
神社	神道教拜祭神的地方，日本宗教建筑中最古老的类型	伏见稻荷大社、严岛神社、鹤冈八幡宫、明治神宫
金字塔	角锥体建筑物，可作为陵墓、祭祀地、寺庙等重要的纪念性建筑	埃及金字塔，还有玛雅金字塔、阿兹特克金字塔，太阳金字塔、月亮金字塔、卡斯蒂略金字塔

续表

建筑类型	建筑用途	典型代表
祠堂	儒家祭祀祖先或者先贤的场所，主要用于祭祀祖先，也作为各房子孙办理婚、丧、寿、喜等的场所，是家族观念的体现	武侯祠、晋祠、陈家祠堂、诚敬堂、吴氏著存堂、罗东舒祠
天主教堂	天主教教徒重要的活动场所，会在每个星期日及重大节日做弥撒并接受教徒的奉献	彼得大教堂、米兰大教堂、塞维利亚大教堂

祠堂起源于氏族社会逐步解体之后，是由同一个祖先所生、自成系统的血缘亲属集团与地缘组织统一而成的宗族组织，在居室外独立建造的祭祖、尊贤、求神的场所。汉代正式出现祠堂的名称，宗族通过祠堂尊祖敬宗的功能来体现封建宗法的根本原则，显示宗族至尊的族权。祠堂也就成为宗族祭祀的圣地，象征着宗族的团结。在我国历史上，祠堂除了祭祀祖先的功能外，还有正俗作用，是家族宗亲联系、议事、定规和处理族内大事，以及“正本清源、认祖归宗”、婚、丧、寿、喜等大事活动场所；有教化作用，是族人进行礼制、礼法和礼教宣传教育的活动场所；是传统上的道德法庭，族长有绝对的权威，是处理家庭内部事务、奖勤罚懒、化解纠纷的地方。

EAH 交通运输场所：用于运输通行的地面场站等。车站是为了装卸客货停留的固定地点，包括火车站、汽车站、客运站、货运站。如青藏铁路沿线的火车站、拉萨火车站。飞机起降的场地及其相关设施是航空港，包括飞行区、客货运输服务区、机务维修区，如英国伦敦希斯罗航空港、法国巴黎戴高乐航空港、美国芝加哥国际航空港、北京大兴航空港。

EAI 纪念地与纪念活动场所（名人故居与历史纪念建筑）：为纪念故人或开展各种宗教祭祀、礼仪活动的馆室或场地。有历史影响的人物的住所，具有很高的历史价值，是不可多得的宝贵财富，国外名人故居开发情况如表 7–6 所示。

表 7–6　国外名人故居开发情况

类型	典型代表	开发情况
政治家类	尼克松故居	按照故居—博物馆—墓地旅游线路组织，对尼克松的一生进行展示，重点突出其在中美建交史上所起的重要作用
文学家类	蒙哥马利故居	蒙哥马利家园（出生地、童年和青年所在地）、绿色山形墙圣安妮博物馆、绿色山形墙房屋
虚构人物类	摩尔摩斯故居	按照《福尔摩斯探案集》里的场景进行设置，营造真实感

二、实用建筑与核心设施

EBA 特色街区：反映某一时代建筑风貌，或经营专门特色商品和商业服务的街道。由于在城市建设发展过程中的重要地位与作用，往往被誉为“城市会客厅”和“城市名片”。当前，我国各大城市中以创业咖啡、休闲文创、历史文化、旅游商业等为主题的特色街区建设方兴未艾，同时在开发利用上呈现出功能复合化与定位主题化、租售并举和主题运营等特点。中国历史文化名街如表 7–7 所示。

表 7–7　中国历史文化名街

第一届	北京市国子监街
	山西省晋中市平遥县南大街
	黑龙江省哈尔滨市中央大街
	江苏省苏州市平江路
	安徽省黄山市屯溪老街
	福建省福州市三坊七巷
	山东省青岛市八大关
	山东省青州市昭德古街
	海南省海口市骑楼街（区）
	西藏自治区拉萨市八廓街
第二届	江苏省无锡市清名桥历史文化街区
	重庆沙坪坝区磁器口古镇传统历史文化街区
	上海市虹口区多伦路文化名人街
	江苏省扬州市东关街
	天津市和平区五大道
	江苏省苏州市山塘街
	黑龙江省齐齐哈尔市昂昂溪罗西亚大街
	北京市烟袋斜街
	福建省漳州市历史文化街区（漳州古街）
	福建省泉州市中山路
第三届	山西省晋中市祁县晋商老街
	浙江省杭州市清河坊
	安徽省黄山市歙县渔梁街
	河南省洛阳市涧西工业遗产街
	江苏省无锡市惠山老街

续表

第三届	上海市徐汇区武康路历史文化名街
	广东省潮州市太平街义兴甲巷
	福建省龙岩市长汀县店头街
	云南省大理白族自治州巍山彝族回族自治县南诏古街
	贵州省黔东南州黎平县翘街
第四届	江苏省南京市高淳老街
	福建省厦门市中山路
	四川泸州尧坝古街
	西藏江孜县加日郊老街
	陕西省榆林市米脂古城老街
	山东青岛小鱼山文化名人街
	浙江省临海市紫阳街
	吉林省长春市新民大街
	广东省深圳市中英街
	安徽黄山市休宁县万安老街
第五届	广东省广州市沙面街
	上海市静安区陕西北路
	河南省濮阳县古十字街
	江西省上饶市铅山县河口明清古街
	安徽省宣城市绩溪县龙川水街
	广东省珠海市斗门镇斗门旧街
	福建省石狮市永宁镇永宁老街
	广东省梅州市梅县区松口镇松口古街
	江苏省泰兴市黄桥老街
	四川省大邑县新场古镇上下正街

EBB 特性屋舍：具有观赏游览功能的房屋，这里主要指民居。传统民居一般相对处于偏远地区或乡村，受城市化影响较小，至今仍保留世外桃源旧貌的建筑物。传统民居的最大特色是多样变化，直接反映了传统社会老百姓朴实无华但不失丰富多彩的生活。在民居形象上，完全相同的几乎没有。首先，受各家对空间功能安排的不同和经济条件不同，呈现多样化。因为各家居民自建住房时，考虑将各种生产生活方面的功能要素排列组合，尽可能地应有尽有，并用各种手段加以围隔形成院落。受各家经济条件制

约，民居的建筑规模及要素组合往往随机应变，因地制宜，不拘一格。其次，各家建房有先有后，并无意在形式上统一，即便有意规整，但技术上也难以做到横竖平直一致。虽有局部的不同，但传统民居的变化又表现为一定的总格调，即基于围合式的平面布局、地方建材和结构方式的区域同一性和对自然生态的风水观念的尊重而呈现一定的共性特征。如北京的四合院、蒙疆毡包、新疆阿以旺、山西民居、福建土楼、西南吊脚楼、江南水乡民居、傣族的干栏式竹楼、白族民居等概莫能外（见表7–8）。可以说，传统民居实际上是一个地区自然环境特征和社会、历史、文化等集中体现的物质载体。由此视角去审视，审美就获得了深度。

表7–8　我国传统民居的建筑特点

名称	分布	特点
四合院	华北地区传统民居	布局特点带有强烈的封建宗法制度，讲究对称，内外有别、尊卑有序
西北窑洞	黄土高原传统民居	冬暖夏凉，构筑方便，不仅节约能源，还可以保护植被
江南民居	长江中下游一带传统民居	房子大多朝南，平面布局与北方四合院大致相同，只是布置紧凑，院落占地面积小，相连的院墙围成封闭的院落。屋脊很高，屋顶斜度大，利于泄水；房屋墙体高大，前后都有窗，利于通风散热，通透美观
圆形土楼	福建、广东一带客家人的传统民居	连居大屋像一个坚固的城堡，既可防守又好管理
蒙疆毡包	蒙古族和哈萨克族的传统民居	安装和拆卸非常方便，包内正中放置火炉，烟囱伸出包顶，人们坐在火炉四周又暖和又温馨
新疆阿以旺	新疆维吾尔族的传统民居	全宅墙壁特别厚，顶面井孔采光，以保持室内温度。最明亮、装饰最讲究的房间叫“阿以旺”，是公用的起居室
干栏式建筑	云南的西双版纳傣族、哈尼族的传统民居	既通风又安全、防潮，下层架空用作碓米、堆柴、贮藏和畜圈，上层是卧室和厨房，家人分帐而睡。T字相交的歇山，可以发挥采光、通风、散烟的作用
白族民居	明代汉族民居院落	比南方民居院落的天井宽大，又比北方的四合院经济适用，院落形式多样

EBC独立厅、室、馆：具有观赏游览功能的景观建筑。《园冶》上说：“堂者，当也，谓当正向阳之屋，以取堂之高显之义”，厅堂是主人进行会客、治事、礼仪等活动的主要场所，它们既与生活起居部分之间有便捷的联系，又有良好的观景条件和朝向。馆原为官人的游宴处和客舍，后一般是一种休憩会客的场所，建筑尺度一般不大。“室”与“房”多为辅助性用房，配置于边沿。厅、室、馆在官方和民间、古今中外均有，主要作为会客、议事、重要礼仪活动之用。如北京人民大会堂、留园的五峰仙馆和林泉耆硕之馆、拙政园卅六鸳鸯馆等。

人民大会堂坐西朝东，南北长 336 米，东西宽 206 米，高 46.5 米，占地面积 15 万平方米，建筑面积 17.18 万平方米。在总体布置上，由万人大礼堂、五千人的宴会厅及全国人大常委会办公楼三部分组成，中央大厅把三部分联结成一个整体。在建筑轮廓上，采用了对称的布局，使之重点突出、有高有低。四个立面的处理，在统一风格的基础上，考虑到各自不同的特点，尽量做到有同有异。人民大会堂的建筑艺术造型设计与建筑材选用，使天安门城楼和广场取得了协调一致而又有所创新的效果。在立面造型上，一虚一实，廊柱一圆一方，形成对比而又互相呼应。在外部装饰上，采用了微红色花岗岩的台基，浅黄色假石的廊柱和墙面，以及黄绿相间的琉璃瓦檐，以愉快明朗的色调和天安门的红墙、黄瓦、汉白玉石栏杆融成一体。人民大会堂正门朝东，面向宽阔的广场，在设计中充分考虑了建筑的高宽尺度。既满足了大会堂本身使用上的要求，又使之在广场上有开朗雄伟的气魄。

EBD 独立场、所：具有观赏游览功能的文化、体育场馆等空间场所，是每个城市必不可少的一部分。一个成功的文体场馆（如博物馆、图书馆、科学馆等）的内部布局应合理地组织场馆建筑内部的空间，一般都包括进行专业研究、训练、竞赛的区域，对社会公众开放并提供各类服务的空间区域，使其成为一个完整的统一体（见表 7–9）。随着文化强国、健康中国战略的推进，文体旅融合发展已经成为新趋势，文化旅游、体育旅游成为我国旅游业高质量发展新的战略支撑点。作为 2008 年夏奥会、2010 年世博会、2014 年青奥会、2022 年冬奥会的举办地，北京、上海、南京等城市成为消费者较喜爱的体育旅游目的地和打卡地，奥体场馆、世博场馆纷纷作为大型文体活动的建筑遗产成为主要吸引物。除此之外，我国博物馆因形成期较早，在数量上成为文体场馆的主体。按历史演变，现存的博物馆在建筑形态上可分为四种形式，一是中西合璧型，如南通博物苑；二是古旧建筑改造型，如故宫博物院；三是苏联“山”字形，如安徽省博物馆、北京自然博物馆、中国人民革命军事博物馆等；四是传统风格式，如南京博物院、上海博物馆、中国美术馆、上海鲁迅纪念馆、中国历史博物馆、四川自贡恐龙博物馆、黑龙江省革命博物馆、上海美术馆、陕西省历史博物馆等。体育馆一般从观众座位数上来看，观众席超过 8000 以上的为大型体育馆，3000 以下的为小型体育馆，中型体育馆则介于两者之间。

表 7–9　不同类型的文体场馆

类型	特征元素	典型代表
音乐厅	音效、管风琴	国家大剧院音乐厅、香港文化中心、上海东方艺术中心、山东省会文化艺术中心大剧院、广州大剧院

续表

类型	特征元素	典型代表
博物馆	单体建筑造型、面积、文物馆藏	中国国家博物馆、故宫博物院、南京博物院、陕西历史博物馆、上海博物馆、河南博物院、辽宁省博物馆、湖南省博物馆、湖北省博物馆、浙江博物馆、四川博物馆
美术馆	馆藏的绘画、雕塑、摄影作品、插画、装置艺术	中国美术馆、浙江美术馆、关山月美术馆、北京画院美术馆、广东美术馆、中国国家画院美术馆、上海美术馆；巴黎卢浮宫、乌菲兹美术馆、大英博物馆、大都会艺术博物馆、冬宫、梵蒂冈美术馆、埃及开罗博物馆
体育场	采光、运动员进场通道、观众通道、建筑材料	国家游泳中心、上海东方体育中心、北京工人体育馆、东风日产文体中心、南京青奥体育公园体育馆、宝能国际体育演绎中心、大连体育中心体育馆、台北小巨蛋体育馆、世博演艺中心、万事达中心

EBE 桥梁：跨越河流、山谷、障碍物或其他交通线而修建的架空通道。桥梁是现代社会发展的必需品，对于山川险峻地区更是少不了。中国是桥的故乡，建筑桥的历史是比欧洲早数百年。勤劳智慧的中国人修建了数以万计奇巧壮丽的桥梁，这些桥梁横跨在山水之间，装点了河山，成为中国古代文明的标志之一。建于 595—605 年的赵州桥是世界上现存最早、跨度最大、保存最完整的古代单孔敞肩石拱桥。此外，石造联拱桥——卢沟桥、跨海梁式大石桥——泉州洛阳桥、开合式大石桥——潮州广济桥、石桥晋江安平桥、五亭桥等，由于建造工艺独特，具有较高的科学研究价值，在中国造桥史上占有重要地位，对全世界后代桥梁建筑有着深远的影响。目前全球十大最高的桥梁八座出自中国，包括北盘江大桥（565 米）、金沙江大桥（512 米）、四渡河特大桥（496 米）、普立特大桥（485 米）、鸭池河大桥（434 米）、清水河大桥（406 米）、海吉焦峡谷管线桥（393 米）、巴鲁阿特大桥（390 米）、六广河特大桥（375 米）、坝陵河特大桥（370 米）。

港珠澳大桥是连接香港、珠海、澳门的超大型跨海通道，全长 55 公里，其中主体工程“海中桥隧”长 35.578 公里，海底隧道长约 6.75 公里，是世界建筑史上里程最长、投资最多、施工难度最大，也是最长的跨海大桥。2009 年 12 月 15 日，港珠澳大桥正式开工建设；大桥于 2018 年 10 月 24 日上午 9 时正式通车。

EBF 渠道、运河段落：正在运行的人工开凿的水道段落。水渠是指供引水浇灌田地的水利工程，中国华北平原、美国中央平原、印度的恒河平原和印度河平原、东欧平原、中欧平原和西欧平原是世界七大灌区，修建水渠主要是为解决水资源短缺、发展农业生产。运河是古代社会加强经济社会往来、开展航运运输的重要载体。世界十大运河依长度排名分别为京杭大运河、伊利运河、阿尔贝特运河、苏伊士运河、莫斯科运河、伏尔加河—顿河运河、基尔运河、约塔运河、巴拿马运河、曼彻斯特运河。其中京杭大运河最长、工程最大。

大运河是中国东部平原上的伟大工程，是中国古代劳动人民创造的一项伟大的水利建筑，为世界上最长的运河，也是世界上开凿最早、规模最大的运河。大运河始建于公元前486年，包括隋唐大运河、京杭大运河和浙东大运河三部分，全长2700公里，地跨北京、天津、河北、山东、河南、安徽、江苏、浙江8个省、直辖市，纵贯在中国华北大平原上，通达海河、黄河、淮河、长江、钱塘江五大水系，是中国古代南北交通的大动脉，至今大运河历史延续已2500余年。2014大运河获准列入《世界遗产名录》，成为中国第46个世界遗产项目。2021年8月国家文化公园建设工作领导小组印发的《大运河国家文化公园建设保护规划》指出，整合大运河沿线8个省市文物和文化资源，按照“河为线、城为珠、珠串线、线带面”的思路优化总体功能布局，深入阐释大运河文化价值，大力弘扬大运河时代精神，着力将大运河国家文化公园建设成为新时代宣传中国形象、展示中华文明、彰显文化自信的亮丽名片。

EBG堤坝段落：防水、挡水的构筑物段落。水力发电是当前利用价值最高的常规能源。水力发电的大坝是建筑在溪流、河流和河口的屏障，用于防止洪水泛滥，水力发电，或储水作饮食或灌溉。全球十大水力发电站包括中国三峡水电站、巴西伊泰普水电站、中国溪洛渡水电站、中国白鹤滩水电站、委内瑞拉古里水电站、中国乌东德水电站、加拿大拉格朗德二级水电站、中国向家坝水电站、俄罗斯萨扬舒申斯克水电站、巴西图库鲁伊水电站。

三峡大坝旅游区位于湖北省宜昌市境内，于1997年正式对外开放，2007年被国家旅游局评为国家5A级旅游景区。旅游区以世界上最大的水利枢纽工程——三峡工程为依托，全方位展示工程文化和水利文化，为游客提供集游览、科教、休闲、娱乐于一体的多功能服务，将现代工程、自然风光和人文景观有机结合，使之成为国内外友人向往的旅游胜地。

EBH港口、渡口与码头：位于江、河、湖、海沿岸进行搬运、过渡、商贸、渔业活动的地方。如荷兰鹿特丹、德国汉堡、瑞典的斯德哥尔摩、英国的利物浦等、新加坡、美国洛杉矶、罗德港、南非德班、加拿大温哥华等，都凭借天然形成的港口优势，成为重要旅游目的地。中国亿吨大港数量达到34个，形成了环渤海、长三角、东南沿海、珠三角和西南沿海5个港口群，港口景观资源十分丰富。其中港口的自然景观吸引物有海岸、海洋、海景；港口的工业景观有海运物流节点，港口的灯塔、轮船、栈桥、仓储，以及港口的临港工业基地如汽车场、啤酒厂等，都极具特色。港口的文化景观主要由渔民文化、港口文化、海洋文化等因素形成，如民俗、地域风情等。港口的文化底蕴由防御文化、护佑文化、地域文化、历史文化、海洋文化、航运文化、贸易文化、民俗文化等组成。港口是文化冲击和融汇的节点，因此决定了港口文化的多元性、国际性、包容性和开放性。除传统海港外，一些国家也在滨海地区建设了大量旅游港（简称游港）。世界著名港口吞吐量如表 7-10 所示。

表 7-10 世界著名港口吞吐量

排名	港口名称	常年吞吐量	排名	港口名称	常年吞吐量
1	舟山港	7 亿吨	6	韩国釜山港	4.5 亿吨
2	上海港	6.3 亿吨	7	广州港	4.3 亿吨
3	新加坡港	6 亿吨	8	苏州港	4 亿吨
4	天津港	5 亿吨	9	青岛港	3.8 亿吨
5	葵涌货柜码头	4.9 亿吨	10	迪拜港	3.5 亿吨

EBI 洞窟：由水的溶蚀、侵蚀和风蚀作用形成的可进入的地下空洞。百年来，人类经常会挖掘出许多巨大的洞穴，有军事工程洞、钻石矿洞、天然气洞、金矿洞、铜矿洞、科学探测洞、冰洞、山洞、水洞、坑洞、矿洞，其壮丽程度可与天然形成的相媲美。世界上最广为人知的十大人工洞，有 816 地下核工程、宾汉峡谷铜矿洞、和平钻石矿洞、金伯利钻石矿洞、戴维克钻石矿洞、光荣洞、陶托那金矿洞等，这些人造洞穴或已开发为旅游景区，或仍在进行工程使用，但都吸引着各国游客前往猎奇探险。工程类洞穴资源特点及使用如表 7-11 所示。

表 7-11 工程类洞穴资源特点及使用

工程名称	工程位置	工程状态
816 地下核工程	中国重庆市涪陵区白涛街道	解密的国防工程
宾汉峡谷铜矿洞	美国犹他州盐湖城附近的奥克尔山脉	矿洞
和平钻石矿洞	俄罗斯西伯利亚雅库蒂亚市附近	矿洞
金伯利钻石矿洞	南非开普省	矿洞
戴维克钻石矿洞	加拿大西北领地	矿洞
光荣洞	美国加利福尼亚州	泄洪人工洞

续表

工程名称	工程位置	工程状态
陶托那金矿洞	南非的卡尔顿维尔	金矿洞
达尔瓦扎天然气坑洞	土库曼斯坦的达尔瓦扎地区	天然气坑洞
乌达奇纳亚钻石矿洞	俄罗斯	钻石矿
丘基卡马塔铜矿洞	智利安托法加斯塔省	铜矿
科拉超深钻孔	俄罗斯摩尔曼斯克州	科学探测洞
6501 地下军事工程	中国湖南的龙潭湖风景区	解密的国防工程
131 地下军事工程	中国湖北咸宁	解密的国防工程
冰岛朗格冰川洞穴	冰岛朗格冰原	冰洞（音乐厅、教堂）
阿依果孜矿洞	中国新疆阿勒泰地区富蕴县	矿洞

816 地下核工程位于重庆市涪陵区白涛街道，紧邻乌江，背靠武陵山。1966 年由中央军委批准建设，工程先后投入 6 万多人参与建设，1984 年因国家战略调整停建。2002 年国防科工委同意对 816 工程解密。多位中科院院士对这个洞体进行了详细的调查和评估后发现，816 军用洞穴是世界上解密的人工洞体中最大的。工程洞体内厂房进洞深度 400 米左右，顶部覆盖层最厚达 200 米，核心部位厂房的覆盖层厚度均在 150 米以上。816 洞体可以预防 100 万吨当量氢弹空中爆炸冲击和 1000 磅炸弹直接命中攻击，还能抵抗 8 级地震的破坏。自 2010 年 4 月底起，816 洞体工程的部分区域开始成为旅游项目。对外开放的景区综合运用声光电效果，其中 104 大厅曾是中国第一台原子能发电厂所在地，这里模拟设置了汽轮发电工作等场景。同时，816 工程的历史背景、定点选址、工程建设、解密开放等内容，也通过图片、实物等形式在景区内有所展示。2019 年，816 工程遗址被评为国家 4A 级旅游景区。

EBJ 陵墓：帝王、诸侯陵墓及领袖先烈的坟墓。陵墓建筑是中国古建筑中最宏伟、最庞大的建筑群之一，是中国古代建筑的重要组成部分。中国古人基于人死而灵魂不灭的观念，普遍重视丧葬，因此，无论任何阶层对陵墓皆精心构筑。陵墓建筑，一般都是利用自然地形，靠山而建；也有少数建造在平原上，堆土成冢。帝王陵寝建筑一般周围种植松柏，形成林木葱郁的陵园。陵园的布局大都是四周筑墙，四面开门，四角建造角楼。在漫长的历史进程中，中国陵墓建筑得到了长足的发展，产生了举世罕见的、庞大的古代帝、后墓群，且在历史演变过程中，陵墓建筑逐步与绘画、书法、雕刻等诸艺术门派融为一体，成为反映多种艺术成就的综合体。

【陵墓建筑形式】中国古代帝王的陵寝分地下和地上两部分，地下的地宫在汉初以前多为石质，西汉主要用特殊的木材修造地宫，称“黄肠题凑”，晚期开始出现石室墓，五代时已经盛行。河南商丘梁孝王刘武的陵墓，凿山为室，由墓道、主室、角室、回廊及排水系统组成，是中国西汉早期“凿山为室”的横穴大型石崖墓。

地宫除唐朝时直接在开凿的山洞中就地营造外，都是用砖石发券垒建。从明朝开始地宫建筑发展到顶峰，用巨型条石建造大型拱券墓室，墓室中雕刻画像，称“画像石墓”，如五代前蜀王建与清代乾隆墓穴地宫都有石像雕刻。

帝王陵墓的地上部分有神道、祭祀的主殿（祭殿或称享殿）及其配殿、封土。封土发展主要有三种形式:（1）覆斗方上：在地宫之上用土层层夯筑，使之成为一个上小下大的尖椎体，而椎体上部好像截去尖顶成为方顶，称“方上”，秦始皇陵和汉代诸陵大都属于这种封土形式。（2）依山为陵：利用山丘作为陵墓，把地宫掘进山体中，如西安唐太宗昭陵、唐高宗和武则天的乾陵。（3）宝城宝顶：用砖石砌成圆形或椭圆形的城墙，里面垒土封顶，使之更加突出，如南京五代南唐二陵、明十三陵、清东西陵。陵墓建筑除了封土坟头之外，一般分为地面建筑（祭堂）、墓道和墓穴三部分。陵墓布局可概括为三种形式:（1）以陵山为主体的布局方式，以秦始皇陵为代表。其周围建城垣，背衬骊山，轮廓简洁，气象巍峨，创造出纪念性气氛。（2）以神道贯串全局的轴线布局方式。如唐代高宗乾陵，以山峰为陵山主体，前面布置阙门、石像生、碑刻、华表等组成神道，衬托陵墓建筑的宏伟气魄。（3）建筑群组的布局方式。明清的陵墓都是选择群山环绕的封闭性环境作为陵区，将各帝陵协调地布置在一处。在神道上增设牌坊、大红门、碑亭等，建筑与环境密切结合在一起，创造出庄严肃穆的环境。

EBK 景观农田：具有一定观赏游览功能的农田。农田，指农业生产的用地，又称为耕地，在地理学上是指可以用来种植农作物的土地。地球上 1.48 亿平方公里的陆地中大约有 3100 万平方公里是可耕地，很大部分的耕地位于大河的周边，如尼罗河、密西西比河、底格里斯河和幼发拉底河、黄河、长江、亚马孙河、恒河和莱茵河。肥沃的耕地都曾经过河流或是海洋的沉积物累积。尼罗河的河岸会定期地泛滥，并在河岸上留下肥沃的淤泥，而这污泥是绝佳的肥料。就算土地已经被过度耕种且养分已耗尽，隔年泛滥的污泥仍然可以使耕地恢复地力。根据地貌、土壤和水利条件，中国的农田可分为以下一些类型:（1）梯田。在西北黄土高原及南方丘陵山区，为保持水土、发展农业生产，将坡地沿等高线辟成阶梯状田面的梯田。（2）坝田。在水土流失地区的沟道里，采用筑坝修堰等方法拦截泥沙淤出的坝地。在山间盆地中部、开阔河谷的河漫滩与阶地，或湖滨冲积平原上的平坝田，是我国南方稻田集中地区。（3）冲田。位于丘陵或山间较狭窄的谷地上的冲田，一般由沟谷顺天然地势向开阔平坝河谷呈扇形展开，是南方丘陵山区的重要农田。（4）圩田。在江湖冲积平原的低洼易涝地区，筑堤围垦成的圩田，旱时可开闸引水灌溉，涝时则关闸提水抽排。（5）水田。筑有田埂以蓄水，用以种植水生作物的田地（因天旱暂时改种旱作物或实行水旱轮作的农田，仍视作水田）。（6）水浇地。有水源（地表水、地下水资源）及灌溉设施，能进行灌溉的田地。（7）旱地。无灌溉设施，靠天然降水栽培作物的田地。为利于耕作、田间管理和轮作换茬以提高土壤肥力，在农田内部划分成的若干长方形田块（条田），也是农业生产中人畜及机械作业的基本单位、农田基本建设的最小单元。在地势低洼、排水不畅的易涝易碱地区，人们在田间开挖沟渠，利用挖沟的土垫高田面，从而修筑台地（高出地面、四周有沟、形如台状的田块），是一种除涝、治碱的土地改良工程。

EBL 景观牧场：具有一定观赏游览功能的牧场，牧场指适于放牧的草场或牧放牲畜的地方。我国景观牧场主要分布在年降水量在 200~400 毫米的西部地区，如东北地区西部、内蒙古、黄土高原西部、西北荒漠地区山地和青藏高原大部分地区。世界上最好的牧场都集中于南北纬的 40°~50° 的温带草原（黄金奶源带），气候条件决定了当地环境是否适合牧草的生长以及适合哪种牧草生长，如黑麦草、白三叶草等优质牧草，特别适应温带草原的生长环境。同时，气候也决定了奶牛 / 羊是否能在当地舒适居住、健康繁殖，这也成为鲜奶品质的决定性因素（蛋白质含量、乳脂肪含量、乳干物质或乳总固形物、洁净度等指标）。全球最优质的几大奶源基地分别是欧洲的丹麦、瑞士、英国、荷兰，美洲的阿根廷，澳洲的澳大利亚、新西兰。

【黄金奶源带】指在南北纬 40°~50° 的温带草原。这一区域内的草原常年被温带气候所环绕，湿润多雾的空气虽然不利于谷物的生长，但却为多汁牧草的生长提供了良好的条件，是国际公认的优质奶牛饲养带。在这个区域内，奶牛生长舒适健康，从而可为消费者带来高产量高品质的奶源。

荷兰是温带海洋性气候，全年平均气温为 0℃ ~15℃，全年降雨均匀且降雨量 1000 毫米以上，土壤特别适合多汁牧草的生长，因而荷兰政府因地制宜，大力发展畜牧业，畜牧业产值占农业 50%，畜牧业产量仅次于丹麦。在荷兰著名的 Weperen 家庭牧场始建于 1874 年，起初该牧场都是种植蔬菜 + 养殖少量家畜的混合模式，直到 1960 年 Weperen 一家决定将农场转变为单纯养殖奶牛的家庭牧场。经过了一次次的扩建、并购和传承，目前已经形成存栏约 900 头的现代化、机械化、集约化的旅游观光牧场。整个牧场占地 325 公顷，其中有 200 公顷用来种植黑麦草，70 公顷种植玉米，以满足牧场对粗饲料的需求。奶厅仅配置一名员工，采用 40 位转盘式挤奶机，每个挤奶位都配备自动摇臂，一个小时内就可完成 160 头泌乳牛的挤奶工作。

EBM 景观林场：具有一定观赏游览功能的林场。林场是培育或采伐森林的地方。

中国著名林场有阿尔山国家森林公园、北京八达岭林场、福建省尤溪国有林场、广西国有高峰林场、海南岛东林场、河北省塞罕坝湿地公园、吉林省拉法山国际森林公园、山东省蒙山县旅游区国有天麻林场、山西省吉县国营红旗林场、陕西省临潼区骊山风景林场、四川南江县大坝国有林场、新疆维吾尔自治区乌苏林场、浙江雁荡山林场等。

双峰林场位于黑龙江牡丹江市大海林林业局境内、张广才岭中段。由于受海洋性环境和大陆性季风的双重影响，加上这里海拔高，具有山区小气候，因此夏季降雨充沛，冬季降雪早，雪期长，是我国降雪最大的地区，有“中国雪乡”之称。积雪期长达7个月，积雪深达2米，每当夜幕降临后，纯朴的雪乡人在自家挂起大红灯笼，洁白如玉的白雪在大红灯笼的照耀下，宛如天上的朵朵白云飘落人间，幻化无穷。在层层叠叠的积雪中，百余户的居民区犹如一座相连的“雪屋”，其状好似奔马、卧兔、神龟、巨蘑等，千姿百态。由于取景此地的摄影作品频频获国际大奖，中国雪乡的名字也越来越响，这里有北国最高的山峰，最密的林海，最厚的积雪，最洁净透明的阳光，最纯朴的伐木工人生活。《闯关东》《大约在冬季》《林海雪原》《智取威虎山》等均在此取景。

EBN 景观养殖场：具有一定观赏、游览功能的养殖场。中国大型养殖场包括北京正大蛋业基地、青海民泽龙羊峡生态水殖基地、牛牯湾生态养殖区、北京广春鹿业梅花鹿养殖基地、三都澳大黄鱼育苗养殖基地、曹妃甸、山东鲁泰珍禽养殖园、山东华辰牧业牛羊养殖场、江泉农牧产业园、河南喜明渔场等。利用养殖场优质的自然条件，开发休闲、度假、农家体验等旅游产品，成为农旅结合的重要内容。

EBO 特色店铺：具有一定观光游览功能的店铺，是坐商进行贸易活动的场所。唐朝封演《封氏闻见记》写道：“至京邑城市，多开店铺。”可见陕西省早在1000年前，就已习用“店铺”一词。如今，民间习惯称大者为“店”，小者为“铺”。老字号是数百年商业和手工业竞争中留下的极品。随着时间的推移和经济的发展，越来越多的牌子跻身“中华老字号”的行列。截至2021年12月，全国由商务部认定并授予牌匾和证书的“中华老字号”共有1128家。如同仁堂、全聚德、荣宝斋、东来顺、同升和、六必居、狗不理、瑞蚨祥、鹿鸣春、鸿宾楼、同和居、利顺德、聚春园、又一村、永安堂、楼外楼、奇芳阁、都一处、老王头、恩元居、亨达利等。中华老字号品牌在我国各省、各城市的分布并不均衡，一些省区的老字号的数目相对较多，如北京、上海、江苏、浙江，而像青海、宁夏、新疆等省、自治区则几乎没有。中国老字号在推陈出新、走向世界市场方面还有待加强。除老字号外，一些依靠产品、环境、服务等取胜的网红店铺也成为旅游者观光打卡的重要吸引物。

EBP 特色市场：具有一定观光游览功能的市场，也称特色集市，是指定期聚集进行的特色商品交易活动形式。源自在商品经济不发达的时代和地区普遍存在的一种贸易组织形式。由于这种市场的市井地方气息浓厚，已成为当下旅游者深入体验当地生活的一个旅游目的地。如美国有线电视新闻网络（CCN）盘点了全球十佳生鲜市场，这些市场成为旅游攻略或游记中的高频旅游点（见表 7–12）。我国人口众多、物资多样，具有特色的当地市场也成为旅游者的重要到访地。其中也不乏在国内外享有盛誉的义乌小商品市场，具有民族特色的新疆维吾尔族巴扎等。

表 7–12　全球十佳生鲜市场及其特色

市场名	所在地	特色
博克利亚市场	西班牙，巴塞罗那	前身是 13 世纪的一家猪肉市场，如今已成长为“欧洲的菜篮子”
筑地市场	日本，东京	世界最大的海鲜鱼类批发市场
联合广场农夫市场	美国，纽约	超过 140 个地区的农民、鱼贩子、面包师和屠夫聚集在这里，在高峰期，吸引而来的消费者达 60000 人次
噢多哥市场	泰国，曼谷	提供各种热带水果、蔬菜，并且会从亚洲进口许多特殊品种食材
圣劳伦斯市场	加拿大，多伦多	聚集了货真价实的食材、艺术品，街头艺人演奏的音乐更令市场充满活力
巴罗市场	英国，伦敦	1755 年该市场开始营业，但早在 13 世纪，该地区就是著名的农鲜场所了，每周四至周六开放
牛车水市场	新加坡	是新加坡华人聚集最多的地方，堪称新加坡的唐人街
兰卡斯特中央市场	美国，宾夕法尼亚	美国比较古老且持续开放的市场，不仅出售当地的特色食物，还出售来自世界其他地方的特色食物，游客可根据自己的喜爱选择性购买
普罗旺斯市场	法国，昂蒂布	肥美的鹅肝酱、鲜甜的蜂蜜、新鲜的薰衣草、葡萄酒和乳酪，以及水果蜜饯和芬芳的香料，应有尽有。在下午，当地工匠纷纷出现，展示他们的作品，如陶瓷或木雕画等
九龙城湿货市场	中国，香港	许多世界各地特色产品的购买地，其中就包括许多新马泰食品

义乌国际商贸城是中国小商品城的主体部分，创建于 1982 年，是我国较早创办的专业市场之一，有着“天下第一市”美誉。义乌国际商贸城配套设施完善、环境优美、服务功能强大。市场设有中央空调、货梯、电梯、内高架桥、大型停车场等设施，汽车可直接进入市场各楼层，并配备了专业的外商服务中心、采购商经营区和信息化管理系统。市场建有大型全彩信息屏、单双色信息显示屏、广播系统和数字信息网站。同时，融入多元人性化设计元素，引进了餐饮美食、电信服务、中庭休闲、交通运输、金融等服务，是一个集购物、旅游于一体的国际性商业平台。

三、景观与小品建筑

ECA 形象标志物：能反映某处旅游形象的标志物。地标建筑是一个城市乃至一个国家的名片，说起城市地标建筑，大家能想到的有很多，比如著名世界地标性建筑包括中国的长城、美国自由女神像、巴黎埃菲尔铁塔、意大利米兰大教堂、埃及胡夫金字塔等。买购网（MAIGOO）依据标志性建筑在各大旅游平台网站（携程、去哪儿、途牛、飞猪、同程、百度）的网友点评、上传图片数量、门票销量、网络关注指数、公众知名度、口碑评价等指标，评出了世界二十大受欢迎标志性建筑（见表 7–13）。

表 7–13　世界二十大受欢迎标志性建筑

名称	所在地	主要特色
自由女神像	美国纽约	法国于 1876 年为纪念美国独立战争胜利一百周年而建造的，1886 年 10 月 28 日铜像落成。自由女神穿着古希腊风格服装，头戴光芒四射冠冕，七道尖芒象征七大洲。右手高举象征自由的火炬，左手捧着《独立宣言》；脚下是打碎的手铐、脚镣和锁链，象征着挣脱暴政的约束和自由
埃菲尔铁塔	法国巴黎战神广场	于 1889 年建成，得名于设计它的著名建筑师、结构工程师古斯塔夫 · 埃菲尔，全部由施耐德铁器（现施耐德电气）建造。它是世界著名建筑、法国文化象征之一、巴黎城市地标之一，被法国人爱称为“铁娘子”。埃菲尔铁塔高 300 米，天线高 24 米，总高 324 米，铁塔是由很多分散的钢铁构件组成的——看起来就像一堆模型的组件。每年为巴黎带来 15 亿欧元的旅游收入
米兰大教堂	意大利米兰市	米兰的主座教堂，也是世界五大教堂之一，规模居世界第二，是世界上较大的哥特式建筑，有“米兰的象征”之美称。于 1386 年开工建造，1500 年完成拱顶，1774 年中央塔上的镀金圣母玛利亚雕像就位。1965 年完工，历时 5 个世纪。教堂长 158 米，最宽处 93 米，塔尖最高处达 108.5 米，总面积 11700 平方米，可容纳 35000 人
金门大桥	美国加利福尼亚州旧金山	世界著名的桥梁之一，也是近代桥梁工程的一项奇迹。桥身全长 1900 多米，历时 4 年，利用 10 万多吨钢材，耗资达 3550 万美元建成，由桥梁工程师约瑟夫 · 斯特劳斯设计。因其历史价值，英、美两国于 2007 年合拍同名纪录片。金门桥在桥梁建筑学上也是一个创举，它只有两大支柱，因此它不是利用桥墩支撑桥身，而是利用桥两侧的弧形吊带产生的巨大拉力，把沉重的桥身高高吊起
万里长城	中国 11 省市	中国古代的军事防御工程，是一道高大、坚固而连绵不断的长垣，用以阻隔敌骑的行动。长城不是一道单纯孤立的城墙，而是以城墙为主体，同大量的城、障、亭、标相结合的防御体系。秦灭六国统一天下后，秦始皇连接和修缮战国长城，始有“万里长城”之称。1987 年 12 月，长城被列入世界文化遗产
胡夫金字塔	埃及吉萨省	埃及金字塔之一，塔高 146.59 米，因年久风化，顶端剥落 10 米，现高 136.5 米，相当于 40 层大厦高。塔身是用 230 万块巨石堆砌而成，大小不等的石料重达 1.5 吨至 160 吨，塔的总重量约为 684 万吨，它的规模是埃及至今发现的 70 多座金字塔中较大的

续表

名称	所在地	主要特色
巴西里约热内卢基督像	巴西里约热内卢市的科科瓦多山顶	也被称为巴西基督像，是一座装饰艺术风格的大型耶稣基督雕像，位于巴西的里约热内卢基督山上，是世界闻名的纪念雕塑之一。落成于1931年，总高38米，体积庞大，有1145吨重，左右手的指间距达到了23米。雕像中的耶稣基督身着长袍，双臂平举，深情地俯瞰山下里约热内卢市的美丽全景，预示着博爱的精神和对独立的赞许。耶稣像面向着碧波荡漾的大西洋，张开着的双臂从远处望去，就像一个巨大的十字架，显得庄重、威严
印度泰姬陵	印度	印度的古迹之一，世界文化遗产，被评选为"世界新七大奇迹"。泰姬陵全称为"泰姬·玛哈拉"，是一座白色大理石建成的陵墓清真寺，是莫卧儿皇帝沙贾汗为纪念他心爱的妃子于1631年至1653年在阿格拉而建的。位于今印度距新德里200多公里外的北方邦的阿格拉城内，亚穆纳河右侧。由殿堂、钟楼、尖塔、水池等构成，全部用纯白色大理石建筑，用玻璃、玛瑙镶嵌，具有极高的艺术价值
柬埔寨吴哥窟	柬埔寨	柬埔寨国宝，是世界上较大的庙宇，同时也高棉式建筑。吴哥窟原始的名字是Vrah Vishnulok，意思为"毗湿奴的神殿"，中国佛学古籍称之为"桑香佛舍"。12世纪时，吴哥王朝国王苏耶跋摩二世希望在平地兴建一座规模宏伟的石窟寺庙，作为吴哥王朝的国都和国寺。因此举全国之力，花了大约35年建造。它是吴哥古迹中保存完好的建筑，以建筑宏伟与浮雕细致闻名于世
法国卢浮宫	法国巴黎塞纳河右岸	位于塞纳河北岸，居世界四大博物馆之首。始建于1204年，原是法国的王宫，居住过50位法国国王和王后，是法国文艺复兴时期珍贵的建筑物之一，以收藏丰富的古典绘画和雕刻而闻名于世。现为卢浮宫博物馆，历经800多年扩建重修达到今天的规模，占地约198公顷，分新老两部分，宫前的金字塔形玻璃入口，占地面积为24公顷，是华人建筑大师贝聿铭设计的。1793年8月10日，卢浮宫艺术馆正式对外开放，成为一个博物馆
圣家族大教堂	西班牙加泰罗尼亚巴塞罗那	又译作神圣家族大教堂，简称圣家堂，是位于西班牙加泰罗尼亚巴塞罗那的一座罗马天主教大型教堂，由西班牙建筑师安东尼奥·高迪设计。尽管教堂还未竣工，但已被联合国教科文组织选为世界遗产。2010年11月，教皇本笃十六世将教堂封为宗座圣殿。圣家族大教堂的建设长年来饱受争议：有人质疑高迪本身的设计；质疑高迪去世后的建设可能违背了高迪的设计意图；以及西班牙与法国间高速铁路地下隧道的建设可能会影响教堂的稳定性等，但其仍以独特的形象成为巴塞罗那的地标性建筑
悉尼歌剧院	澳大利亚新南威尔士州	由丹麦建筑师约恩·乌松设计，一座贝壳形屋顶下方是结合剧院和厅室的水上综合建筑。歌剧院内部建筑结构则是仿效玛雅文化和阿兹特克神庙。该建筑于1959年3月开始动工，于1973年10月20日正式竣工交付使用，共耗时14年。悉尼歌剧院是澳大利亚的标志性建筑，也是20世纪具特色的建筑之一，2007年被联合国教科文组织评为世界文化遗产
伊丽莎白塔	英国伦敦	旧称大本钟（Big Ben），即威斯敏斯特宫钟塔，世界上著名的哥特式建筑之一，伦敦的标志性建筑。钟楼高95米，钟直径7米，重13.5吨，每15分钟响一次。大本钟用人工发条，国会开会期间，钟面会发出光芒，每隔一小时报时一次。每年的夏季与冬季时间转换时会把钟停止，进行零件的修补、交换、钟的调音等
罗马斗兽场	意大利首都罗马	原名弗拉维圆形剧场，又译为罗马角斗场、科洛西姆竞技场。建于公元72至80年间，是古罗马帝国供给奴隶主、贵族和自由民观看斗兽或奴隶角斗的地方。遗址位于意大利首都罗马市中心，威尼斯广场的南面，古罗马市场附近。从外观上看，呈正圆形；俯瞰时，是椭圆形的。占地面积约2万平方米，长轴长约为188米，短轴长约为156米，圆周长约527米，围墙高约57米，这座庞大的建筑可以容纳近9万名的观众

续表

名称	所在地	主要特色
哈利法塔	阿联酋迪拜	原名迪拜塔，又称迪拜大厦或比斯迪拜塔，是世界第一高楼与人工构造物。建于2004年，落成于2010年并将其更名为“哈利法塔”。哈利法塔高828米，楼层总数162层，造价15亿美元，大厦本身的修建耗资至少10亿美元，还不包括其内部大型购物中心、湖泊和稍矮的塔楼群的修筑费用
意大利比萨斜塔	意大利比萨城	比萨斜塔建造于1173年8月，是意大利比萨城大教堂的独立式钟楼，位于意大利托斯卡纳省比萨城北面的奇迹广场上。比萨斜塔从地基到塔顶高58.36米，从地面到塔顶高55米，钟楼墙体在地面上的宽度是4.09米，在塔顶宽2.48米，总重约14453吨，重心在地基上方22.6米处。圆形地基面积为285平方米，对地面的平均压强为497千帕。倾斜角度3.99度，偏离地基外沿2.5米，顶层突出4.5米。1174年首次发现倾斜，在发生严重的倾斜之前，它大胆的圆形建筑设计已经向世人展现了它的独创性
莫斯科红场	俄罗斯首都莫斯科市中心	红场位于俄罗斯首都莫斯科市中心，临莫斯科河。红场是莫斯科最古老的广场，是重大历史事件的见证场所，也是俄罗斯重要节日举行群众集会、大型庆典和阅兵活动之处，是著名旅游景点，世界有名。红场南北长695米，东西宽130米，总面积9.035万平方米，呈不规则的长方形，地面全部由古老的条石铺成
圣彼得大教堂	梵蒂冈	又称圣伯多禄大教堂、梵蒂冈大殿。由米开朗琪罗设计，是位于梵蒂冈的一座天主教宗座圣殿，建于1506年至1626年，为天主教会重要的象征之一。作为最杰出的文艺复兴建筑和世界上最大的教堂，其占地23000平方米，可容纳超过6万人，教堂中央是直径42米的穹隆，顶高约138米，前方则为圣伯多禄广场与协和大道。虽然并不是所有天主教堂的“母堂”，也不是罗马主教的主教座堂，圣伯多禄大教堂仍被视为是天主教会最神圣的地点
土耳其圣索菲亚大教堂	土耳其伊斯坦布尔	名字源自希腊语，意思是上帝智慧，一度成为清真寺，现是土耳其伊斯坦布尔的一所博物馆。除了在1204年至1261年成为拉丁帝国的大教堂，圣索菲亚大教堂由360年落成直至1453年期间都是君士坦丁堡的大教堂。1453年5月29日，圣索菲亚大教堂被转为清真寺，直至1934年被世俗化
吉隆坡石油双塔	马来西亚吉隆坡	曾经是世界最高的摩天大楼，目前仍是世界最高的双塔楼，也是世界第十六高的大楼。坐落于吉隆坡市中心（Kuala Lumpur City Centre，简称KLCC计划区）的西北角，属于此计划区的第一阶段工程。吉隆坡石油双塔高452米，共地上88层，由美国建筑设计师西萨·佩里所设计，大楼表面大量使用了不锈钢与玻璃等材质。双峰塔与邻近的吉隆坡塔同为吉隆坡的知名地标及象征

ECB观景点：用于景观观赏的场所。景点、景区需时时为游客提供能够从各个方面来欣赏美景的良好观赏点，使游客在游览过程中能够取得最富有艺术情趣的视觉体验效果。游客在旅游线上运行时，视点是活动的，视觉界面是不断变化的。对同一景物，观赏的视距与景物高度的比例，从俯、仰、平视等不同的视角观览，会产生不同的观赏效果。因此，不同的景物观赏点可以带来不同的游览视距、视角，可以丰富游客对景观欣赏的体验。

重庆南山一棵树观景台位于南岸区王家山脉临江半山腰处，与重庆主城区隔江相望，是重庆都市旅游的必到之地。在这里可以看见重庆城这座山水之城的起伏面貌。南山一棵树观景台，由于保留一棵重庆市市树——黄桷树而得名。整个观景台由“前台后阁”组成，它们各有分工，通过人行天桥贯通。“前台”由一个600平方米的主平台和两个500平方米辅助平台组成，并装有轮廓灯550盏，水银灯90盏；“后阁”6层，高28米，具有观景、摄影、休闲娱乐功能，可同时容纳500余人观山城夜景。重庆夜景素有“小香港”之称，也是世界三大夜景之一，一棵树观景台则是观重庆山城夜景的最佳之地。

ECC 亭、台、楼、阁：供游客休息、乘凉或观景用的建筑。亭是中式古典园林的幽雅小品，置于高敞或临水之处，用作观景的小型单体建筑称为轩；一部分伸出水面的称为榭。这一类景观建筑空灵、通透，极具诗词画意的空间之美，是供人休憩、纳凉、赏景、避雨的好去处。其中比较著名的有醉翁亭、陶然亭、爱晚亭、兰亭、湖心亭、历下亭、沧浪亭、放鹤亭、问月亭、沉香亭、流觞亭、翠微亭等。台是最古老的园林建筑形式之一，高出地面而建的平面建筑物，是一种露天的、表面比较平整的、开放性的建筑。如河北省邯郸市临漳县铜雀台。楼阁，用于藏书、远眺、巡更、饮宴、娱乐、休憩、观景等目的而建的两层或两层以上的建筑。楼和阁在建筑形制上无多大差异，重屋为楼，四敞为阁，阁通常是建造在高台或城墙之上的楼，但二者使用功能不同。楼的用途极为广泛，按其功能可分为藏经楼、钟楼、鼓楼、观景楼、城楼、敌楼、戏楼、茶楼、酒楼等，而阁的用途主要为珍藏图书、佛经、佛像，宋代以后则通用。名楼文化是历史赋予人类的珍贵财富，是厚重的历史文化的象征，它承载了古代文人与士大夫的极高的文学造诣和主流社会文化的价值取向。中国十大古典名楼包括滕王阁、岳阳楼、蓬莱阁、鹳雀楼、钟鼓楼、阅江楼、天一阁、越王楼、烟雨楼、黄鹤楼，其中，黄鹤楼、阅江楼、滕王阁和岳阳楼并称为江南四大名楼。中国古人在亭台楼阁的观景中留下了诸多名篇，也成为今天游人古今对话、体味传统诗词文化的重要场所。

ECD 书画作：具有一定知名度的书画作品。我国古代就有“坐卧高堂，究尽泉壑”之说。在客厅、卧室挂画已成为一种普遍风气。在室内悬挂书画艺术作品，可以渲染艺术气氛、开阔视野、增添美感、陶冶思想情操、娱悦身心、联络情谊。“中堂”书画装饰是我国古代厅堂中最主要的装饰形式，它的形成和发展与社会关系、经济发展、文化氛围、建筑水平息息相关。在明朝中期之前，房屋建筑中厅堂的承重物主要是斗拱和柱子，而不是墙体，装饰物很少，厅堂中的装饰书画一般安放在可以挪动的屏风中。到了明朝中期，随着建筑技术的发展，居民住房建得高大，厅堂当然也很高，有人开始将巨型的立轴书画高高地悬挂在砖墙上，这便是我国古代“中堂”书画装饰的初始形态。明朝后期，由于吴门书派与吴门画派的快速发展，“吴地”众多士大夫擅长诗书、作画等，所以厅堂装饰中也大多用士大夫的书、画、诗，此后“中堂”书画装饰艺术不断发展并趋向成熟。明朝末期和清朝初期，随着人们生活水平的提高和书画艺术的发展，“中堂”书画装饰风格也所创新，即厅堂中间悬挂“中堂”，“中堂”两侧搭配字联，这种以“中堂”作为中心的对称式装饰是我国古代厅堂装饰的最主要形式。如图 7–1 所示为安徽宏村中的承志堂。

图 7–1　安徽宏村中的承志堂

ECE雕塑：用于美化或纪念而雕刻塑造，具有一定寓意、象征或象形的观赏物和纪念物。雕塑的创作手法，影响着作品的含义。校园公共雕塑是一所学校历史、文化氛围的呈现，是具有教育意义的建筑。同时，一座好的校园艺术雕塑、校园文化主题雕塑，可以为学校的环境起到锦上添花的效果。如湖南大学毛泽东塑像、中国科学技术大学孺子牛、北大蔡元培雕像、复旦大学驴背诗思、山大臧克家铜像、清华闻一多纪念像、长安大学青春彩虹、浙江大学世纪之光、南开·张伯苓铜像、晓庄·陶行知塑像等。雕塑也是一个城市独一无二的名片，如五羊石像、五月的风、珠海渔女、开荒牛、东方之光、世纪钟、毛泽东青年艺术雕像、钱王射潮、永远盛开的紫荆花、春夏秋冬、泉标、来来往往、浏阳河、生命之环、黄河母亲像、鹿回头等中国著名城市雕塑作品，均展示着当地的风土人情、历史底蕴，或是经济规模、发展理念，又或是文化特点、时代伟人等。雕塑的创作手法影响着作品的含义。

五月的风是坐落在青岛“五四广场”的标志性雕塑，高达 30 米，直径 27 米，重达 500 余吨，为我国目前最大的钢质城市雕塑。雕塑以青岛作为“五四运动”的导火索这一主题充分展示了岛城的历史足迹，含有催人向上的浓厚意蕴。雕塑取材于钢板，并辅以火红色的外层喷涂，其造型采用螺旋向上的钢板结构组合，以洗练的手法、简洁的线条和厚重的质感，表现出腾空而起的“劲风”形象，给人以“力”的震撼。雕塑整体与浩瀚的大海和典雅的园林融为一体，成为“五四广场”的灵魂。

毛泽东艺术雕塑位于长沙望江亭以北，面向东南，以1925年青年时期毛泽东形象为基础，富有强烈的视觉效果和艺术感染力，与橘子洲风景区自然景观完美结合，展现出了伟人青年时代胸怀大志、风华正茂的气概。作为国内最大的伟人艺术雕像，以及最著名的室外景观雕塑之一，这座毛泽东青年艺术雕像的基座部分为毛泽东纪念展厅和陈列室，面积约2000平方米。

ECF碑碣、碑林、经幢：雕刻记录文字、经文的群体刻石或多角形石柱。古代把长方形的刻石叫碑，是方形顶，把圆顶形的刻石称碣，后多不分，碑碣成为各种形制的碑石的统称。碑林对人们的最大吸引力，在于它集中了许多杰出书法家的传世名作。碑林中许多碑文具有珍贵的历史价值。是中国古代灿烂文化中的一个重要组成部分。我国历史上著名的碑林有西安碑林、孔庙碑林、西昌地震碑林、台湾高雄南门碑林、昭陵碑林、龙门石窟碑林、涪陵碑林、焦山碑林等。幢，梵语叫“驮缚若”，意译为幢。幢的本意就是旌幡，原本是我国古代作仪仗用的以羽毛为饰的一种旗帜。佛教传入中国以后，佛教徒在长筒圆形绸伞上写经叫经幢，为了保持耐久，又将经刻于石柱上叫石幢，后来亦称为经幢。我国石柱刻经始于六朝，而石柱刻陀罗尼经则始于唐初。当时佛教密宗盛行，众信徒认为咒语——陀罗尼包含深奥的经义，倘若有人书写或反复诵念即会解脱他的罪孽，得到极乐。为使陀罗尼经永存，善男信女们便将其刻于上有顶下有座的八棱锥形石柱上，这就是当初较为简单的经幢。宋代以后，经幢逐渐演变成集建筑雕刻艺术和佛教内容于一体的完美石雕建筑。一般立在寺庙的庭院内，主要由基座、幢身和幢顶三部分组成，层数多为两层、三层、四层和六层。中国著名经幢，包括河北赵州陀罗尼经幢、上海松江唐经幢、无锡惠山寺经幢、五台山佛光寺经幢、凤凰山梵天寺经幢、海宁安国寺经幢、常德铁经幢等。

赵州陀罗尼经幢位于河北石家庄市赵县城内南大街与石塔路相交的十字路口处，因幢体刻有陀罗尼经文，故称“陀罗尼经幢”。这座经幢全部用花岗岩石雕琢叠砌而成，外观造型酷似塔，所以当地俗称“石塔”。赵县古称赵州，其标准称谓应为“赵州陀罗尼经幢”，始建于北宋景祐五年（1038年）。经幢高16.44米，坐北朝南，是七层八棱形，幢身各节之间都有八棱形华盖或幢檐，每节用独块巨石雕琢砌筑。整个石幢由各种浮雕组成，上层短柱皆为雕刻品，是中国建筑与雕刻艺术相结合的优良典范。

ECG牌坊、牌楼、影壁：为表彰功勋、科第、德政以及忠孝节义所立的建筑物，以及中国传统建筑中用于遮挡视线的墙壁。牌坊是封建社会为旌表功勋、科第、德政以及忠孝节义所立的建筑，是最能诠释中国古代历史文化的载体，被誉为“东方的凯旋门”。牌坊是中华特色建筑文化之一，有一些宫观寺庙以牌坊作为山门，也有用来标明地名的，还有的是祠堂的附属建筑物，彰显家族先人的高尚美德和丰功伟绩，兼有祭祖的功能。古代牌坊分为四个等级，御制牌坊为最高级别，由皇帝亲自下旨，国库出资建造。恩荣牌坊为第二级别，由皇帝下旨，地方出资建造。第三等级为圣旨牌坊，由皇帝下旨，自己出资建造。最后一个等级为赐赠牌坊，由皇帝口头同意，自己出资建造。牌楼，与牌坊相似，区别在于牌坊的横梁上起楼，一般较高大。影壁，也称照壁，古称萧墙，是中国、朝鲜半岛、越南传统建筑中用于遮挡视线的墙壁。影壁具有挡风、遮蔽视线的作用，墙面若有装饰则造成对景效果，是中国古代院落大门内（或大门前）的一种屏障，其建筑材料包括砖、木、石和琉璃等不同的类型。著名的影壁有故宫的九龙壁、山西大同九龙壁等。

世所罕见的歙县棠樾牌坊群位于由黄山市市区前往全国历史文化名城歙县的途中，离屯溪约 26 公里，离歙县县城约 5 公里。棠樾牌坊群是古徽州人伦理道德、宗法思想的表现（见图 7–2）；“棠”指棠树，“樾”为两树交荫之下，“棠樾”意为棠荫之处，这是一个古老的村落，自宋元以来已经绵延了 800 余年。棠樾牌坊群共有 7 座牌坊依次排列，明代 3 座，清代 4 座，勾勒出封建社会“忠孝节义”伦理道德和当地“以商入仕，以仕保商”的文化特征。其中一座明代牌坊，横匾上镌刻“御制慈孝里”几个大字，为旌表宋末处士鲍余岩、鲍寿逊父子而建。

图 7–2　安徽棠樾牌坊群

ECH 门廊、廊道：门头廓形装饰物，不同于两侧基质的狭长地带。门廊是建筑物入口处有顶棚的半围合空间。廊道有门头廓形装饰物，是线性的不同于两侧基质的狭长景观单元。廊是中国园林中最富特色的建筑之一，是园林建筑的组成部分。除了供人行走之外，还有通道和阻隔的作用，也称走廊、游廊。廊可长、可短、可上、可下、可折、可弯，非常灵活。相对于园林中其他建筑来说，廊是线，它不但具有遮风挡雨和交通的实用功能，还能增加园林景深层次、分割空间，是组合景物和园林趣味的重要设置。除作为游赏风景的导游线之外，廊自身又是独具魅力的园中景致。著名的颐和园长廊不仅因其“最长的廊”而闻名，更因梁枋上精美的 14000 余幅彩绘，而被载入《吉尼斯世界纪录大全》。

ECI 塔形建筑：具有纪念、镇物、标明风水和某些实用目的的直立建筑物。按其造型结构可分为覆钵式塔、楼阁式塔、密檐式塔等（见图 7–3），包括佛塔、纪念塔、给水塔、文峰塔等。世界上的佛塔数不胜数，它们或古老神秘，或残垣片瓦，或雄浑古朴，或富丽堂皇，或庄严秀丽。世界著名佛塔有仰光大金塔、勐焕大金塔、佛宫寺释迦塔、婆罗浮屠、瑞喜宫塔、佛统大金塔、桑奇大塔、博达哈大佛塔、大雁塔、佛宫寺释迦塔、鲁温维利塔。中国著名佛塔有崇圣寺三塔、大雁塔、佛宫寺释迦塔、少林寺塔林、嵩岳寺塔、五台山白塔、开封铁塔、报恩寺塔、灵光塔等。佛塔按用途分为：①佛祖真身舍利（如洛阳白马寺齐云塔、宁波鄞州区阿育王寺舍利塔、南京长干寺塔、西安扶风法门寺塔、成都福感寺塔、郑州超化寺塔、河南武陟妙乐寺塔）；②佛经（大雁塔、小雁塔）；③坟墓（活佛灵塔）。除佛塔外，具有使用目的的塔形建筑也因其建筑高度、形态等吸引着无数游客，如目前在建的世界最高塔——沙特阿拉伯的吉达塔，以及美国纽约的帝国大厦、马来西亚吉隆坡的双子塔、阿联酋迪拜的哈里发塔、上海的环球金融中心、上海中心大厦、英国伦敦碎片大厦和伊丽莎白塔等。

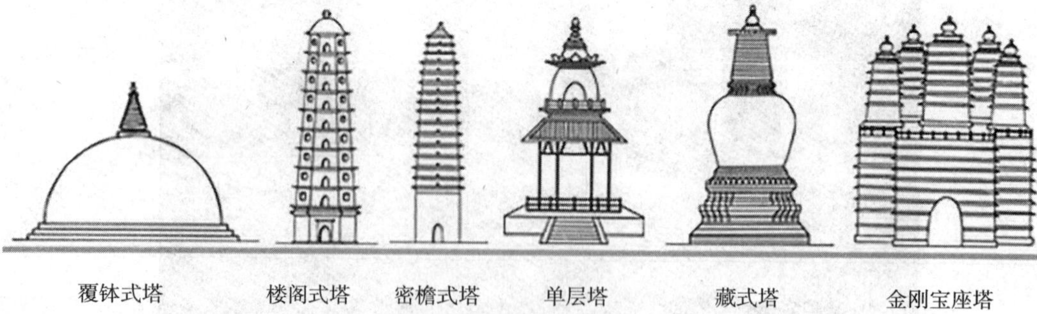

图 7–3　佛塔和塔刹的造型结构

大理崇圣寺三塔是大理古国的象征，是银苍玉洱胜景之一。居中的大塔又名千寻塔，高 69.13 米，是方形密檐式砖塔，共 16 层，塔身为环筑厚壁式结构，内壁垂直，上下贯通，内部设有木楼板和楼梯，可达塔顶。其结构与陕西西安小雁塔相似，同是唐代的典型建筑。三塔在建筑结构上具有良好的抗震性能。1000 多年来，大理经历了 30 多次地震，而高耸在崇圣寺里的三塔几乎安然无恙。1925 年，大理发生强烈地震，城内房屋十有九塌，就是这样强烈的地震，只震落了千寻塔塔刹。1961 年，大理崇圣寺三塔被列为我国首批国家级重点文物保护单位。自 1978 年起，对三塔进行全面维修，在维修中发现在方形铜制基座内的黑色土中有金刚杵和铜制佛像等物，既而经过清理发掘，在千寻塔发现南诏、大理时期文物 580 多件。

上海中心大厦是上海市的一座巨型高层地标式摩天大楼，总建筑面积 57.8 万平方米，建筑主体为地上 127 层，地下 5 层，总高为 632 米，结构高度为 580 米，基地面积 30368 平方米，机动车停车位布置在地下，可停放 2000 辆。2008 年主楼桩基开工，2016 年建筑总体正式全部完工并分步试运营。2017 年 4 月 26 日，位于大楼第 118 层的“上海之巅”观光厅起正式向公众开放。大厦细部深化设计以“龙型”方案作为蓝本，由同济大学建筑设计研究院完成施工图出图。2020 年 1 月 6 日，入选上海新十大地标建筑。

ECJ 景观步道、甬路：用于观光游览行走而砌成的小路。步道在我国的各个地方都是可以见到的，多数是以人们锻炼为主的行走街道，有特色的步道在公园居多。

“福道”是福州城市森林步道，设计上采用全国首创的钢架镂空，这条高空步道主轴线长 6.3 公里，环线总长约 19 公里。“福道”就像一根线东北接左海公园，西南连闽江廊线，中间沿着金牛山山脊线，贯穿左海公园、梅峰山地公园、金牛山体育公园、国光公园、金牛山公园，把福州的五大公园串接起来，让人脚不沾地就可以从高空多方位欣赏这个城市。全钢结构的“福道”悬空桥面采用的是钢铬栅板，走在上面与水泥路面大不同，有种柔软感。隔着镂空的桥面，可以看到脚下低矮的林木与花草，充满绿意环绕感。

ECK 花草坪：天然或人造的种满花草的地面。18 世纪中叶，英国自然风景园中出现大面积草坪。中国近代园林中也开始出现草坪，主要品种有早熟禾、高羊茅、四季常青、冷季型草坪、混播草坪等。

荷兰库肯霍夫公园原是女伯爵 Countess Jacobavan Beieren 的狩猎领地，其在后院种植了蔬果草药等烹调食用的植物，将这个地方命名为 Keukenhof，意为“厨房花园”。

1830 年，荷兰聘请德籍的景观园艺家设计库肯霍夫公园的蓝图，公园整体的景观设计以英式的风格为主，蜿蜒的林径、幽静的水池、喷泉交织着一丛丛的花圃，导览游客参观各式各样盛开的花卉。一直到 1949 年，一群来自丽丝的花农为创造一个开放空间式的花卉展览场地，于是计划将库肯霍夫公园规划成可以让花朵自然生长、吐蕊的花园，而后来参加的花卉业团体越来越多，培育出了更多的品种。如今公园每年 9 月底至初霜来临之前，会种下 600 万不同花种的球茎，包括最著名的郁金香、风信子、百合花等，其中郁金香就有约 1000 种，在花农的细心照料下，来年春天为世人展现出齐绽放争、奇斗艳的壮观美景（见图 7–4）。

图 7–4　荷兰库肯霍夫公园

ECL 水井：用于生活、灌溉用的取水设施。有竖向的、斜向的和不同方向组合的，但一般以竖向为主。竖向井是使用自来水之前民间普遍使用的生活水井，现各地有不少古井供人们参观，如四川的薛涛井和文君井、故宫外东路的珍妃井，扬州老城的上百口活水井。我国已知的最早的水井遗迹在河姆渡遗址，水井位于一个浅圆形的坑里，井深有 1.35 米，井口为方形，边长约 2 米。在井的内部，古人在四壁共栽立了几十根木制的排桩。排桩的上端平放着长圆木，构成了井口的构架。这是迄今为止发现的采用竖井支护结构的最古老的水井遗存。在新疆有一种独特的引地下水成渠的灌溉工程——坎儿井也称“井渠”，是古老的水平集水工程，与万里长城、京杭大运河并称中国古代三大工程，也是重要的农业文化遗产资源。由竖井、暗渠和明渠组成，明渠的水清澈，流量稳定，为干旱区绿洲居民生活和农业生产提供保障。坎儿井工程的历史悠久，汉朝派遣军队在西域（今新疆）发展农业时，使用坎儿井工程技术获取水资源，并逐步流传至更远的国家。《史记》中记载，贰师将军李广利率兵攻打大宛（今费尔干纳盆地，乌塔吉三国交界处），利用断绝水源的方式围困城市。然“宛城中新得汉人知穿井”，令大宛人坚持了很长时间。如今新疆哈密市和吐鲁番市还保留了许多坎儿井，吐鲁番已利用坎儿井建成坎儿井乐园和坎儿井民俗园，是国家 4A 级旅游景区和国家级水利风景区，供游客参观、休闲娱乐。

ECM 喷泉：人造的由地下喷射水至地面的喷水设备。音乐喷泉是一种为了娱乐而创造出来的可以活动的喷泉，它根据美学设计，经常会产生三维的效果。中国最著名的喷泉有西安大雁塔音乐喷泉、深圳海上世界音乐喷泉、洛阳南湖音乐喷泉、青岛世园会音乐喷泉、杭州西湖音乐喷泉、苏州金鸡湖喷泉、南昌秋水广场音乐喷泉、揭阳榕江音乐喷泉等。

ECN 堆石：由石头堆砌或填筑形成的景观。其造型透出中国古典园林的神韵，是渲染园林山野情趣的重要手段，不同景观石的特点如表 7–14 所示。园林中的堆山石材，因地制宜会使用不同的材质。《园冶》中的“选石”一篇就介绍了太湖石、昆山石、宜兴石、龙潭石、青龙山石、灵璧石、岘山石、宣石、湖口石、英石、散兵石、黄石、旧石、锦川石、六合石子等十几种石材，而在造园中又以太湖石、黄石最为常见。

表 7–14 景观石的种类及特点

太湖石	体现“皱、漏、瘦、透”之美，其色泽以白石为多，少有青黑石、黄石，尤其黄色的更为稀少
灵璧石	质地细腻温润，滑如凝脂，石纹褶皱缠结、肌理缜密，石表起伏跌宕、沟壑交错，造型粗犷峥嵘、气韵苍古
黄蜡石	有着田黄般的颜色、翡翠的硬度，硬度好、透度高、色彩鲜艳丰富
英石	经大自然的千百年骤冷曝晒而形成，具有“瘦、皱、漏、透”四大特点
房山石	北京皇家园林中大量运用，坚固、耐风化，其石质白中透青，青中含白，犹如雪花落在树叶一般
泰山石	质地坚硬，基调沉稳、凝重、浑厚，多以渗透、半渗透的纹理画面而出现，以其美丽多变的纹理又以年代久远的风化外形而著名，再加上民间有泰山石能避邪、镇宅等传说，取“稳如泰山，石来运转”之意
大理石	大理石剖开后，其剖面可以形成一幅天然的水墨山水画，古代常选取具有成型的花纹的大理石用来制作画屏或镶嵌画
花岗岩	成荒率比较高，能进行各种加工，板材可拼性良好
四川砂岩	颗粒细腻，质地较软，使用广泛
河卵石	多作为水景驳岸、池底、铺路等，它们饱经浪打水冲的运动，被砾石碰撞摩擦失去了不规则的棱角，又和泥沙一道被深埋在地下沉默了千百万年
千层石	坚硬致密，外表有很薄的风化层，比较软；石上纹理清晰，多呈凹凸、平直状，线条流畅，时有波折、起伏；颜色呈灰黑、灰白、灰、棕相间，色泽与纹理比较协调，自然而光洁；造型奇特，多有山形、台洞形等自然景观，亦有宝塔形、立柱形及人物、动物等形象，既具象又抽象
龟纹石	古朴苍秀，典雅雄奇，其形态有竖层结构和横层结构两种。竖层结构的龟纹石多呈奇峰伟岩、擎天石柱等造型；横层结构的龟纹石则沟壑纵横、意韵幽长

第三节　建筑与设施类旅游资源的审美要素

建筑景观可以远距离欣赏，也可以近距离欣赏，还可以进入内部欣赏，远观其势，近观其质。既可以单独欣赏，也可以群体组合起来欣赏。许多建筑的实用性强，需要欣赏者建立适度的审美心理距离，忘却实用功能，如同欣赏音乐一样去欣赏建筑景观。欣赏建筑需要从其造型、结构、体量、高度、材质、装饰物、色彩构成、神韵、文化内涵等方面入手。

远距离欣赏时，注重欣赏其整体形态及神态的特征，感受建筑直冲云霄的力量、孤傲、雄伟的神态（如宗教建筑、大型宫殿、摩天大楼、高塔等），或感受建筑宁静端庄的安详（如低矮建筑），或感受建筑灵动飘逸的舞姿。近距离欣赏时，也可以变换视角进行欣赏，如仰视、俯视、斜视等。一般近距离观赏时可以欣赏建筑的细部，品味建筑的材质、表面装饰、结构特征及其象征意义，欣赏梁柱、墙面上的装饰图案绘画或雕塑，楹联文学和书法艺术，品味文化内涵，体验特殊的情调意味及文化氛围。如欣赏宗教、宫殿建筑时，要通过建筑物的高度、华丽的装饰等感受神圣、神秘、庄重、豪华的效果；欣赏民居时，要观察其周围环境、总体造型、构件的尺度结构、比例特点及审美特征，欣赏造型雕刻、墙面绘画、建筑材料等。内部欣赏时，从内部空间大小、光线明暗、装饰材料、悬挂物品及装饰物、雕刻、绘画及其内容等方面来欣赏。

建筑物的点滴细节都会影响景观欣赏效果，观赏者要调动视听感觉器官感受景观中的各种信息，发挥联想和想象，体验景观给予人的感受效果。比如欧洲宗教建筑内部空间高大、光线弱、装饰华丽，可体验神秘氛围；徽派民居内部空间狭小低矮，有亲切朴素之感。挂满字画的墙面、精致原色的雕刻给人儒雅之感，以及崇文重教的人文气息。

建筑景观因其自身有体量较大、与外部环境相互交融、造型较为固定等特性，在欣赏理解时，不应将建筑符号与其象征和隐喻去一一对应理解，而应该按一定的法则组合起来去理解。建筑景观美感还可以从各种和谐关系和张力运用的形式上获得。公认的共同性规律包括：比例与尺度、重复与节奏、均衡与变化、色彩与质感等。

一、比例与尺度

比例是达成建筑物本身的和谐关系。希腊人以男性、少妇及少女的身体比例为依据，创造了陶立克、爱奥尼克和柯林斯式柱。比例其实是以人体和自然界为依据而发展产生的内在数字秩序关系。尺度是主景建筑物与周围环境之间的和谐关系，建筑物与人的空间关系。在不同尺度的空间中，观赏者会产生特定的空间感。宗教场所的巨大空间尺度和人们日常活动的空间尺度是不相同的。适宜悦目的空间尺度总是随着建筑的不同功能、所处的不同自然环境而变化（见图 7–5）。

图 7–5 钱塘江边的六和塔

二、重复与节奏

某种符号的重复出现就产生了韵律，而这种重复的间隔和强弱就是节奏。欧洲古典建筑中的柱式组合、中国佛塔的檐口、现代建筑的窗组合，均表现出十分强烈的韵律感。建筑景观的节奏由于受到材料、技术、功能等限制，必然较为单纯，也容易感受和把握。需要强调的是，构成建筑景观节奏的不仅是建筑实体符号，还包括实体所围合的空间，其变化、变形、重现均能形成给人以美感的节奏（见图 7–6）。

图 7–6 法国巴黎圣母院

三、均衡与变化

对称、稳定、统一等均属均衡范畴，但均衡的程度有差异；对比、差异、动势等均属变化范畴。均衡由聚力主导，主要表现为建筑景观符号的静态组合；变化由张力主导，表现为建筑景观符号的动态组合。二者常共生相辅，形成动态平衡和深层次的和谐。太和殿高大雄伟，两侧建筑对称展开，产生所谓“大”的结构聚力（见图 7–7）；蓝天、黄瓦、红砖、白基地形成色彩反差，形成张力。建筑景观总体体现庄重、雄伟、肃静的审美价值，同时变化以使之避免呆板、僵硬的弊端。依照完形心理学关于“图—底”关系理论，仅仅考虑主体是不够的，还应考虑这些形体周边的“底”，中国篆刻中所谓“计白当黑”也就是背景“底”的作用。

图 7–7　北京故宫内的太和殿

四、色彩与质感

描述色彩通常用色相、明度和彩度。“色相”是色彩的相貌，如红、黄、蓝等。“明度”指色彩的明暗程度或深浅程度；“彩度”也叫饱和度，指色彩的鲜艳程度，如果加了白、黑、灰等无彩色，色彩饱和度就会下降。色彩心理学认为，色相中的暖色给人温暖感，冷色则给人寒冷感；明度高的显得软些，明度低的使人感到沉重；彩度高的显得硬些；暖色调、彩度高的色彩在距离上显得近些；明度和彩度均高的暖色易引起兴奋和疲劳。现代建筑用色明度较高，这与其体量大有关，文艺复兴时期的西方建筑采用许多橘黄色，以衬托白色的教堂和纪念性建筑，使之处于支配地位（见图 7–8）。质感是对建筑材料性质的肤觉，如粗糙厚重的石材、轻巧平滑的玻璃、平滑稍糙的木材均可丰富建筑物的美感。色彩与质感组成的图式结构符合上述形式美的法则，与观赏者某种情绪的心理结构相对应时，就会产生美感或相应的情感体验，观赏者也才有了审美想象和创造的基础。在建筑景观中，色彩与质感从属于形体，常在光的作用下起作用。

图 7-8　意大利圣母百花大教堂及周边建筑

第四节　不同传统文化对建筑的影响

建筑是人类文化的结晶，建筑艺术不但满足审美愉悦，更要为现实的伦理秩序服务，中国古典建筑对美与善、艺术与典章、情感与理智、心理与伦理的礼乐文化有着自己的审美取向，具有东方独有的文化性格。

一、儒家思想对建筑的影响

儒家文化强调“礼”，其核心思想和主要内容就是建立一种等级思想和等级制度。建筑上的表现主要是:（1）建筑群体的布局，中轴布局、结构匀称、中心安置、四合拱卫、等级分明、层次清晰。（2）单体建筑的布局，强调比例关系，如屋顶斗拱的层级和架数有特定的规格程式。（3）建筑物空间大小也有规制，如房屋用“间”来区别等级，民居为正房三间，黑漆大门；贵族府邸正房五间，王府正房七间，皇帝用九间。

二、道家思想对建筑的影响

道家重自然而然，在封建社会中也可以使人超越礼数，回归自然，求得宁静欢愉。在园林建筑中表现出自然而不完全循规蹈矩的特征。

三、佛家思想对建筑的影响

受“在世修炼”的佛文化影响，中国宗教建筑以坐地观风的平面铺陈形式完成信仰的世俗性。宗教宫室安置与世俗宫室安置无差别，在家中也设立与佛教殿堂建筑外形相似的“神龛”，并在装饰、雕刻、绘画上也体现出与俗世建筑相似的“赐福、赐子、赐风、赐雨”等人世功利性的观念。

四、易学堪舆对建筑的影响

古代先贤“仰观天文、俯察地理、近取诸身、远取诸物”，建立了人与自然因地制宜、协调发展的理想信念。风水学中的理想环境应该是背靠祖山、左有青龙、右有白虎，二山相辅，前景开阔；远处有案山相对，有水流自山间流来，呈曲折绕前方而去；四周之山最好有多层次，青龙白虎外还有护山相拥，前方案山之外还有朝山相对；朝向最好坐北向南，形成一个有山环抱、负阴抱阳、背山面水的良好地段。这样的一个相对封闭的空间，用现代科学观念来分析，无疑是很好的自然生态环境。传统城市和古村落的选址、布局和民居建筑过程都表现了这一经验原则的合理性。

五、民俗文化对建筑的影响

建筑中的绘画、雕刻和装潢等装饰艺术，内容多是来自古老的原始宗教文化，以显示贵、富、吉、利的厚禄、功名、得子、迎福、纳祥、聚宝、生财的寓意。如“五脊六兽”的砖雕坐兽、瓦当、砖墙的浮雕、门窗的木雕、廊前的漆柱、椽头的彩绘等都显示着明显的民俗性格。

【同步练习】

一、单选题

1. 以下哪一项是建筑的本质和灵魂？（　　）

A. 布局　　B. 文化　　C. 规模　　D. 经济

2. 木构架中哪一种形式是一种不用立柱和大梁的房屋结构？（　　）

A. 斗拱式　　B. 抬梁式　　C. 穿斗式　　D. 井干式

3. 以下哪个选项属于南方园林特点？（　　）

A. 地域很宽　　B. 朴素淡雅　　C. 风格粗狂，秀美不足　　D. 富丽堂皇

4. 中国古代建筑的基本单位是（　　）。

A. 间　　B. 单体建筑　　C. 庭院　　D. 组群

5. 以下是陵山为主体的布局方式代表的是（　　）。

A. 唐乾陵　　B. 明孝陵　　C. 秦始皇陵　　D. 唐昭陵

6. 窑洞是中国古代典型的民居形式之一，常见于我国的（　　）地区。

A. 云南　　B. 岭南　　C. 西北　　D. 新疆

7. 以下关于西北窑洞特点，说法错误的是（　　）。

A. 冬暖夏凉　　B. 通风防潮

C. 构筑方便　　D. 既节约能源，又保护植被

8. 以下属于欧洲文艺复兴时期建筑的是（　　）。

A. 圣彼得教堂　　B. 科隆大教堂　　C. 圣保罗教堂　　D. 巴黎圣母院

9. 中国古代先贤“仰观天文、俯察地理、近取诸身、远取诸物”，建立了人与自然因地制宜、协调发展的理想信念，体现了（　　）对建筑的影响。

A. 道家思想　　B. 佛家思想　　C. 易学堪舆　　D. 儒家思想

10. 以下建筑中，属于社会与商贸活动场所这一基本类型的是（　　）。

A. 上海中心大厦　　B. 人民大会堂

C. 拉萨八廓街　　D. 广州国际会展中心

二、多选题

1. 我国古代建筑中，主要的屋顶形式有哪些？（　　）

A. 歇山顶　　B. 硬山顶　　C. 庑殿顶　　D. 攒尖顶

2. 以下被认为是世界三大建筑体系的包括（　　）。

A. 中国建筑　　B. 欧洲建筑　　C. 伊斯兰建筑　　D. 美洲建筑

3. 按历史演变，现存的博物馆在建筑形态上可分为以下哪几种形式？（　　）

A. 中西合璧型　　B. 古旧建筑改造型

C. 苏联山字型　　D. 传统风格式

4. 按照建筑的功能及利用的方式，我们可以将建筑划分为哪些？（　　）

A. 民居类的建筑　　B. 工程类的建筑

C. 陵墓类的建筑　　D. 宫廷类的建筑

5. 中国典型民居类型包含以下哪些？（　　）

A. 江南民居　　B. 北京四合院　　C. 干栏式建筑　　D. 白族民居

6. 中国古代建筑的特征有哪些？（　　）

A. 美丽动人的构件造型　　B. 完整的木架结构体系

C. 均衡对称的布局　　D. 群体组合的配置形式

7. 广东四大名园包括哪些？（　　）

A. 佛山的“梁园”　　B. 上海的“豫园”

C. 东莞的“可园”　　D. 番禺的“余荫山房”

8. 中国古典建筑的特点有以下哪些？（　　）

A. 大屋顶三段式的灵动庄重　　B. 以斗拱为特征的木构架结构

C. 对称+院子的布局风格　　D. 风格多变，宗教永恒

9. 中国传统建筑强调实践理性，注重现实社会生活，容易产生亲切的美感。以下关于其建筑结构说法正确的有（　　）。

A. 沿中轴线的平面铺展和对称，等级分明

B. 既展现严肃、庄重及井井有条的理性精神，也符合封建礼仪的级差制度

C. 追求高大、强壮、神秘、威严和震慑效果

D. 体现一种弃绝尘寰的宗教出世精神，似乎要拉开和扩大人与建筑的距离，由此产生崇敬和仰慕的美感

10. 明清官式建筑特点包括：（　　）。

A. 规范化　　B. 简约化　　C. 定型化　　D. 程序化

11. 建筑景观审美方法有（　　）。

A. 比例与尺度　　B. 均衡与变化　　C. 重复与节奏　　D. 色彩与质感

三、判断题

1. 房屋是指有基础、墙、顶、门、窗，能够遮风避雨，供人在内居住、工作、学习、娱乐、储藏物品或进行其他活动的空间场所。（　　）

2. 中国古代建筑结构体系一个非常重要的特点就是以木构架为主的结构方式。（　　）

3. 建筑按照建筑材料可以分为这几类，比如土建筑、石建筑、木建筑、砖建筑以及钢建筑等。（　　）

4. 中国建筑其风格在建造形态上的特点是简洁、线条分明、讲究对称、运用色彩的明暗鲜淡来对视觉进行冲击，在意态上则使人感到雍容华贵、典雅，富有浪漫主义色彩。（　　）

5. 中国大运河被人称为“人工天河”，其工程之艰巨，工程美学价值之高，堪称人间奇迹。（　　）

6. 亭是最古老的园林建筑形式之一，高出地面而建的平面建筑物，是一种露天的、表面比较平整的、开放性的建筑。（　　）

7. 异质的建筑艺术是旅游者产生旅游动机的主要的因素之一。（　　）

8. 建筑景观可以远距离欣赏，也可以近距离欣赏，还可以进入内部欣赏，远观其势，近观其质。既可以单独欣赏，也可以群体组合起来欣赏。（　　）

9. 狭义的建筑物是指房屋，不包括构筑物。而建筑相关专业多是指狭义的建筑物含义。（　　）

10. 建筑之美必须结合景观环境和地形的美感来综合考虑。（　　）

11. 建筑具有物质和精神双重属性。（　　）

12. 巴洛克式建筑通过描述圣经故事的彩色玻璃窗、雕塑、尖券以及其建筑上史无前例的高度感强化了欧洲中世纪的神权至上精神。（　　）

13. 在建筑景观中，主体建筑是否与其周边的自然而形成高品位的景观场，可以说是判断建筑景观质量高低的重要尺度。（　　）

14. 中国传统建筑的萌芽是从公元前6000年左右的旧石器时代开始的。（　　）

15. 第一帝国时期的建筑文化有象征宇宙的胸襟并具有天真狂放的浪漫特征，建筑体现的是豪华的风格和宏大的气势。（　　）

16. 中国传统建筑选择地点和朝向特别注重与自然环境的结合，体现出很强的风水观念，这在中国北方地区表现最为明显。（　　）

17. 主体建筑总是与周边环境和谐统一的，当人们忽视了主体建筑与周边环境的关系时，景观就遭到了破坏。（　　）

18. 亭是中式古典园林的幽雅小品，置于高敞或临水之处，用作观景的小型单体建筑称为榭；一部分伸出水面的称为轩。（　　）

四、填空题

1. ______________ 是世界上现存最早、跨度最大、保存最完整的古代单孔敞肩石拱桥。

2. 世界三大草原牧场分别是 ______________、______________、______________。

3. 亭、台、楼、阁是供游客 ______________、______________ 或 ______________ 用的建筑。

4. ______________ 源于古代的旌幡，随着印度佛教传入我国，即雕刻有经文的多角形石柱，一般立在寺庙的庭院内，主要由基座、幢身、幢顶三部分组成。

5. ______________ 是达成建筑物本身的和谐关系。

6. ______________ 由于在城市建设发展过程中的重要地位与作用，往往被誉为城市会客厅和城市名片。

7. 古代牌坊分四个等级，从高到低依次为 ______________、______________、______________、______________。

8. 建筑景观场指建筑景观向 ______________ 呈现出的总氛围。

9. 建筑主体与周边环境的和谐既包括 ______________ 功能的需要，也包括

______和______上的和谐。

10. 特色街区是反映某一时代建筑风貌，或经营专门______和______的街道。

11. 陵墓是指______、______陵墓及______的坟墓。

12. 形象标志物是指能反映某处______的标志物。

第八章　历史遗迹

【本章概要】

对历史遗迹类旅游资源的概念、功能、资源开发和保护方法等进行阐述，对建筑遗迹、可移动文物及各类非物质文化遗产的景观价值、典型开发案例等进行全面系统的分析和介绍。

【学习目标】

掌握历史遗迹类旅游资源的概念、功能和基本类型；

理解建筑遗迹、可移动文物及民间文学、演艺、民俗、服饰等的旅游价值和典型代表；

理解历史遗迹类旅游资源的文化要素和开发保护方法。

【拓展训练】

学生实地走访调查当地的历史遗迹类旅游资源，如博物馆、美术馆、遗址地、红色旅游区等，对其历史遗迹景观进行正确的讲解。

［步骤］

1. 4~6 人一组，以组为单位，独立完成任务。团队的任务是使每个成员都能比较充分地理解历史遗迹旅游资源的审美特点。每个小组的主题都不同。

2. 每组的组长针对本组的调查负责分配成员的任务，分工合作，共同讨论，形成调查报告。该报告包括资源的基本概况、审美表现、受保护情况及开发利用建议等。

3. 全班一起讨论如何更好地利用这些历史遗迹旅游资源及如何更好地引导人们欣赏其特色，集思广益。

4. 将每个小组的调查报告进行汇总，对所调查的旅游资源点提出建议、针对现存的问题提出对策。

【拓展阅读】

［1］陈丽君，胡范铸 . 语言资源：一种可以开发利用的旅游资源［J］. 旅游科学，

2010，24（6）：22–27.

［2］周尚意，赵继敏，姜苗苗．地上不可移动文物价值评价对古都文化空间格局保护的作用——以北京市西城区为个案研究区域［J］．旅游学刊，2006（8）：81–84.

［3］代银，王良艳．濯水古镇语言旅游资源的开发研究［J］．汉字文化，2021（S1）：177–179.

［4］方琳，裘丹娜，王越．非物质文化遗产旅游资源开发管理的标准化路径研究［C］// 第十八届中国标准化论坛论文集，2021：428–433.

［5］欧阳红，代美玲，王蓉，马晓龙．国内非物质文化遗产旅游研究进展述评［J］．地理与地理信息科学，2021，37（5）：124–132.

［6］李彦超，吴佳雨，杜雁．国际矿业遗迹地景观设计探索和实践［J］．国际城市规划，2015，30（6）：108–113.

［7］刘进，冷志明，刘建平，肖辉军，尹怡诚，陈勇．我国重要农业文化遗产分布特征及旅游响应［J］．经济地理，2021，41（12）：205–212.

［8］张楠楠．基于ICC中外差异的文化遗产旅游价值认知研究——以保定市为例［J］．中国商贸，2012（8）：153–154.

［9］谢镕键．国内少数民族文化遗产旅游研究综述［J］．广西民族研究，2021（2）：177–185.

［10］梁学成．对世界遗产的旅游价值分析与开发模式研究［J］．旅游学刊，2006（6）：16–22.

［11］刘阳．日本促进博物馆旅游发展新举措及其启示［J］．东南文化，2021（6）：173–179.

［12］樊春飞．论博物馆馆藏文物的旅游文化价值开发和利用［J］．东方藏品，2016（9）：117–123.

［13］周成，柳炳华，张旭红，田娟，周霖．黄河流域文物保护单位空间分布特征及其影响因素［J］．中国沙漠，2021，41（6）：10–20.

［14］刘洪，李文林，张洪雷，杨莎莎．江苏中医药文化遗迹现状及保护措施探析［J］．南京中医药大学学报（社会科学版），2019，20（4）：237–240.

［15］卢松，张小军，张业臣．徽州传统村落的时空分布及其影响因素［J］．地理科学，2018，38（10）：1690–1698.

［16］熊河水，张玉文．江西新四军革命遗址的现状调查及对遗址保护思路的探讨［J］．南方文物，2020（6）：273–278.

［17］王秀伟，郭智婳．红色革命遗址及革命纪念建筑物的空间分布格局与影响因素——基于315处全国重点文物保护单位的研究［J］．南方文物，2021（2）：102–110.

［18］贾旭东．革命文物概念及其界定［J］．北京师范大学学报（社会科学版），2018（6）：141-145.

［19］田小波，胡静，徐欣，贾垚焱，吕丽，刘海滕．历史时期全国重点文物保护单位时空分布特征及影响机理［J］．经济地理，2021，41（1）：191-201.

［20］董洁，梁青芳，杨宁宁，张雅丽，张军．河西走廊文化遗址的空间分布及旅游潜力分析［J］．甘肃科学学报，2018，30（6）：82-88.

［21］李炜光，欧阳婷．早期国家的财政文明——三星堆文化遗存的启示［J］．学术界，2016（5）：41-52.

［22］杨莉．辽西史前文明与考古旅游发展——以牛河梁遗址为例［J］．旅游纵览（下半月），2016（18）：292-293.

［23］胡晓娟．试论考古旅游——互动视野下的考古与旅游［J］．文物鉴定与鉴赏，2019（2）：163.

［24］《泗洪顺山集考古遗址公园规划》课题组，周学鹰，马晓，林留根，刘知己．考古遗址公园：传统与现代辉映文化与生态相融［J］．建筑与文化，2018（4）：10-23.

第一节　历史遗迹类旅游资源概述

一、历史遗迹类旅游资源的概念

人类在发展过程中留下了历史遗迹、遗址、遗物，其中已被废弃且不再具有实际用途的被称为历史遗迹。历史遗迹是古人适应自然、利用自然、改造自然的结果，是人类历史的载体和见证。在它们中间，只有那些在社会历史发展中曾发挥过重要作用，具有典型性和代表性，享受一定知名度，能够对游客产生吸引力，并能让普通游客看有所知、知有所思、感触深刻、难以忘怀的才能成为旅游资源，也就是历史遗迹类旅游资源。

在人类文明发展史上，因时代更替自然消亡或人为摧毁的建筑物及相关遗物，因其曾经出现过的物质形态而容易引发审美联想。这些人类遗址又可细分为城堡废墟、宫殿址、村址、居址、作坊址、寺庙址等，还包括当时的一些经济性的建筑遗存，如山地矿穴、采石坑、窑穴、仓库、水渠、水井、窑址等；防卫性的设施如壕沟、栅栏、围墙、边塞烽燧、长城、界壕及屯戍遗存等也属此类。古代城市、古代建筑遗址多为残垣断壁，各种生活用品表现为残破和不完整，但可以通过考古和人类学研究寻找人类生活轨迹。“中华文明探源工程”于2001年正式提出，是以考古调查发掘为获取相关资料的主要手段，以现代科学技术为支撑，采取多学科交叉研究的方式，揭示中华文明的起源和早期发展是一个多元一体的过程，在长期交流互动中相互促进、取长补短、兼收并蓄，最终融汇凝聚出以夏代中晚期河南洛阳偃师二里头文化为代表的文明核心，开启了夏商周三代文明。包括近期新探索的夏朝遗址，目前我国人类聚落遗址已覆盖多省区，并呈现连续发展的总体特点（见表8-1）。

表8-1 我国人类聚落遗址分布及特点

分类	分布区域或布局特征	典型代表
旧石器时期地点	除新疆、海南两个省（区）外，各地都有发现	①河湖相堆积（丁村遗址）；②土状堆积（蓝田猿人遗址）；③洞穴堆积（周口店遗址，金牛山遗址、和县猿人遗址、穿洞遗址）
新石器时代聚落遗址	平原地区的常位于河流转弯或两河交汇处，黄土高原的多在距现今河床和村庄较高的二级台地上，江淮河网地带的常见于地势高亢的土墩（堆），海滨和河湖岸边的堆积物中包含大量的贝类介壳，被称为“贝丘”遗址	河北武安的磁山遗址，河南渑池的仰韶村遗址，西安半坡遗址，甘肃临洮的马家窑遗址，青海民和的马厂塬遗址，山东泰安的大汶口遗址，山东章丘的城子崖遗址，山西襄汾的陶寺遗址，湖北京山的屈家岭遗址
夏商周都邑地点	黄河中游地区、长江中游地区	夏朝的河南三门峡灵宝西坡遗址、登封告城王城岗遗址、新密刘寨新砦遗址、洛阳偃师二里头遗址、荥阳大师姑遗址、山西襄汾陶寺遗址；商朝的偃师尸乡沟商城遗址和郑州商代遗址、安阳殷墟、湖北黄陂盘龙城遗址、四川广汉三星堆遗址；西周时期的周原遗址和丰镐遗址
东周列国都城遗址	邻近大河的冲积平原上，保存情况一般较好	临淄齐国故城、曲阜鲁国故城、侯马晋国遗址、禹王城遗址、郑韩故城遗址、赵邯郸故城、燕下都遗址、秦雍城遗址、楚纪南故城以及中山古城遗址、薛城遗址等
秦汉城市遗址	两汉时期的长安和洛阳，宫城约占全城的1/3或1/2，基本上属于帝王和贵族的专用城市。从曹魏邺城开始，都城布局发生了明显的变化	秦咸阳城（宫殿）遗址、汉长安城（未央宫）遗址、武库遗址和王莽九庙遗址、汉魏洛阳故城（东汉灵台遗址、北魏永宁寺遗址）、邺城遗址（曹魏、十六国、东魏、北齐）
隋唐城市遗址	唐代的东西两京，宫城和皇城约占全城的1/10，已成为全国政治、经济和文化的中心。都城由宫城和外郭二重演变为由宫城、皇城和外郭三重组成	隋大兴唐长安城遗址、唐长安的大明宫遗址、兴庆宫遗址、青龙寺遗址和西市遗址，隋唐洛阳城遗址、北庭故城遗址、高昌故城和雅尔湖故城，太和城遗址（南诏），上京龙泉府遗址、高句丽前期王都丸都山城
宋元城市遗址	宫城由包括多处并分布在城区南部演变为集中于城区北部和中部，并以南门为正门，门前大街为全城的中轴线。居民区和商业区则由位于城区北部改为位于城区的南部，区划和排列也由不规整趋于规整	北宋东京城遗址、辽上京遗址、辽中京遗址、金上京会宁府遗址、金中都遗址、金代蒲与路故城遗址、西藏阿里地区的古格王国遗址、元上都遗址、元大都遗址、崇安汉城遗址、西海郡故城遗址、楼兰故城遗址以及居延遗址、玉门关及长城烽燧遗址

相比于物质遗产，非物质文化遗产（Intangible Cultural Heritage）则是指各族人民世代相传，并视为其文化遗产组成部分的各种传统文化表现形式，以及与传统文化表现形式相关的实物和场所。截至“中国传统制茶技艺及其相关习俗”申遗成功，我国已有43个项目列入联合国教科文组织非物质文化遗产名录、名册，居世界第一。

二、历史遗迹类旅游资源的功能

历史遗迹景观是历史的遗物，对当今人们来说，充满神秘感，能满足旅游者求知、求奇、求美和求异的心理需求。具体来说:（1）满足旅游者求知的需要。当前，了解历史演变，探索人类进步脚步，追寻社会文明的真谛，已逐渐成为现代旅游的主要动机之一。历史已成过去，但历史又以物质或非物质载体的形式得以延续和保留。作为重要的文脉资源，成为现代人认识历史、理解历史的可靠媒介。如有的历史遗迹中表现出不同寻常的建筑学、铸造学奇迹，又如历史遗迹中天人合一的环境意境，阴阳互补的哲学理念，对称变化的空间构想，古朴华丽的色彩运用，稳重与精巧的结构均衡，都能满足旅游者增长历史知识的需要。（2）满足旅游者体验的需要。现代旅游讲求参与性，尤其是文化体验。文化具有强烈的地域性特征，不同地域之间人类的交互活动，使文化跨地域扩散，通过碰撞、冲突与整合得到发展，所以各个地域文化是传统文化不断整合的结果，认识传统文化，才能全面认知当下的地域文化。历史遗迹作为传统文化的符号，忠实记录传统文化的基本特征，能够满足旅游者体验不同地域传统文化的需求。（3）满足旅游者记忆的需求。探寻历史遗迹就是追溯历史，通过对挖掘或保存下来的物质和非物质遗产进行技术复原，能够化解旅游者思古、忆古、怀古之情，让旅游者儿时听到或看到的事物得以重现，补全旅游者记忆中的碎片。

在中国革命的前进步伐中，留下了大量的革命历史遗址。仅自1961年到2000年国务院公布的五批全国重点文物保护单位中，属于革命历史遗址的红色旅游资源就多达127处。其中包括重庆、井冈山、延安、遵义等知名红色旅游城市。随着红色旅游的迅速开展，红色旅游资源丰富的地区首先凭借自身区域的资源优势，形成了反映特定主题的区块模式。以红色历史主题为划分标准的区块模式，突出了各地区的资源特色，同时在全国范围内形成了红色旅游资源的互补。如以“开天辟地，党的创立”为主题的沪浙红色旅游区；以“革命摇篮，领袖故里”为主题的井冈山、瑞金的湘赣闽红色旅游区；以“延安精神，革命圣地”为主题的陕甘宁红色旅游区；以“千秋红岩、宗旨永恒”为主题的重庆红色旅游区；以“人民胜利，国旗飘扬”为主题的京津冀红色旅游区等。不同的旅游区以不同的主题区块分布于全国各地，既突出了主题重点，又兼顾了空间的均衡。红色旅游区因所处地域的经济建设、社会发展、资源环境的不同，在旅游区的功能和发展特点上又各具不同的特色，形成了区域差异模式。一方面，是以北京、重庆、上海等大城市为代表的都市红色旅游模式。这种模式的红色旅游主要以革命先烈的故居、陵园、革命纪念馆等为主要形式，并适当结合了当地城市的地域特色。旅游产品的设计主要开展以追思、参观、悼念等活动为主。由于依托大都市，外部条件相对优越，故此种旅游模式更加注重配套设施的完善和旅游质量的提升。另一方面，是以井冈山、西柏坡、遵义等为代表的老区模式。这些地区经济、社会发展相对缓慢，区位条件比之都市较为不足。故此种旅游模式主要突出其生态环境、民族文化、生活情态等优势，着力发展体验式红色旅游项目，让游客可以亲身感受革命先辈的别样风情。

第二节　历史遗迹类旅游资源类型

一、物质类文化遗存

物质文化遗产，又称“有形文化遗产”，与“非物质文化遗产”合称“文化遗产”。范围很广，涉及各个领域，古代的文化遗址、古墓葬、古建筑、石窟寺和石刻、壁画，近现代重要史迹、实物、代表性建筑，各时代珍贵的艺术品、工艺美术品，历史上各时代重要的文献资料以及具有历史、艺术、科学价值的手稿和图书资料等；反映历史上各时代、各民族社会制度、社会生产、社会生活的代表性实物。根据 1972 年 11 月，在巴黎召开的联合国教科文组织第 17 届全体会议上通过的《保护世界文化和自然遗产公约》（简称《世界遗产公约》）指出，物质文化遗产主要包括历史文物、历史建筑（群）和人类文化遗址。

FAA 建筑遗迹：具有地方风格和历史色彩的历史建筑遗存。建筑遗迹包括具有明显的区域性地理文化特征，保留了历史时期的建筑群布局、结构。这些遗存能够体现所在区域的文化元素，通过聚落规划、景观设计以及与周围环境的关系，来体现区域的文化价值（见表 8–2）。

表 8-2　我国各时期建筑遗迹的典型代表

时期	遗址地	历史价值
先秦时期（公元前 2070—前 1600 年）	河南偃师二里头遗址	我国最早的庭院式木架夯土建筑
	河南偃师商城遗址	最大的早商单体建筑遗址
	陕西岐山凤雏西周早期遗址	已知最早型制最严整的四合院建筑
秦汉时期（公元前 221—公元 220 年）	秦咸阳宫遗址、阿房宫前殿遗址、秦始皇陵遗址、河南内黄三阳村汉代村落遗址	屋顶很大，已出现了屋坡的折线“反宇”
魏晋南北朝时期（222—589 年）	大同云冈石窟、江苏南京南朝箫景墓石刻、河南郑州嵩岳寺塔（始建于北魏）	高层佛塔、石窟、佛像开始出现，细节上表现出“胡化”现象
隋唐时期（581—907 年）	东都洛阳遗址（始建于隋）、赵州桥遗址（始建于隋）、山东济南四门塔遗址（始建于隋）、西安大雁塔（始建于唐）、南京栖霞寺舍利塔（始建于唐）	完整规划、规模宏伟的都城，运用木建筑解决了大面积、大体量的技术问题，唐代订立了法规《营缮令》，对建筑等级进行了规定
宋辽金时期（960—1227 年）	河北开元寺塔（始建于北宋）	建造方式的系统化与模块化，采用了减柱法和移柱法
元朝时期（1271—1368 年）	元大都遗址，元代戏台遗址（山西）、北京妙应寺白塔（始建于元朝）	多用原木作梁，外观粗放且多用白色琉璃瓦
明清时期（1368—1911 年）	明长城遗址、山西乔家大院（始建于乾隆年间）	建筑经历了宏大雄伟到严谨再到繁复的演变，达到了中国传统建筑的最高峰，呈现出形体简练、细节繁复的形象；长城的墙体和城关开始用砖石砌成

王家大院位于山西省晋中市灵石县静升镇静升村，由静升王氏家族经明清两朝、历经 300 余年修建而成，包括五巷六堡一条街，总面积达 25 万平方米，而且是一座具有传统文化特色的建筑艺术博物馆。大院继承了中国西周时形成的前堂后寝的庭院风格，既提供了对外交往的足够空间，又满足了内在私密氛围的要求，做到了尊卑贵贱有等，上下长幼有序，内外男女有别，且起居功能一应俱全，充分体现了官宦门第的威严和宗法礼制的规整。王家大院的高家崖建筑群由静升王氏十七世孙王汝聪、王汝成兄弟俩修建于嘉庆元年（1796 年）至嘉庆十六年（1811 年），拥有大小院落 35 座，房屋 342 间，主院敦厚宅和凝瑞居皆为三进四合院，每院除有高高在上的祭祖堂和两旁的绣楼外，又都有各自的厨院、家塾院，并有共用的书院、花院、长工院、围院。所有建筑严格按照

封建等级制度建造，院内雕艺精湛的砖、木、石三雕装饰品，题材繁多、内容丰富，集中展示了王氏家族独特的治家理念。红门堡建筑群，是堡，又似城，依山而建，建筑时间为乾隆四年（1739年）至乾隆五十八年（1793年），总面积25000平方米。整座建筑依山而建，从低到高，由四排院落组成，左右对称，中间主巷道与三条横巷，组成一个规整的“王”字，同时隐含“龙”的造型。堡内29座院落依主人身份、喜好的不同在结构和装饰上呈现出不同的风格。据《静升村王氏源流碑记》载，启年间，族人中，有的不再以耕读为本，有的不持续以商发展，有的满足于一官半职，有的安乐于锦衣玉食，不少人既无承继先业之志，亦无固本守成之心，有的竟成为盗贼、乞丐或不惜卖儿卖女之“莠民”。王氏家族从十三世进入清朝，鼎盛于康熙、乾隆、嘉庆年间。其时，除大兴土木，营造住宅、祠堂、坟茔和开设店铺、作坊外，在当地还办有义学，设有义仓，修桥筑路、蓄水开渠、赈灾济贫等，善举不断。从清道光年间逐渐衰败，大院内再无人居住。

FAB 可移动文物：历史上各时代重要实物、艺术品、文献、手稿、图书资料、代表性实物等，分为珍贵文物和一般文物。文物承载着人类物质与精神文明成果，是研究特定时代和地域文化、历史和社会生活的关键依据。无论日常生产生活所用的器具，还是拥有较高艺术价值的各类艺术品，抑或以纸张等为载体的典籍史料，都具有独一无二的文化传承与科学研究价值。因此，典藏了各类文物的博物馆，是传播传统文化、保护人类文明遗产和服务于历史学、社会学等领域科研和教学活动的重要公益性机构，在任何国家和地区的精神与文化生活中都扮演了重要角色。通过发展博物馆旅游，强化游客对于可移动文物的认识和重视，使文物保护的价值为公众熟知，提高公众的思想素养，建立良好的文物保护机制，有助于在形成健康风尚潮流的基础上保障文物保护工作的舆论环境。我国的可移动文物品种丰富，上下年限跨越很大，许多文物品种都有其辉煌的发展历程，代表着不同时代的经典杰作，具有时代特点的同时，也反映每个品类文物的兴衰，可简单归结为：夏——陶，商——铜，周——漆，汉——玉，唐——俑（造像），宋——瓷，明——木，清——画。可移动文物的旅游开发，一般会将珍贵的图像、实物等内容配以文字展示出来，也有的通过数字影像复原文物生成的环境和事件，通过故事的方式，吸引人们沉浸式体验，深入全面地了解当时的文化与社会风貌，欣赏文化瑰宝，达到广泛传播与普及传统文化的效果。中国各大博物馆的镇馆之宝如表8-3所示。

表 8-3 中国各大博物馆的镇馆之宝

序号	博物馆名称	文物名称	简介	图片
1	北京·国家博物馆	四羊方尊	商朝晚期青铜礼器，祭祀用品。整个器物用块范法浇铸，一气呵成，巧夺天工，显示了高超的铸造水平，被誉为中国青铜铸造史上最杰出的作品	
		后母戊鼎	商晚期铸品，高 133 厘米、口长 110 厘米、口宽 79 厘米，重 832.84 千克，原称“司母戊鼎”“司母戊大方鼎”，是世界迄今出土最大最重的青铜器，享有“镇国之宝”的美誉	
2	北京·故宫博物院	《清明上河图》	中国十大传世名画之一，北宋画家张择端仅见的存世精品，被誉为“中华第一神品”，属国宝级文物	
		“大禹治水”大玉山	雕刻于清乾隆年间，高约 224 厘米，宽约 96 厘米，底座高约 60 厘米，总重量在 5 吨以上，用料产自中国新疆和田，为致密坚硬的青玉。中国玉器宝库中用料最宏、运路最长、花时最久、费用最昂、雕琢最精、器形最巨、气魄最大的玉雕工艺品，也是世界上最大的玉雕之一	

续表

序号	博物馆名称	文物名称	简介	图片
3	湖北省博物馆	越王勾践剑	秋晚期越国青铜器，剑身修长，有中脊，两从刃锋利，前锋曲弧内凹。宽格上铸阳文鸟篆书“越王鸠践，自作用剑”。茎上两道凸箍，圆首饰同心圆纹，铸工精湛，被称为“天下第一剑”	
		曾侯乙编钟	战国早期曾国国君的一套大型礼乐重器，由六十五件青铜编钟组成的庞大乐器，其音域跨五个半八度，十二个半音齐备。它高超的铸造技术和良好的音乐性能，改写了世界音乐史	
4	甘肃省博物馆	铜奔马	东汉青铜器，身高 34.5 厘米，身长 45 厘米，宽 13 厘米。马昂首嘶鸣，躯干壮实而四肢修长，腿蹄轻捷，三足腾空、飞驰向前，一足踏飞燕，显示了一种勇往直前的豪情壮志，是中华民族伟大气质的象征。1983 年被确定为中国旅游标志	
5	陕西省历史博物馆	镶金兽首玛瑙杯	唐代唯一的一件俏色玉雕，也是唐代玉器做工最精湛的一件，此杯选用世界上极为罕见的红色玛瑙琢制，而兽嘴镶金的工艺处理，也是匠心独运	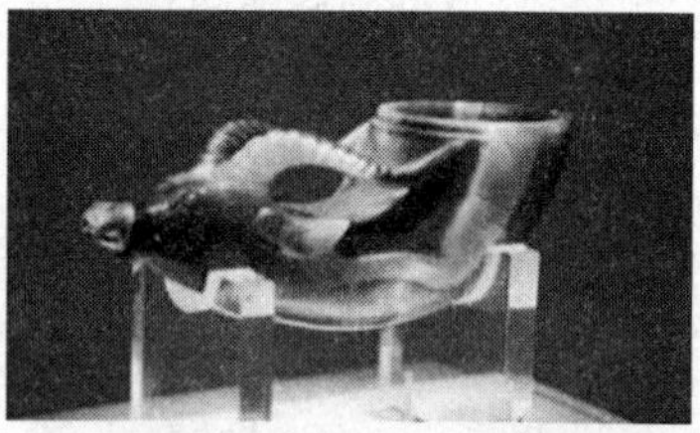
		鎏金舞马衔杯纹银壶	外形是辽金游牧民族的皮囊式壶形，腹部图案却是唐代宫廷舞马祝寿场景，充分地反映了唐代各民族的亲密交往。同时也反映了唐代金银细工的高度工艺水平	

续表

序号	博物馆名称	文物名称	简介	图片
6	宁夏回族自治区博物馆	明代牛皮封面手抄描金《古兰经》	由宁夏回族自治区一名阿訇捐赠的牛皮封面手抄描金《古兰经》，是目前国内收藏的最珍贵的《古兰经》珍善本之一，对于研究回族历史、宗教和艺术具有重要价值	
7	青海省博物馆	铜镏金观音造像	由明朝皇帝赐给青海瞿坛寺。像高146厘米，衣饰线条流畅飘逸，面含微笑，表情慈和，遍体镏金	
8	河北省博物馆	中山靖王刘胜夫妇的金缕玉衣	刘胜的玉衣共用玉片2498片，金丝重1100克，窦绾的玉衣共用玉片2160片，金丝重700克，其制作所费的人力和物力惊人	
9	山西博物院	晋侯鸟尊	全器为昂首挺立的鸷鸟形。细长鸟颈，腹腔中空，颈、头、喙相通，鸟背开小口设一小盖，盖有链条与虎形提梁相连。通体浮雕翅翼，细刻羽毛，为晋国青铜器代表作品	

续表

序号	博物馆名称	文物名称	简介	图片
10	河南博物院	春秋莲鹤方壶	春秋时期器物，高 120 厘米，口径 31 厘米。该壶造型宏伟气派，装饰典雅华美	
		四神云气图	西汉早期文物。壁画的主要内容为龙、白虎、朱雀、怪兽、灵芝及云气纹等组成的图案，是中国目前所见时代最早、画面最大、级别最高、保存最为完整的壁画	
11	山东省博物馆	东平汉墓壁画	山东地区迄今发现年代最早、保存最完整、艺术水平最高的壁画，填补了山东省汉代考古的空白，也是中国早期绘画作品中的精品之作，在全国极为罕见	
12	新疆维吾尔自治区博物馆	五星出东方利中国锦护臂	质地为蜀锦，而蜀锦素有“寸锦寸金”之称，当时只有长安和成都才有能力生产。这件锦护臂代表着当时我国乃至世界上丝绸织造工艺的顶级水平，是不折不扣的名贵品	

续表

序号	博物馆名称	文物名称	简介	图片
13	西藏博物馆	双体陶罐	造型洗练优美、饱满丰盈、构思巧妙，制作工艺纯熟，代表了卡若文化的制陶水平和卡若先民高超的器物造型能力，是新石器时代西藏陶器的代表和点睛之作	
14	内蒙古自治区博物馆	匈奴王冠	黄金制成，重 1394 克，是迄今发现的唯一一件匈奴单于金冠。金冠由金鹰和冠带两部分组成，上面浮雕有羊和狼的图案，雄鹰站在半球形金冠顶上，俯视着冠带上狼与羊搏斗的情景	
15	安徽博物院	战国楚大鼎	圆口，方唇，鼓腹，圜底，蹄足，附耳外移。腹饰一箍，箍上饰模印花纹。双耳和颈部模印菱形几何图案，足根部饰浮雕漩涡纹。口沿刻铭文 12 字，释读不一。前足和腹下均刻有“安邦”二字吉语。堪称楚国重器	
16	黑龙江省博物馆	金代铜坐龙	金代铜坐龙的身上凝聚了中华民族几千年龙文化的精华，无论从考古还是从艺术的角度，这尊铜坐龙都有很大的文化研究价值。通过对铜坐龙造型和饰纹的研究探讨，可以得到许多有益的启示	
17	吉林省博物馆	青花云龙纹高足碗	元代青花云龙纹高足碗，该器物侈口，深腹。高圈足上有三道凸弦纹，呈竹节状。口沿为青花唐草纹。内壁暗花印行龙二条。外壁用青花绘一游龙，并衬以火焰纹。青花色泽青翠浓艳，线条流畅有力，堪称元代青花瓷器中的珍品	

续表

序号	博物馆名称	文物名称	简介	图片
18	辽宁省博物馆	清代云龙人物纹转心象牙球	大球内分层透雕21个小球，球球相套，层层能转，满地纹饰。三节台柱，上为六层透雕小象牙球，纹饰同顶上之大象牙球；下有四足座，座上雕人物顶柱状承盘，玲珑剔透、巧夺天工的雕刻工艺令人叹为观止	
19	天津博物馆	《雪景寒林图》（范宽）	此图画群峰屏立，山势高耸，深谷寒柯间，萧寺掩映；古木结林，板桥寒泉，流水从远方迂回而下，真实而生动地表现出秦陇山川雪后的磅礴气势。笔墨浓重润泽，皴擦多于渲染，层次分明而浑然一体，表现出山石和枯木的质感	
20	南京市博物馆	元青花萧何月下追韩信图梅瓶	是世界上独一无二的一只以汉代典故故事为主体图案的梅瓶，造型端庄，胎坚釉白，在制坯、绘画、施釉、烧制上堪称元末明初青花瓷中的绝品佳作	
21	浙江省博物馆	《富春山居图》（前段）	《富春山居图》是元朝的书画，画家黄公望为郑樗（别号：无用师）所绘，以浙江富春江为背景，全图用墨淡雅，山和水的布置疏密得当，墨色浓淡干湿并用，极富变化，是黄公望的代表作，被称为“中国十大传世名画”之一	

续表

序号	博物馆名称	文物名称	简介	图片
22	江西省博物馆	商兽面纹鹿耳四足青铜甗	此甗甑鬲连体，鬲裆高，下四足。耳上各立一鹿，一雄一雌，回首相顾。鹿竖角，短尾卷，身披鳞片。甑腹饰四组展体的兽面纹。鬲足袋满饰浮雕兽面纹，它体形巨大，气势雄浑，奇美诡异，稳定性良好，有“甗王”之誉	
23	上海博物馆	王羲之上虞帖	一份信札，卷子前后盖有南唐和北宋皇室的收藏印章及历代收藏印记，同时保留着北宋内府的装裱格式	
24	湖南省博物馆	素纱禅衣	重量仅为49克的素纱禅衣，是马王堆汉墓随葬物品中最为引人关注的一件文物，除去较厚重的衣领、衣袖、衣襟缘边的绢，其重量只有20多克。正如古人形容的“轻纱薄如空”，其质地及纺织技术都让现代人称奇	
25	四川三星堆博物馆	青铜神树	青铜神树树干高384厘米，通高396厘米，由树座和树干两部分组成。树座略呈圆锥状，底座呈圆环形，上饰云气纹，底座之上为三山相连状，山上亦有云气纹。树干接铸于山顶正中，干直，树根外露	
26	云南省博物馆	牛虎铜案	于1972年在江川李家山古墓群遗址第24号墓坑中发掘出来的战国时期青铜器。滇国青铜器中较大的一件，其特殊的组合造型使整个铜案重心平稳，大小和谐，动静均衡统一	

续表

序号	博物馆名称	文物名称	简介	图片
27	贵州省博物馆	开元投龙铜简	53 岁的唐玄宗派遣内侍张奉国从京师来到南岳朱陵洞投放的铜简。除了祈求自己长生不老外，玄宗还将至爱杨玉环的名号——道真，写在祈请人一栏	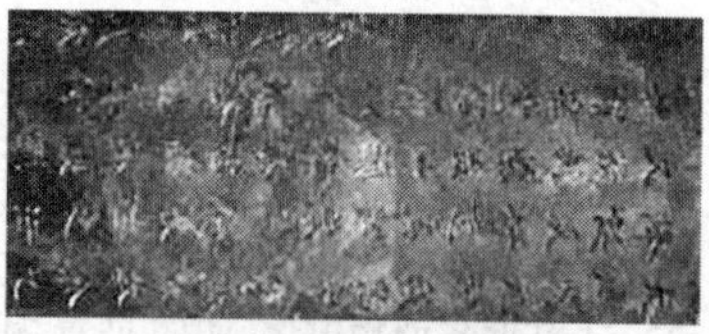
28	广西壮族自治区博物馆	翔鹭纹铜鼓	此面铜鼓距今约 2200 年，鼓身所刻图案纹式内容丰富、活泼生动，鼓底足部一侧卧刻篆文“百廿斤”，品相完好、铸造精良	
29	广东省博物馆	千金猴王砚	“一石三砚”之首。清朝张之洞做两广总督时，他有名何姓顾问在肇庆主持开发大西洞，得到一块上等石料，遂请名匠依形制作了这三方砚台。这种天然的名石与能工巧匠的雕刻，使得这三方砚台成为独一无二的稀世珍品	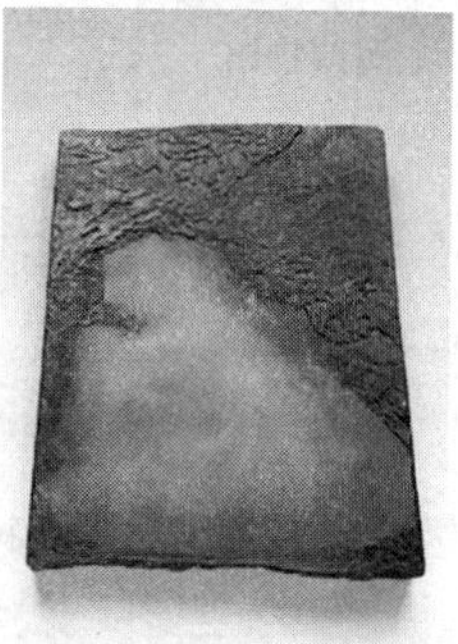
30	福建博物院	云纹青铜大铙	西周乐器。平口，钲部两侧有 36 个冏纹乳突状枚，枚直径 3.5 厘米，高 2 厘米。鼓饰变形兽面纹，两侧饰云雷纹。甬亦饰变形兽面纹。大铙双范合铸，浑大厚重，作风稳重古朴	
31	海南省博物馆	越王亓北古剑	又称“盲姑”剑、“不寿”剑，系越王勾践之孙王不寿的自用剑，距今已有 2400 年的历史，目前发现存世仅三柄，这柄最为完整，是所有存世的越王剑中最长的一把	

续表

序号	博物馆名称	文物名称	简介	图片
32	台湾台北故宫博物院	翠玉白菜	由一块半白半绿的翠玉为原材料，绿色的部分雕成菜叶，白色部分雕成菜帮，菜叶上还停留着两只昆虫，它们是寓意多子多孙的螽斯和蝗虫	
		东坡肉形石	这块清代的肉形石，是一块天然的石头，色泽纹理全是天然形成的，看上去完全是一块栩栩如生的五花肉块。“肉”的肥瘦层次分明、肌理清晰	
		毛公鼎	2800 多年前周宣王时期的“国之重器”，因刻器者为毛公而得名。身只有 30. 75 厘米高，却铭刻了 32 行 497 个篆书文字，是铭文最多的青铜器。其书法乃成熟的西周金文风格，是研究西周晚年政治史的重要史料	

二、非物质类文化遗存

非物质类文化遗存是各族人民世代相承、与群众生活密切相关的各种传统文化表现形式和文化空间。包括民间文学艺术、地方习俗、传统服饰装饰、传统演艺、传统医药和传统体育赛事等。

FBA 民间文学艺术：民间对社会生活进行形象的概括而创作的文学艺术作品，即在一国国土上，由该国的民族或种族集体创作，经世代相传，不断发展而构成，在特定历史时期流行的神话、传说、歌谣、史诗、长诗、谜语、谚语、方言等文学形式。从民间文学艺术作品的集体性上看，它与一般作品的作者概念显著不同；从继承性上看，它又缺乏著作权法所规定的独创性；从长期性上看，它又有进入公有领域之嫌。所以，国际上一般将民间文学艺术作品称为民间文学表现形式，以区别于普通作品。民间文学艺术表达是我国传统文化中的奇葩，承载着道德教育、审美观念传播、民族信仰传递等功能。

FBB 地方习俗：社会文化中长期形成的风尚、礼节、习惯及禁忌等。民俗旅游是一种独具特色的旅游类型，受到广泛关注。开发与推广民俗旅游资源是增强民族自信、弘扬民族文化、促进民族团结和国家繁荣昌盛的重要手段。地方习俗在形成过程中受以下因素影响：（1）经济因素。民俗作为一种生活文化，产生与其经济基础有密切联系，不同的经济基础上会形成不同的民俗文化。（2）政治因素。进入阶级社会后，统治阶级的思想在各时代都是占统治地位的思想，所产生的民俗也不可避免地受到政治的影响。（3）地缘因素。自然是文化的母体，不同的群体在一定的自然环境中生活，所以任何文化的产生都具有地缘的因素，民俗的形成也必然受地缘因素的影响。（4）宗教因素。宗教信仰是人类社会发展中极为重要的精神现象，因此作为包括物质生活文化和精神生活文化的民俗，在其形成和发展中，也必然会与宗教的因素产生极为密切的联系。后世的有些民俗就是由原来的宗教仪式演变而来的。（5）语言因素。语言是人类交际中最为重要的工具，也是民俗文化借以形成和传承的重要工具。语言的发展会影响到民俗的发展。

早在公元3世纪就有人采挖人参。在利益驱动下，大量无序的滥采人参，导致人参生长环境遭到破坏，人们意识到为了持续从人参采集销售中获利，必须制定一些行为标准来约束人们的采参行为。经过不断实践，逐步形成一整套由专用语言、行为规则、道德意志、挖参技术、个中禁忌等构成的民间习俗，由拉帮、进山、压山、抬棒槌、下山五部分仪式组成。长白山采参习俗作为长白山区极富地域色彩的地方习俗，对中国传统文化的继承和生态文明发展具有十分重要的意义。

FBC 传统服饰装饰：具有地方和民族特色的衣饰。在中华民族孕育的绚烂多彩的民族传统文化中，服饰文化是中华民族乃至人类社会创造的宝贵财富，体现了当时社会的发展情形和人们的精神文明追求及文化内涵。在历史的发展长河中，传统服饰随着朝代的更迭变化而不断发展。在民族融合的过程中，传统服饰从各少数民族服饰中不断吸取养分，融合各个时代的审美，从而形成了种类繁多、样式多样的中国古代传统服饰。服饰与各个民族之间的生活环境、生活方式有着密切关系，受区域地理环境与气候环境影响，传统服饰以及背后的文化也存在显著的差异性。如生活寒带与温带区域的北方地区少数民族，服饰面料以皮革、棉布居多，以起到保暖防风的作用；我国西部地区青藏高原，气候寒冷，早晚温差极大，生活在青藏高原的藏族同胞都身穿宽大的藏袍，中午温度升高时就把袍袖脱下系在腰间，以利于散热，夜晚温度下降则重新穿戴整齐，以便保暖，这种传统服饰穿着方式十分独特；南方由于气候炎热、雨水丰厚，服饰面料大多为单薄的棉纱，轻便凉爽，如水族、傣族等少数民族，服装大多宽敞而短，便于透气。生活方式也在服饰文化中得到体现。蒙古族被称为马背上的民族，身穿蒙古袍，两侧开衩，便于骑马。蒙古靴子的靴底为月牙形状，在骑马时便于踩马镫，传统的高筒靴不仅能够御寒保暖，还可以防止由于长时间骑马而对小腿的损伤。羌族生活在崇山峻岭之中，山高路陡，大多数物资运输需要人力背运，所以羌族男女均穿着麻布长衫，外面套上羊皮背心。由于羊皮背心御寒性能好，也十分耐磨，能够满足羌族群众的生活生产习惯。

FBD 传统演艺：民间各种传统表演方式，包括戏曲、曲艺、舞蹈等。民间戏曲主要由民间歌舞、说唱和滑稽戏三种不同艺术形式综合而成，起源于原始歌舞，是一种历史悠久的综合舞台艺术样式。如新昌调腔（新昌县）、松阳高腔（松阳县）、西安高腔（衢州市金华市）、宁海平调（宁海县）、永嘉昆剧（永嘉县）、浦江乱弹（金华市）、海宁皮影戏（海宁市）、台州乱弹（台州市）、淳安三脚戏（淳安县）、杭剧（杭州市）。民间曲艺是中华民族各种“说唱艺术”的统称，是由民间口头文学和歌唱艺术经过长期发展演变形成的一种独特的艺术形式。据不完全统计，中国民间的各族曲艺曲种约有400种。如四明南词（宁波市）、宁波走书（宁波市）、杭州小热昏（杭州市）、温州鼓词（瑞安市）、绍兴莲花落（绍兴市）、绍兴平湖调（绍兴市）、金华道情（金华市）、平湖钹子书（平湖市）、兰溪摊簧（兰溪市）、临海词调（临海市）。民间舞蹈起源于人类劳动生活，是由人民群众自创自演，表现一个民族或地区的文化传统、生活习俗及人们精神风貌的群众性舞蹈活动，所以也称为“土风舞”。如奉化布龙（奉化区）、长兴百叶龙（长兴县）、青田鱼灯（青田县）、十八蝴蝶（永康市）、海盐滚灯（海盐县）、淳安竹马（淳安县）、浦江板凳龙（浦江县）、浦江迎会（浦江县）、跳蚤会（定海区）。传统演艺的旅游开发模式如表 8–4 所示。

表 8–4 传统演艺的旅游开发模式

模式	基础	特点	效果
曲艺 + 网红演艺	相声、苏州评弹、乌力格尔、哈萨克族阿依特斯、凤阳花鼓、山东快书、浦东说书等	网红主播、民间艺人和曲艺工作者等，利用民间表演艺术表演民间文艺作品，通过网络视频传播给大众	游客自发成为推广非遗文化的渠道
传统戏剧 + 现代演艺	昆曲、侗戏、京剧、皮影戏、木偶戏、老调、滑稽戏等传统戏剧	融入现代唱腔、热门故事或创新表达方式	使得传统戏剧新老内容皆能融合

续表

模式	基础	特点	效果
传统音乐＋主题演艺	蒙古族呼麦、巢湖民歌、爬山调、渔歌、西安鼓乐、佛教音乐、道教音乐、唢呐艺术等传统音乐	挖掘传统音乐蕴含的文化背景和历史渊源	会场表演、音乐剧演出、特定场所音乐播放，达到视听合一的效果
民间舞蹈＋互动演艺	秧歌、龙舞、狮舞、塔吉克族鹰舞、彝族老虎笙、傩舞、高跷、滚灯等民间舞蹈	游园式演绎、特定户外区域表演的模式，在游客身边进行表演	游客可以近距离互动、拍照
传统体育、游艺与杂技＋剧场演艺	少林武术、武当武术、咏春拳、蹴鞠、幻术、口技、杂技、风火流星等传统体育、游艺与杂技	舞台灯光、烟雾特效和3D投影等科技手段和山水自然实景；在表演中融入历史、文化、现代、影视等故事	拉近了游客与非遗表演者的距离，增加了传统体育、游艺与杂技带来的冲击力，提高游客的观感体验

FBE传统医药：当地传统留存的医药制品和治疗方式。截至目前，国家级非遗代表性项目名录中共有传统医药类项目23项，既包括了中医生命与疾病认知方法、中医诊法、中医诊疗法、中药炮制技术、中医传统制剂方法、针灸、正骨疗法、中医药文化、中医养生等项目，还包括了藏医药、蒙医药、苗医药、壮医药、侗医药、彝医药、傣医药、畲族医药、瑶族医药、回族医药、布依族医药、哈萨克族医药、维吾尔医药等少数民族的医药项目。针灸疗法、正骨疗法是我国医学遗产的一部分，也是我国特有的一种民族医疗方法。千百年来，对保卫健康、繁衍民族有过卓越的贡献，直到如今，仍然担当着这个任务，为广大群众所信赖。

针灸是“针”法和“灸”法的总称。“针”法是指在中医理论的指导下把针具（通常指毫针）按照一定的角度刺入患者体内，运用捻转与提插等针刺手法来对人体特定部位进行刺激从而达到治疗疾病的目的。刺入点称为人体腧穴，简称穴位。根据最新针灸学教材统计，人体共有361个正经穴位。“灸”法是以预制的灸炷或灸草在体表一定的穴位上烧灼、熏熨，利用热的刺激来预防和治疗疾病。通常以艾草最为常用，故而称为艾灸，另有隔药灸、柳条灸、灯芯灸、桑枝灸等方法。如今人们生活中也经常用到的多是艾条灸。正骨，“正”字在此作动名词。即整治因骨关节损伤使肢体变形复原位的一门科学技术。中医指用推、拽、按、捺等手法治疗骨折、脱臼等疾病。正骨，为专科名，是诊治损伤的专科，也是古代医学“十三科”之一，也有称为伤科或骨伤科的。元代官方医疗制度中设有“正骨兼金镞科”。因此，元代以正骨专长的医学家危亦林在其《世医得效方》卷十八设有“正骨兼金镞科”以专门论述骨关节损伤及金刃所伤疾病的各种诊治方法。《医宗金鉴·正骨心法要诀》指出：“今之正骨科，即古跌打损伤之证也。”

FBF传统体育赛事：当地定期举行的体育比赛活动。我国的民族传统体育资源类型丰富多彩，一些民族传统体育项目集趣味性、观赏性、竞技性、参与性于一体，如龙舟比赛、那达慕大会、舞龙舞狮等，具有广泛的群众基础。据不完全统计，仅2019年全国各地举办的龙舟大赛就达30余场，当年的“龙腾潇湘·2019”湖南传统龙船赛（沅陵站）吸引了近10万游客。2019年，山东潍坊国际风筝节吸引了海内外观众近10万人。2019年内蒙古自治区第二十九届旅游那达慕大会的举办，吸引了近5万人参加。2018年嵩山少林武林大会在为期两个月期间，共计吸引了近60万游客体验少林功夫。当前，“舞台演艺”成为民族传统体育旅游寻求形式创新的重要渠道，探索以舞台化的形式，提升其体验性与艺术性。仅以武术为民族体育舞台化的代表，就出现了《禅宗少林·音乐大典》《泰山功夫传奇》《梦幻武当》《功夫诗·九卷》《风中少林》《神话武林》《梦幻太极》等。我国少数民族众多，文旅融合下结合少数民族地域和文化优势，开展民族传统体育旅游，也成为少数民族地区的发展路径。云南、贵州等地已经进行探索，通过体育旅游小镇建设，结合当地民族特色融合传统体育项目取得了一定成效，涌现出云南省红河州弥勒市可邑运动休闲特色小镇、安徽省六安市金寨县天堂寨大象传统运动养生小镇等一批特色鲜明的民族传统体育小镇。

第三节　历史遗迹类旅游资源的审美理解

曾经有人在网络中发问：为何要花高价保护古建筑遗迹和古文物呢？如果为了了解我们祖先的生活状态，可以用文字；如果是为了纪念一些失传的手艺，可以用影像，记录下所有的细节就可以了。如果未来科技的体感技术全息影像技术足够好，完全可以把这些东西记录成影像，供人们观看节省空间及其他成本。所以完全没必要将所有的古遗迹古文物花高价保护，有些东西留下影像文字记录就足够了。针对这一发问，你如何思考和回应呢？假设有一天，技术进步到已经可以通过分析青铜器的成分，判断出原料产地，从而描绘出当时的青铜贸易情况的时候，但我们发现青铜器已经都被熔炼掉，只剩下对于青铜器的文字描述、各种角度的照片以及全息影像的时候，如何是好呢？首先，文物承载的信息，除了制作年代、用途、仪式性意义等信息外，还有文物本体特别是材质领域的研究，也就是“文物本体价值”。同时，从伦理道德方面，保留本体，可以自证其真实，文字、照片、影像都是对本体的记录，记录的真实性是要弱于本体的。其次，现在对文物的研究，难以做到将文物蕴含的全部信息都提取并阐释出来，而且限于人类社会自身的局限性，有些研究和结论甚至可能是错误的，这些错误很可能会影响到对文物信息的记录，保留本体，就是保留现有研究体系的纠错能力。再次，从人类心理来说，对文物的审美、欣赏和体验的保障，是文物本体的“存在”。失去了这种存在，仅仅提供记录性信息将影响到欣赏者对文物的移情能力。最后，从博物馆学角度，文物从历史时期能够流传至今，被认为是文物价值的一个组成部分，而这种流传则对历史和社会的发展有见证意义（譬如传世文物的流传，可以说明流传时期认为这些文物是有价值的），毁灭了本体，则这重意义将不复存在。此外，从文化遗迹的本身来说，学者们也给出了以下几点理解的建议。

一、怀旧情结的隐喻

历史废墟的文化价值既体现为历史可以被片段化地还原，也表现为可以透过再现的历史来审视当下生活状况，形成对历史新的解读。历来中西方艺术家和设计师都善于将自然元素抽象为引发观者共鸣的符号，即通过某些熟练的手法和固定的程式来表现废墟并将之符号化。中国造园家善于在宅园中叠石理水，以假山奇石与老树枯藤来营造古朴沧桑之感。西方美学意义上的“废墟”原指石质建筑遗存及其所构成的风景，这种风景因其历史沧桑感而引发人们的怀旧情绪，唤起人们对生命延续及世代更替问题的思考。

二、天人对立的消解

从历史废墟到战争废墟，从工业废墟到乡村废墟，一切既是人类自然活动的产物，又是自然反向作用下所导致的人为结果。在这个双向关系中，废墟既作为时间和空间上连接各种矛盾因素的“在场”，又预示着排斥主体干预的非在场性。废墟就是一个主体性与客观性相交织的历史容器和思想载体。加利（Galli）认为:“废墟有其特殊的状态，这种状态是外部与内部、自然与文化等关系的交织。废墟既是‘此在’又是‘彼处’。对废墟的表现，隐喻了怀旧情绪，也隐喻了一种定格的、缺席的在场。”大自然将我们视为建筑美典范的古希腊神殿“解构”，为我们重新塑造了一座又一座抽象的、能引起人们无限遐想的残缺美的抽象建筑。所以，大自然才是我们所定义的各种“传统”的真正的“叛逆者”。换句话说，靠自然的能量所塑造出的残缺景物才是真正意义的抽象艺术，残缺景观审美才是真正意义上的“现代景观审美”。

三、逻辑思维的理解

理性的逻辑思维是西方文化的重要特点。因此在面对周围各种形态的联想中，他们更着重对“形态本质”的探究与思考。比如面对人体，西方美学认为骷髅（骨骼）就是比肉体更本质的元素，所以骷髅在西方艺术及人文思想的表现中有着很重要的位置。在西方古今各类艺术创作里，尤其是装饰艺术中将骷髅（骨骼）作为正面表现人类“终极性”的作品大量出现。

亚瑟港历史遗址地（Port Arthur Historic Site）坐落于澳大利亚的塔斯曼半岛上（见图 8–1）。作为世界文化遗产名录中澳大利亚囚犯时期遗址的重要组成部分，亚瑟港优美的海港风光与令人痴迷的监狱历史遗址造就了其文化遗产景观的独特性。1830 年创建，一开始只是一个伐木站。1833—1877 年，这个地方被用作二级罪犯的刑场，在这段时间里，大约有 12500 名罪犯服刑，对许多人来说，这简直是人间地狱。遗址总面积达 125 公顷，保存完好的古旧建筑、博物馆、咖啡厅和监狱旧址呈现出一个个有质感的历史故事。当你进入博物馆后，会得到一张扑克牌，每一张牌都代表一个曾关在这里的囚犯，你可以一边参观，一边找寻扑克牌上的囚犯故事。

图 8–1　澳大利亚亚瑟港遗址地外景和历史博物馆

1963 年，受铁路萧条的影响，纽约宾夕法尼亚车站被企业主决定拆除。这个被誉为“运输史上的多里安神庙”的极度优雅、精致而美丽的车站就这样从纽约消失了，而成为图 8–2（右）的样子。这一举动引起了极大的争议，纽约时报的编辑评论：“直到第一次爆破拆除之前，没有人相信宾州车站会被拆除；没有人会相信纽约政府竟然容忍对有着罗马时代般典雅的最高大、最精致建筑瑰宝的这种史无前例的破坏行动！”宾夕法尼亚车站的拆除直接成为美国地方政府对于联邦政府机构为了发展而损害历史建筑的行为的反抗的引爆点，作为这一运动代表的 *With Heritage So Rich* 一书也就此产生，随后导致了 section 104 的修改（所有联邦政府机构，或者有联邦贷款或者资助参与的活动，如果对历史建筑产生影响，必须经过论证，在论证结束前项目不能开始）。并且，当其后纽约中央车站的业主再一次想要拆除中央车站、开发房地产的时候，全纽约的普通市民、学者、名人站了出来，走上街头，将中央车站保护了下来。

图 8-2　1963 年和 2013 年的纽约宾夕法尼亚车站

第四节　历史遗迹类旅游资源的开发和保护

今天，人们越来越重视历史遗产保护和景观遗址改造，将现代设计手法融入历史、表述历史、延续历史，形成对历史综合性、总体性的把握，使新与旧在冲突与融合中构成新的场景。面对遗址的开发，设计师不但需要考虑如何处理新旧环境之间的冲突，也要考虑如何对待场地里多层的历史痕迹。吴若昊在《建筑学研究前沿》提出两种遗址改造策略："加法"和"减法"。"加法"，是在遗址上新增用于"解读"或者"描述"其历史文化核心的构筑物的改造策略，如建造博物馆、纪念馆等。"减法"，是通过对遗址的中层层历史信息的剥离，将最核心的历史痕迹暴露出来的改造策略。在表达方面，现代景观设计通过符号结构提升了传统再现和历史观照的文化价值，并致力于自然语言的主观化表达和自然价值的客观化界定。城镇景观运动的宗旨不仅要追求视觉上的古旧感，更要形成精神和观念上的回应，其目的是延续保护古老建筑和城市遗迹的思想，最终营造可持续化的、和谐的人居环境。

大遗址保护是一个世界性的课题，而大明宫国家遗址公园自 2010 年 10 月 1 日开园以来，"大遗址保护"的概念越来越受到社会各界的关注，同时，国内相关机构也逐渐将探索的目光投到考古遗址公园的建设上。这种全新的模式为国内考古遗址保护提供了更为开阔的思路，同时也为考古遗址保护和文化推广传承之间搭建了平台，产生了良好的社会影响，并将形成长远的经济效益和社会效益。

大明宫遗址公园位于陕西省西安市，遗址公园占地3.5平方公里，面积与举世闻名的纽约中央公园相仿。除保存了大明宫原有的地形和地表的遗址分布外，公园基本还原了唐代大明宫的历史原貌，并在文物保护基础上，体现了旅游的元素。大明宫国家遗址公园目前建有文化景观大道，游人在这里可以看到丹凤门广场、如镜的水面以及宫殿建筑的倒影、御阶、蓬莱仙岛的远影，让人感受到大唐盛世的文化辉煌。“考古学是一门非常严谨的学科，有严格的程序，需要较多的经费和时间，遗址公园对外开放后，大明宫的考古工作还要不间断地继续做。”开园是一个新的开始，考古工作不但没有结束，反而是一个有计划、有步骤的一个开始。

沙家浜景区，全国爱国主义教育示范基地、全国红色旅游经典景区、国家国防教育示范基地、国家5A级旅游景区、国家湿地公园、全国科普教育基地。以传承革命历史、弘扬红色文化为己任，沙家浜景区现已常态化举办各类纪念活动，先后举行“缅怀革命先烈　传承红色精神”清明祭扫活动、“绘质兰心画蓝花、百娃写生芦苇荡”儿童湿地活动、庆祝渡江战役胜利升旗仪式等一批特色活动，暑期实践、红色培训活动如火如荼地展开。近年来沙家浜景区逐步由观光型向观光＋体验型转变，把红绿资源转化成具有实用性、操作性强的体验课程，寓教于乐，寓教于游。景区开发了具有沙家浜特色的研学实践项目——“沙家浜红绿新学堂”，建设了土灶体验区、制作各种教具、完善科普宣教展板以及建设观鸟屋、观鸟栈道、四季田等室内外科普展教场所。丰富景区业态，打造全域典范。景区打造的《智斗胡司令》和《芦荡烽火》两场大型实景演出运用现代高科技特效手段，重现了当年革命战争的场景。

【同步练习】

一、单选题

1. 下列红色旅游区与其主题不匹配的是（　　）。

A. 以“人民胜利，国旗飘扬”为主题的京津冀红色旅游区

B. 以“开天辟地，党的创立”为主题的井冈山、瑞金的湘赣闽红色旅游区

C. 以“延安精神，革命圣地”为主题的陕甘宁红色旅游区

D. 以“千秋红岩、宗旨永恒”为主题的重庆红色旅游区

2. 下列文物资源属于甘肃省博物馆镇馆之宝的是（　　）。

A. 铜奔马　　　　B. 后母戊鼎

C. 镶金兽首玛瑙杯　　　　D. “大禹治水”大玉山

3. 被誉为“中华第一神品”的文物是（　　）。

A.《富春山居图》　　B.《清明上河图》

C. 青铜神树　　D. 四羊方尊

4. 下列不属于民俗旅游的发展方向的是（　　）。

A. 品牌化　　B. 产业化　　C. 规模化　　D. 集成化

5. 中国文物的发展随着时代而不断变化，下列朝代与文物品类不匹配的是（　　）。

A. 周——漆　　B. 汉——玉　　C. 唐——俑　　D. 明——画

6. 瓷器从商晚期萌芽，经过缓慢的发展至东汉已大量烧制。青瓷等色釉瓷至（　　）代已达繁荣的鼎盛时期。

A. 唐　　B. 宋　　C. 明　　D. 清

7. 湖南省博物馆重量仅为49（　　）的素纱禅衣，是马王堆汉墓随葬物品中最为引人关注的一件文物。

A. 克　　B. 量　　C. 钱　　D. 斤

8. 城镇景观运动其目的是延续保护古老建筑和城市遗迹的理想，最终营造（　　）人居环境。

A. 可持续化的、和谐的　　B. 可持续化的、环境友好的

C. 和谐的、绿色的　　D. 和谐的、环境友好的

9.《富春山居图》是（　　）朝的书画，画家黄公望以浙江富春江为背景，全图用墨淡雅，山和水的布置疏密得当，墨色浓淡干湿并用，极富变化，被称为“中国十大传世名画”之一。

A. 宋　　B. 元　　C. 明　　D. 清

二、多选题

1. 历史遗迹的功能包括（　　）。

A. 满足旅游者求知、求奇、求美和求异的心理需求

B. 满足旅游者感触的需要

C. 满足旅游者记忆的需求

D. 满足旅游者休闲的需求

2. 联合国教科文组织的《世界遗产公约》指出，物质文化遗产主要包括（　　）。

A. 历史文物　　B. 历史实物　　C. 历史建筑　　D. 人类文化遗址

3. 下列属于民间文学艺术作品特点的是（　　）。

A. 集体性　　B. 长期性　　C. 继承性　　D. 变异性

4. 下列属于非物质文化遗存的有（　　）。

A. 可移动文物　　B. 地方习俗　　C. 传统医药　　D. 体育赛事

5. 地方习俗在形成过程中的影响因素有（　　）。

A. 经济政治　　B. 地缘　　C. 宗教　　D. 语言

6. 我国的民族传统体育资源类型丰富多彩，加之我国深厚的文化底蕴，一些民族传统体育项目集（　　）于一体。

A. 趣味性　　B. 观赏性　　C. 竞技性　　D. 参与性

三、判断题

1. 历史遗迹类旅游资源是指那些在社会历史发展中曾发挥过重要作用，具有典型性和代表性，享受一定知名度，但不一定能够对游客产生吸引力的旅游资源。（　　）

2. 很多遗址都属于战争、灾难之后的遗存。（　　）

3. 明清时期的建筑经历了繁复到严谨再到宏大雄伟的演变，达到中国传统建筑的最高峰。（　　）

4. 典藏了各类文物的博物馆，是传播传统文化、保护人类文明遗产和服务于历史学、社会学等领域科研和教学活动的重要商业性机构。（　　）

5. 民间文学艺术表达是我国传统文化中的奇葩，承载着道德教育、审美观念传播、民族信仰传递等功能。（　　）

6. 针灸是针法和灸法的总称，是基于中华民族文化和科学传统产生的宝贵遗产。（　　）

7. 羌族生活在崇山峻岭之中，山高路陡，大多数物资运输需要人力背运，所以为了适应潮湿炎热的气候环境，服装大多宽敞而短，便于透气。（　　）

8. 龙舟比赛、那达慕大会、舞龙舞狮等具有广泛的群众基础，是集趣味性、观赏性、竞技性、参与性于一体的民间体育项目。（　　）

9. 古建筑和古文物保护的重点首先在于文物文字、影像的记录，其次在于文物本体的保护。（　　）

10. 靠自然的能量所塑造出的残缺景物才是真正意义的抽象艺术，残缺景观审美才是真正意义上的“现代景观审美”。（　　）

11. 四羊方尊是世界迄今出土最大最重的青铜器，享有“镇国之宝”的美誉。（　　）

12. 越王勾践剑是所有存世的越王剑中最长的一把（　　）

13. 纽约宾夕法尼亚车站被誉为“运输史上的多里安神庙”。（　　）

14. 除新疆、海南两个省（区）外，各地都有发现旧石器遗址。（　　）

15. 西安大雁塔始建于隋，南京栖霞寺舍利塔始建于唐。（　　）

16. 红色旅游资源丰富的地区首先凭借自身区域的资源优势，形成了反映特定主题的区块模式，如以“革命摇篮，领袖故里”为主题的沪浙红色旅游区等。（　　）

17. 开发与推广民俗旅游资源是增强民族自信、弘扬民族文化、促进民族团结和国家繁荣昌盛的重要手段，是当地经济发展的有效方法之一。（　　）

四、填空题

1. ________又称“有形文化遗产”，与“非物质文化遗产”合称“文化遗产”。

2. 历史遗迹景观可以满足旅游者________、________、________的三方面需求。

3. 可移动文物分为________和________。

4. 地方习俗指社会文化中长期形成的________、________、________及________等。

5. 传统服饰装饰是指具有________和________特色的衣饰。

6. 人类在发展过程中留下了历史遗迹、遗址、遗物，其中已被废弃、不再具有________的被称为历史遗迹。

7. 传统医药是指当地传统留存的________和________。

8. 传统体育赛事是指当地________举行的体育比赛活动。

9. 地方习俗在形成过程中有________、________、________、________、________五个影响因素。

第九章　旅游购品

【本章概要】

对旅游购品类旅游资源的概念、特征、开发要点等进行阐述，对国标中的农业购品、工业购品、手工艺品的特点、分布和典型代表进行全面系统的介绍。

【学习目标】

理解旅游购品类旅游资源的概念、特征；
掌握旅游购品类旅游资源的国标分类以及各类购品的特点和典型代表；
掌握旅游购品类旅游资源的开发要点。

【拓展训练】

评价我国旅游购品类旅游资源的开发情况。

［步骤］

1. 5~7 人一组，分组分省区调查各区域已开发的旅游购品情况，并分类整理。
2. 对比该区域旅游购品与国际同类旅游购品开发方式的差异，并写出一份书面报告。
3. 在课堂上集中汇报各组的调研分析结果。

【拓展阅读】

［1］杨婵容，魏伟新．九江茶文化旅游资源评价与开发建议［J］．旅游纵览，2021（22）：15–18.

［2］王帆．中国旅游商品研究发展综述［J］．新西部，2020（2）：72–74+10.

［3］郑路．论旅游商品设计中的文化资源整合［J］．吉林工程技术师范学院学报，2014，30（12）：44–45.

［4］卢凯翔，保继刚．旅游商品的概念辨析与研究框架［J］．旅游学刊，2017，32（5）：116–126.

［5］孔璎红，苏悦娟，王政武．地理标志旅游资源开发与旅游发展研究［J］．经济

研究参考，2016（35）：87–91.

［6］王雨喆．地理标志旅游资源开发及应用研究［J］．文化产业，2020（15）：17–18.

［7］田立慧．我国地理标志产品空间分布和旅游开发模式研究［D］．河北师范大学，2015.

第一节　旅游购品类旅游资源概述

一、旅游购品类旅游资源的概念

旅游购品（tourism purchases）是由旅游目的地向旅游者提供的商品，是旅游者在旅游活动中所购买的富有民族、地方和游览地特色的，对旅游者具有强烈吸引力以及具有纪念性、针对性、艺术性和礼品性的物质产品，也就是旅游者所购买的商品。旅游者作为消费者，在购买过程时，会对所购物品进行识别、判断、比较和反馈。因为是发生在旅游活动这一特定情境内，因而对其界定也需要考虑旅游情境所带来的一些特定需求和特定要求。旅游购品一般代表地方特色文化，且具有一定的纪念意义，甚至可以激发出游动机，是目的地旅游资源的重要组成部分，特指实物品。具体而言，旅游者在旅游活动中购物主要满足自身出行需要，如鞋帽衣物、食品药品、电子用品等；满足旅游纪念需要，如收藏品、玩具；满足馈赠需要，如当地农副产品、手工艺品等；满足自身日常需要，如化妆品、箱包、家用设备等，还包括为了获得更优惠的价值和更高的质量而到产地进行购物，其数量往往较大，甚至引发专门的采购行业。以上四种动机仅是对当前旅游购物行为的概括，随着旅游活动形态的演变，还可能出现新的动机。

值得注意的是，旅游购品与旅游商品、旅游产品、旅游纪念品、旅游工艺品等概念存在交叉。旅游商品是指针对游客设计的，是游客为旅游而购买的或在旅游过程中购买的，具有旅游文化内涵的实物商品。旅游商品与旅游购品的概念十分接近，区别仅在于旅游商品是从供给和需求双方的交易来说，旅游购品只是从需求方即旅游者的实际购买所得而言。旅游产品是指旅游供给者为满足旅游者需求所提供的有形产品和无形服务。如住宿的客房、出行交通租赁和服务等，是食、住、行、游、购、娱的总和，其与旅游购品的概念就相去甚远。旅游纪念品是以旅游景点的文化古迹或自然风光为题材，利用当地特有的原料，体现当地传统工艺和风格，富有纪念意义的小型纪念品，往往标上产地地名，或利用产地的人地事物特征作商标，主要包括仿制品、复制品、工艺品、音像制品、图书资料、字画等，旅游纪念品可算是旅游购品中的一部分。而旅游工艺品又是旅游纪念品中的一种，主要包括陶瓷、刺绣、织棉、染织、地毯、雕塑、玩具、金属工艺、编织工艺等品种。从内涵和外延看，以上几个概念的关系如下：

旅游产品 > 旅游商品 = 旅游购品 > 旅游纪念品 > 旅游工艺品

二、旅游购品类旅游资源的特征

旅游购品区别于一般的消费者购品，其旅游意义主要表现为以下几个方面。

（一）纪念性

纪念性是旅游者对旅游购物品的最基本要求。旅游者在异国他乡旅游，往往怀有猎奇心理，每到一地或结束旅游时，总希望购买一些能反映旅游地文化古迹、风土人情的纪念品，或留作自用，可以睹物思情，唤起自己美好的回忆；或馈赠亲友，使其仿佛身临其境。因而旅游购物品原则上要求就地取材、就地生产、就地销售。

（二）针对性

旅游活动是人们在基本生活需要得到满足以后的一种高级消费形式。旅游购品是旅游目的地为了满足远道而来进行观光、游览或其他活动的旅游者的购物需要，而生产和经营的具有民族和游览地特色的物质产品。因此，旅游购物品的销售对象主要是旅游者，具有明显的针对性，其生产经营活动受旅游目的地的政治、经济以及其他因素变化的影响较大。

（三）艺术性

旅游购品的艺术性，就是要利用传统工艺充分展现商品的民族风格和地方特色，并与当地景观、文化传统巧妙融合，使购品显得新颖奇特、美观别致，具有艺术欣赏价值，给人以美的享受。

（四）礼品性

礼品性是指一件精美的旅游购物品不仅能给人带来美的享受，而且能够使旅游者显示出自己的经历、身份和富有。因此，当他完成一次旅游活动，把旅游购品带回常住地馈赠亲朋好友时，受礼者也会感到荣幸。同时，旅游者在旅游地停留的时间是短暂的，购物时间性很强，不可能花太多的时间对购品进行仔细比较，且所购物品中的相当部分是用来馈赠亲友的，故而小巧玲珑、包装精美的旅游购品对旅游者具有很大的吸引力。

交际相互馈赠礼物，是人类社会生活中不可缺少的交往内容。中国人一向崇尚礼尚往来。《礼记·曲礼上》说：“礼尚往来，往而不来，非礼也，来而不往，亦非礼也。”馈赠，是与其他一系列礼仪活动一同产生和发展起来的。礼起源于远古时期的祭祀活动。在祭祀时，人们除了用规范的动作、虔诚的态度向神表示崇敬和敬畏外，还将自己最有价值、最能体现对神敬意的物品（即牲畜）奉献于神灵。礼品分类的方法很多，但国内尚无一个完整的分类方法。目前常按礼品的作用（用途）分类，可以分为节庆礼品、会议礼品、促销礼品、办公礼品、福利礼品、特产礼品、纪念礼品、工艺礼品等。旅游购品作为礼物，传统上常使用特产和手工艺品。

【原产地域产品保护制度】在国际上又称为原产地名称权保护制度或地理标志保护制度，是20世纪以来世界上多数国家为有效保护本国的特色产品而采取的重要制度体系，也是世界贸易组织的“与贸易有关的知识产权协议”（TRIPS协议）中所认可的通行保护规则。1999年，我国国家质量技术监督局在借鉴国外运作实践经验的基础上，颁布了《原产地域产品保护规定》（见图9-1），成为我国第一部专门规定原产地域产品保护制度的部门规章。这一规定的发布，标志着有中国特色的原产地域产品保护制度的初步建立。原产地标记一般应当具备以下条件：①原产地名称是确实存在的地理名称；②原产地名称的使用人是该产地利用相同的自然条件、采用相同传统工艺的生产经营者；③原产地名称所附着的商品为驰名的地方特产。从1999年10月至2000年10月的试点阶段，国家只受理批准了一个地区、一个原产地域产品，即绍兴酒。此后，宣威火腿、茅台酒、龙井茶、文山三七、镇江香醋、武夷岩茶、水井坊酒、高邮鸭蛋、蒙山茶、昌黎葡萄酒、烟台葡萄酒、烟台苹果、龙口粉也陆续获批。2005年5月16日，国家质量监督检验检疫总局审议通过《地理标志产品保护规定》，并替代《原产地域产品保护规定》。截至2022年6月底，我国累计认定地理标志保护产品2493个，累计核准地理标志作为集体商标、证明商标注册6927件，核准使用地理标志专用标志市场主体19350家，建设74个国家地理标志产品保护示范区。从全球来说，原产地域产品保护制度最早是因葡萄酒引起的，随后逐步扩大到葡萄等其他农产品、加工品和工艺品。然而，在长达几十年的时间里，世界各国所保护的原产地域产品中，农产品及其加工品（特别是酒类、饮料和各种食品）一直占绝大多数。因此，可以说原产地域产品保护制度的主要对象一直是农产品及其加工品。目前欧盟有原产地域保护产品1000多种，其中大多数是农产品及其加工品（主要是食品）；法国原产地域保护产品有23种，其中的农产品及其加工品（如香槟酒、干邑酒等）占大多数。地理标志对消费者溢价支付意愿有显著影响。发展地理标志特色产业已成为各地发展区域特色经济、实施乡村振兴的重要途径。地理标志承载着特定区域的公共利益，地理标志特色产业联动制造业、物流业、酒店业、旅游业等，已成为增强“造血功能”，实现富农兴农的长远之计。

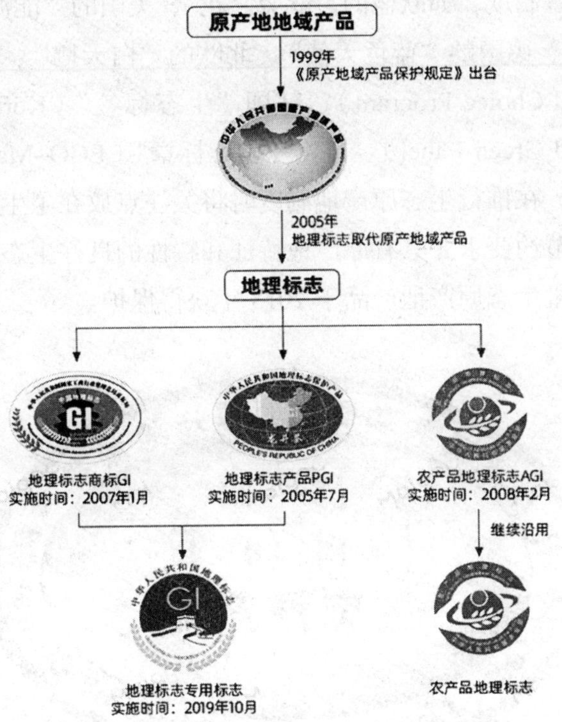

图 9-1　我国地理标志产品专用标志

【生态原产地产品】指产品全生命周期（生长、原材料提取、生产、加工、制造、包装、储运、使用、废弃处理等）过程中，符合绿色环保、低碳节能、资源节约要求并具有原产地特征和特性的良好生态型产品。包括原产地标记产品、原产地名称保护产品，生物物种起源产品，具有历史传承的名、优、特产品或自主知识产权的创新型产品等。欧盟于 1992 年出台了“生态标签”体系，在欧洲市场上享有了很高的声誉，鼓励政府采购并使用“绿色产品”，并成立了欧盟生态标签委员会，影响极为深远。欧盟生态标签制度的目的是提高生态保护，使产品从设计、生产、销售到使用，直至最后处理的整个生命周期内都不会对生态环境带来危害。生态标签认证制度，使得获得标签的企业塑造了生态环保的社会形象，赢得了消费者及社会的信赖，提高了产品的附加值，通行于欧洲并受到保护。根据中华人民共和国国家市场监督管理总局的规定，产品拥有原产地标记可以优先进入绿色通道，并在出口检验检疫方面享有更优先的便利。受保护的生态原产地产品将在政府采购中享有优先地位，其生态性、原产地特性成为优秀的“中国制造”，成为打造中国顶级品牌的消费亮点。在与国际接轨上，我国地理标志遵循 WTO《与贸易有关的知识产权协议》（简称 Trips 协议）第 22 条第 1 款的定义，并按 Trips 协议第二部分第三节履行保护义务；生态原产地则契合国际通行的生态标签制度。自联合国千年发展目标和联合国可持续发展目标框架提出以来，国际上已有 40 多个国家推出了生态标签制度，如欧盟的“欧盟之花”、美国的“能源之星”、印度的“生态标志”（Eco mark）、德国的“蓝色天使”、北欧的“白天鹅”、加拿大的“环境选择计划”（Environmental Choice Program）、韩国“生态标签”（Korea Eco-label）、泰国“绿色标签”（Thailand Green Label）、日本“生态标章”（ECO-Mark）等。我国充分对接国际风行生态制度，在推行生态原产地制度时将关注点放在了生命周期中符合绿色环保、低碳节能、资源节约要求并具有原产地特征和特性的良好生态型产品上，其标志如图 9-2 所示。我国首批生态原产地产品于 2013 年获得保护。

图 9-2　我国生态原产地保护产品专用标志

第二节　旅游购品类旅游资源类型

一、农业产品

GAA 种植业产品及制品：具有跨地区声望的当地生产的种植业产品及制品。中国种植业历史悠久，中国农业中种植业的比重较大，其产值一般占农业总产值的 50% 以上，它的稳定发展，特别是其中粮食作物生产的发展对畜牧业、工业的发展和人民生活水平的提高，对中国国民经济的发展和人民生活的改善均有重要意义。正确处理种植业与其他产业的关系，正确确定种植业内部各类作物的种植比例是合理利用土地、加快农业发展的重要条件。种植业产品有粮食作物、经济作物、工业原料作物、饲料作物和药用作物等，我国中草药主要产地如表 9-1 所示。棉花属于经济作物，全世界棉花产量最高的国家有中国、美国、印度等。新疆光照时间长、日较差大，成为我国长绒棉的重要产地，长绒棉以绒长、品质好、产量高著称于世。2020—2021 年，新疆棉产量 520 万吨，占国内产量比重约 87%，占国内消费比重约 67%。

表 9-1　中草药材主要产地

种植中药材	产地	产地保护
当归	主要分布在甘肃岷县及其周边地区，位于甘肃南部的岷山山脉东支南北两面山麓地区和陇中黄土高原与青藏高原的交会过渡带，包括甘肃省岷县、宕昌、临潭及卓尼等周边	2002 年国家质检总局批准对“岷县当归”实施原产地域产品保护
党参	党参因其故乡在上党而得名，主治气虚不足、倦怠乏力。晋东南与忻州地区出产的党参最受欢迎，其中，晋东南党参产区主要分布在平顺、陵川、屯留、长子、壶关、潞城、黎城等县	2011 年“平顺潞党参”被农业部登记为农产品地理标志
铁皮石斛	生于海拔达 1600 米的山地半阴湿的岩石上，主要分布于中国安徽、浙江、福建等地。其茎入药，属补益药中的补阴药，名列九大仙草之首	天目山、雁荡山、武义、余姚等地均已获中国地理标志证明商标
冬虫夏草	主要分布在我国青海、西藏、四川、云南、贵州、甘肃等海拔 4000 米左右的地区	那曲、青海等地已获地理标志产品

GAB 林业产品与制品：具有跨地区声望的当地生产的林业产品及制品，如林区农产品、苗木花卉、木制品、木工艺品、竹藤制品、艺术品、森林食品、林化工产品，以及与森林资源相关的产品。当地旅游开发可实施地理标志产品保护，以增强花卉苗木产业竞争优势。

我国人民历来喜爱竹子，是世界上研究、培育和利用竹子最早的国家。从竹子在中国历史文化发展和精神文化形成中所产生的巨大作用，竹子与中国诗歌书画和园林建设的源远流长的关系来看，没有哪一种植物能够像竹子一样对中国的文明产生如此深远的影响。利用竹子制作各种竹制品，历来就广为民间青睐。竹制品是指以竹子为加工原料制造的产品，多为日用品，如竹篮、竹筛、箩筐、竹扁担、竹筷、竹扫帚等日用品；竹桌、竹椅和竹地板等家用和办公家具；还有一些价值较高的竹雕等民间工艺品；现代开发的竹炭产品，也备受市场欢迎。竹产业集良好的生态、经济和社会效益于一体，利用竹材生产现代家具的竹家具，是一个新兴的低碳产业，竹材因其生长快速，材质硬度高，超强的韧性，是取代实木的理想家具用材，对于森林的保护作用效果明显。

GAC 畜牧业产品与制品：具有跨地区声望的当地生产的畜牧产品及制品。畜牧业产品与制品是反映一个国家和地区畜牧业发展水平的重要标志。由于畜牧业生产水平不同，一般把牲畜和畜产品的商品率在 15%~85% 的畜牧业称为商品性畜牧业。发展商品畜牧业，必须具备宜牧地广阔，自然条件适宜，生产历史悠久，劳动者有较丰富的饲养经验，专业化生产基础较好，技术与设备较先进，生产潜力较大，内外交通便捷等条件。畜牧业提供的肉、奶直接产品不易远距离运输，经过进一步加工后成为常温下保质期比较长的产品，则可以远距离运输。如羊毛、山羊绒、牦牛肉干、酥油、奶茶、奶片、奶粉等。

GAD 水产品及制品：具有跨地区声望的当地生产的水产品及制品。水域资源丰沛的江苏黑龙江广东等地，水产品及制品丰富，如高邮湖大闸蟹、阳澄湖大闸蟹、固城湖螃蟹、宝应荷藕、广洋湖青虾、吕四海蜇、盱眙龙虾、抚远“黑龙江大马哈鱼”鱼子、抚远“黑龙江鲟鳇鱼”鱼子，信宜凼仔鱼、台山青蟹、顺德鳗鱼、客都草鱼、台山蚝、大桥石鲤、清新桂花鱼、金湾黄立鱼、威海野生刺参、日照大竹蛏、荣成鲍鱼、大连红鳍东方鲀、大连栉孔扇贝、兴化大闸蟹、洪泽湖大闸蟹、宁波岱衢族大黄鱼、温州大黄鱼、连江鲍鱼、晋江紫菜、莆田花蛤、钦州石金钱龟、钦州鲈鱼、桂平黄沙鳖等。

GAE 养殖业产品与制品：具有跨地区声望的养殖业产品及制品。发展养殖业的条件是：自然条件适宜，即光、热、水、土适合各类牧草和牲畜的生长发育，草场面积较大，质量较好，类型较多；有一定的物质基础，生产潜力很大，能做到投资少、见效快、收益高；广大农民具有从事养殖业生产的经验和技能等。家畜是被人类高度驯化的动物，是人类长期劳动的社会产物，具有独特的经济性状，能满足人类的需求，已形成不同的品种，在人工养殖的条件下能够正常繁殖后代并可随人工选择和生产方向的改变而改变，同时其性状能够稳定地遗传下来。家禽除提供人类肉、蛋外，它们的羽毛和粪便也有重要的经济价值。

盐水鸭是南京的著名特产，属金陵菜，是金陵菜的代表之一，又称桂花鸭，是中国地理标志产品。因南京有“金陵”别称，故也称“金陵盐水鸭”，其久负盛名，至今已有2500多年历史。南京盐水鸭制作历史悠久，积累了丰富的制作经验。生产的盐水鸭鸭皮白肉嫩、肥而不腻、香鲜味美，具有香、酥、嫩的特点。中秋前后，桂花盛开季节制作的盐水鸭色味最佳，名为桂花鸭。2018年9月10日，“中国菜”正式发布，“金陵盐水鸭”被评为江苏十大经典名菜。

二、工业产品

GBA 日用工业品：具有跨地区声望的当地生产的日用工业品，包括纺织品、针织品、百货、文化用品，以及民用五金、交电、化工商品等人们日常生活必不可少的消费资料。随着工农业生产的迅速发展和城乡人民生活水平的不断提高，消费构成中用、穿的比重日益增大，日用品在人民群众日常生活中显得更加重要。

GBB 旅游装备产品：具有跨地区声望的当地生产的户外旅游装备和物品，即为参加户外旅游时需要配备的一些设备和物品，衣物如冲锋衣裤、抓绒衣、排汗内衣、快干衣裤、羽绒衣裤、其他个人衣物；设备有露营设备，如户外净水器、帐篷、背包、睡袋、炊具与餐具、头灯等，登山设备如登山绳、冰镐、雪杖、氧气罐、头盔、滑轮；其他还有探洞设备、潜水设备等，属于特种旅游的设备。

三、手工工艺品

GCA 文房用品：文房书斋的主要文具。人类文明自诞生时起，人们便以各种方式将文明成果保留下来，使我们能够领略到先辈的风采与创造，同时也使我们的文化得以延续和发展。在这一过程中，文房用品尤其是，作为文明的载体起着重要作用。在我国历史文化长河中，很早就已有“文房”之称，笔、墨、纸、砚则被誉为“文房四宝”。在用于书法、绘画的文化艺术工具中，仅这四样宝，就已备受文人的喜爱和珍藏。

【笔】汉语常用字，“聿”是“笔”的本字，最早见于甲骨文，其本义为手握由竹管和兽毛制成的软性书写工具书写，后引申指书写、书画作品、汉字的笔画、文件数量等。善琏湖笔是中国传统书画工艺品之一，历史悠久，工艺精湛，素有毛颖之技甲天下之称。浙江省湖州市善琏镇是湖笔的发源地，距今有两千多年历史。据《湖州府志》载：“湖州出笔，工遍海内，制笔者皆湖州人，其地名善琏村。”

【墨】中国传统文房用具之一，文房四宝之一，是书写、绘画的黑色颜料，后亦包括朱墨和各种彩色墨。墨的主要原料是煤烟、松烟、胶等，是碳元素以非晶质形态的存在。通过砚用水研磨可以产生用于毛笔书写的墨汁，在水中以胶体的溶液存在。古墨主要派别分徽墨、川墨。墨的水分及胶的成分不同，会影响到墨的黏度。在不同场合使用的墨，其黏度有所不同。另外，初制成的墨的水分亦较多。另有存放时间较长的墨，其致密度较高，并经过长年累月的干燥，使墨色的立体感更高。这种墨在日本被称为“古墨”。位于山东省潍坊市青州市西北 15 公里处的黑山，因石黑如墨而得名，佛道两家都曾把这里作为道场。青州黑山也曾是我国古代第一砚——红丝砚的唯一产地。

【纸】又称无光泽毛毡纸，由含植物纤维的原材料经过制浆、调制、抄造、加工等工艺流程制成，可用于写画、印刷书报、包装等。能任意折叠用来书写的片状物。纸是书写、印刷的载体，也可以作为包装、卫生等其他用途，如打印纸、复写纸、卫生纸、面纸等，由于纸的发明和推广，才使人类可以不再用泥、石、木、陶、金属等材料记录文字或图画，也使古代大量信息得到传播和保存。东汉和帝元兴元年（105 年），蔡伦在总结前人制造丝织品的经验的基础上，发明了用树皮、破渔网、破布、麻头等作原料，制造成了适合书写的植物纤维纸，才使纸成为普遍使用的书写材料。这种纸很便宜，质量好，原料又很容易找到，所以逐渐被普遍使用。至东晋末期，纸的使用已经完全普及，并逐渐传至周边各国，在世界范围内为文化的发展做出了贡献。

【砚】亦称为研，中国传统手工艺品之一，砚与笔、墨、纸合称中国传统的文房四宝，是中国书法的必备用具。汉代刘熙写的《释名》中解释："砚者研也，可研墨使和濡也"。它是由原始社会的研磨器演变而来。初期的砚，形态原始，是用一块小研石在一面磨平的石器上压墨丸研磨成墨汁。至汉时，砚上出现了雕刻，有石盖，下带足。魏晋至隋出现了圆形瓷砚，由三足而多足。箕形砚是唐代常见的砚式，形同簸箕，砚底一端落地，一端以足支撑。唐、宋时，砚台的造型更加多样化。砚台历经秦汉、魏晋，至唐代起，各地相继发现适合制砚的石料，开始以石为主的砚台制作。其中采用山东青州的红丝砚、广东端州的端石、安徽歙州的歙石及甘肃临洮的洮河石制作的砚台，被分别称作红丝砚、端砚、歙砚、洮河砚。后世人们便将红丝砚、端、歙、临洮砚称作四大名砚。清末，人们又将山西的澄泥砚与端、歙、洮并列为中国四大名砚。

GCB 织品、染织：纺织及用染色印花织物。我国是世界上最早饲养家蚕和缫丝织绸的国家，丝绸约有 5000 年可考的历史。中华民族的祖先不但发明了丝绸，而且昌明丝绸、利用丝绸，使其在服饰上、经济上、艺术上及文化上均散发出灿烂的光芒，进而使丝绸闻名海内外。被称为三大名锦的古代南京云锦、四川蜀锦、苏州宋锦是丝织品中的优秀代表，至今在世界上仍享有很高声誉。因此，丝绸在某种意义上说，代表了中国悠久灿烂的文化。丝织物，被誉为"东方绚丽的彩霞"。

【云锦】在古代丝织物中"锦"是代表最高技术水平的织物，有"寸锦寸金"之称，而南京云锦则集历代织锦工艺艺术之大成，列中国四大名锦之首，元、明、清三朝均为皇家御用品贡品，因其丰富的文化和内涵，被专家称作是中国古代织锦工艺史上最后一座里程碑，公认为"东方瑰宝""中华一绝"，是中华民族和全世界珍贵的历史文化遗产。其历史可追溯至东晋义熙十三年（417 年）在国都建康（今南京）设立专门管理织锦的官署——锦署，至今已有 1600 年历史。如今只有云锦还保持着传统的特色和独特的技艺——提花木机织造，这种靠人记忆编织的传统手工织造技艺仍无法用现代机器来替代。南京云锦因其色泽光丽灿烂，美如天上云霞而得名，其用料考究，织造精细、图案精美、锦纹绚丽、格调高雅，在继承历代织锦的优秀传统基础上发展而来，又融会了其他各种丝织工艺的宝贵经验，达到了丝织工艺的巅峰状态，被誉为"锦中之冠"，代表了中国丝织工艺的最高成就，浓缩了中国丝织技艺的精华，是中国丝绸文化的璀璨结晶。南京云锦木机妆花手工织造技艺作为中国古老的织锦技艺最高水平的代表，于 2006 年列入首批国家级非物质文化遗产名录。2009 年 8 月，《地理标志产品云锦》国家标准在南京通过国家级专家评审，同年 9 月成功入选联合国人类非物质文化遗产代表作名录。

【宋锦】因其主要产地在苏州，故又称"苏州宋锦"。宋锦色泽华丽，图案精致，质地坚柔，被赋予中国"锦绣之冠"。宋锦开始于宋代末年，产品分重锦和细锦（此两类又合称大锦）及匣锦、小锦。重锦质地厚重，产品主要用于宫殿、堂室内的陈设。细锦是宋锦中最具代表性的一类，厚薄适中，广泛用于服饰、装裱。2006年，宋锦被列入第一批国家级非物质文化遗产名录。宋锦织造技艺于2009年列入联合国教科文组织人类非物质文化遗产代表作名录的中国传统桑蚕丝织技艺。2014年11月，在北京雁栖湖召开的APEC晚宴上，参加会议的领导人们及配偶身着中国特色服装抵达现场，统一亮相一起拍摄"全家福"。他们穿的宋锦"新中装"面料，便是产自苏州吴江的鼎盛丝绸有限公司。

【蜀锦】汉至三国时蜀郡（今四川成都一带）所产特色锦的通称。蜀锦多用染色的熟丝线织成，用经线起花，运用彩条起彩或彩条添花，用几何图案组织和纹饰相结合的方法织成。蜀锦有两千年的历史，对称纹样，四方连续，色调鲜艳，对比性强，是一种具有汉民族特色和地方风格的多彩织锦。四川古称"蜀""蜀国"和"蚕丛之国"，这里桑蚕丝绸业起源最早，是中国丝绸文化的发祥地之一。蜀锦兴于春秋战国而盛于汉唐，因产于蜀地而得名，在传统丝织工艺锦缎的生产中，历史悠久，影响深远。2006年，蜀锦织造技艺经国务院批准列入第一批国家级非物质文化遗产名录。蜀锦也是日本国宝级传统工艺品京都西阵织的前身。成都蜀锦织绣博物馆位于成都市浣花溪畔的蜀江锦院，内设大型蜀锦织造工场，多台蜀锦小花楼木织机现场手工制作，蜀锦、蜀绣精品异彩纷呈，历代锦绣纹样琳琅满目。

【壮锦】壮锦在壮文中意为天纹之页，是利用棉线或丝线编织而成的精美工艺品，图案生动，结构严谨，色彩斑斓，充满热烈、开朗的民族格调，体现了壮族人民对天地的崇拜和对美好生活的追求与向往。忻城县是广西壮锦的起源地之一，有着悠久的历史和深厚的文化底蕴，忻城壮锦曾经是广西壮锦中的精品，作为贡品进献皇宫。北京故宫藏有广西进贡清宫的两件名贵壮锦被面。

GCC家具：生活、工作或社会实践中供人们坐、卧或支撑与贮存物品的器具。家具跟随时代的脚步不断发展创新，到如今门类繁多，用料各异，品种齐全，用途不一。在中国的名贵木材市场上，有一黄（黄花梨）、二紫（紫檀）、三红（大红酸枝）三大贡木之称。黄花梨作为制作家具最为优良的木材，有着不易开裂、不易变形、易于加工、易于雕刻、纹理清晰而有香味等特性，再加上工匠们精湛的技艺，黄花梨家具也就成为古典家具中美的典范了。黄花梨木也是制作四出头官帽椅的首选木材，其天然纹理与优美大方的椅子造型相得益彰。紫檀家具历来在中国等级名分是比较高的，皇宫里皇帝宝座两边往往摆放两把大的宫扇。插宫扇的座叫宫扇座，有不少宫扇座是用紫檀木制作的。红木家具是指用酸枝、花梨木等古典红木制成的家具，是明清以来对稀有硬木优质家具的统称。太师椅是古家具中唯一用官职来命名的椅子，原为官家之椅，是权力和地位的象征，多用红木制作，清代中后期成为普通百姓家的常用家具。在清中期使用大红酸枝以前，紫檀木与黄花梨木、鸡翅木、铁力木并称中国古代四大名木。

GCD 陶瓷：由瓷石、高岭土、石英石、莫来石等烧制而成，外表施有玻璃质釉或彩绘的物器。陶瓷是陶器和瓷器的统称。陶，是以黏性较高、可塑性较强的黏土为主要原料制成的，不透明、有细微气孔和微弱的吸水性，击之声浊。远在新石器时代，我国已有风格粗犷、朴实的彩陶和黑陶。瓷是以黏土、长石和石英制成，半透明，不吸水、抗腐蚀，胎质坚硬紧密，叩之声脆。魏晋时期，我国就已完成了用高火烧成胎质坚实的瓷器这一重大发明。唐代陶瓷的制作技术和艺术创造达到了很高的水平。东销日本，西销印度、波斯和埃及，在国际文化交流中起了重要作用，博得了“瓷国”之称。我国传统的陶瓷工艺美术品，质高形美，具有高度的艺术价值，闻名于世界。陶瓷具有优异的绝缘、耐腐蚀、耐高温、硬度高、密度低、耐辐射等诸多优点，已在国民经济各领域得到广泛应用，如日用陶瓷、建筑卫生陶瓷、工业美术陶瓷、化工陶瓷、电气陶瓷等。随着高新技术工业的兴起，各种新型特种陶瓷也获得较大发展，陶瓷的应用发展成为趋势。三大瓷都的产品以及不同陶瓷器的审美特点和工艺流程分别如表 9–2、表 9–3 所示。

表 9–2　三大瓷都的产品

名称	典型优品	总体特征
醴陵瓷器	釉下五彩瓷、红瓷	润泽清雅、色丰彩腴、艳而不俗
景德镇陶瓷	白瓷、青白瓷、青花瓷、影青瓷、玲珑瓷、粉彩瓷	白如玉、明如镜、薄如纸、声如磬
德化瓷器	白瓷塑佛像	质地洁白致密、釉色纯白莹润、脂玉感强、透光度佳

表 9–3　不同陶瓷器的审美特点和工艺流程

类别	特点	工艺
玲珑瓷	雕镂填釉	产品设计—坯胎成型—雕玲珑眼—填玲珑釉—（青花）装饰绘画—施釉—烧成；产品设计—坯胎成型—雕玲珑眼—填玲珑釉—施釉—（素）装饰绘画—烧成
釉下彩	青花、釉里红、釉下五彩	产品设计—胚胎成型—手工彩绘—涂覆釉药—烧成
釉上彩	白彩、绿彩、釉上五彩、珐琅彩和粉彩	在烧制成瓷已玻璃化的釉上用陶瓷颜料进行彩绘、贴花等装饰手法，再次入窑经 600℃ ~ 900℃的温度烧制，使得颜料图案固化在釉面上
紫砂陶	不夺茶香气又无熟汤气，壶壁吸附茶气，日久使用空壶里注入沸水也有茶香	造型预备—手工捏作、印模—器坯阴干—装匣进窑烧制—整口—抛光包铜、金银丝镶嵌
唐三彩釉陶器	低温釉陶器，釉彩有黄、绿、白、褐、蓝、黑等色彩，而以黄、绿、白三色为主，用于随葬明器	将开采来的矿土经过挑选、舂捣、淘洗、沉淀、晾干后，用模具作成胎入窑烧制，焙烧过的素胎经过冷却，再施以配制好的各种釉料入窑釉烧，其烧成温度约 800℃

GCE 金石雕刻、雕塑制品：用金属、石料或木头等材料雕刻的工艺品。典型制品有牙雕、玉雕、漆器、面塑。牙雕是指在象牙上进行系列雕刻，始于新石器时代，后逐渐形成北京、广州、上海、南京四个产地。自 20 世纪 80 年代起，全球保护野生动物运动风起云涌，大象作为被保护的野生动物，象牙制品原材料告急，牙雕制品卖少见少，象牙工艺品价格上升，受到藏家们的热烈追捧。玉雕、漆雕、泥塑等在我国历史优秀且呈现日益旺盛的发展之势。

【玉雕】玉石经加工雕琢成为精美的工艺品，称为玉雕。工艺师在制作过程中，根据不同玉料的天然颜色和自然形状，经过精心设计、反复琢磨，才能把玉石雕制成精美的工艺品。当代中国的玉雕工艺分布在很多省区市，代表性的有北京、上海、新疆、江苏扬州和苏州、河南南阳、广东、云南、辽宁、陕西、青海等地，主要做成首饰、配饰、把玩件、摆件等。玉雕是从玉制具发展而来的。我国殷商时代已开始大量制作玉材的礼仪用具和各种佩饰，到元代中国出现了南北不同风格的玉作品。南玉以苏州、扬州为中心，北玉以北京为中心。清代，南方匠人到北京传艺，有的高手在北京落户。因此，北京玉雕集南北技艺之长，形成了自己的独特风格。扬州玉雕的原料多为著名的“老山玉”，如新疆和田的“羊脂玉”，细腻莹润，白如羊脂；“山流水石”，是昆仑山一带的玉岩经过千万年的雪水冲击洗刷而成的，清奇自然；再如“白玉洒黄”，洁白玉石中洒有黄色豆点或蕉叶斑等是极为珍贵的玉料。唐代的扬州玉器工艺已达到新高峰，宋代扬州玉雕出现了镂雕等技艺。清代乾隆年间扬州玉雕进入全盛时期，1840 年后逐年衰弱。20 世纪 50 年代，扬州玉器厂成立，扬州玉雕技艺重新得到传承。

【雕漆】雕漆是中国传统民族艺术，至少有 1400 余年历史。横跨唐、宋、元、明、清五个朝代，在明清两朝还是皇家宫廷工艺器物，以铜为胎并烧衬珐琅里，口边还要镀金，胎上需用红、绿、黄等色漆敷涂，有的要涂数百层，等漆阴干后才能进行雕刻，也被称为时间的艺术。福州脱胎漆器作为脱胎技艺同髹漆艺术相结合的产物，质地轻巧坚牢，造型古朴大方，装饰丰富多彩，具有不褪色、坚固、耐温、耐酸碱腐蚀的特点。2010 年 12 月 31 日，国家质检总局批准对“福州脱胎漆器”实施地理标志产品保护。扬州镶嵌漆器产生于战国时代，汉代时工艺已具有相当高水平，明代达到全盛时期。清康乾时期，著名漆艺师卢映之、王国琛、卢葵生、夏漆工等把雕漆和百宝镶嵌结合起来，形成了扬州独特的雕漆嵌玉名贵品种，并恢复了宋代失传的漆砂砚工艺。

【泥塑】惠山泥人是一种产于无锡惠北的彩色泥塑人像，创始于明代，发达于清代，已有 400 多年的历史。惠山泥人分粗货与细货两类，其造型简练饱满、线条流畅明快、色彩鲜艳夺目、构思巧妙细致，作品多为儿童玩具和摆设陈品，其中的代表作品有《手捏戏文》《大阿福》等。全盛时期，惠山一带有大小作坊有 40 多家，著名艺人有王春林、周阿生、丁阿金、陈杏芳、王锡康等 30 多人。每年入秋以后，有六七百条货船、几千人自苏北来惠山采购泥人，部分高档泥人则随着前来无锡经营蚕丝、米面的各地商贾作为礼品运往远方。惠山泥人由此远销江苏、浙江、山东等省广大农村乡镇，相当一部分流入上海、杭州、汉口等大城市。2004 年 7 月 2 日，国家质检总局批准对“无锡惠山泥人”实施原产地域产品保护。

GCF 金石器：用金属、石料制成的具有观赏价值的器物。随着社会和经济的发展，除了天然宝石和人工宝石外，珠宝的概念扩大到金、银、首饰等。经营这些物品的行业统称为“珠宝行业”。“珠宝”的范围要比广义的“宝石”的概念大很多。广义的宝石泛指那些适宜进行琢磨或雕刻加工为首饰或工艺品的原料。目前我国珠宝首饰消费品种呈现出多元化的发展趋势，除传统的黄金首饰外，翡翠、玉石、铂金、钯金、钻石、宝石首饰的销售增长也非常明显，特别是翡翠和玉石艺术品、装饰品，越来越受到消费者的喜爱。

【雨花石】形成于距今 250 万年至 150 万年，是地球岩浆从地壳喷出后四处流淌，凝固后留下孔洞，涓涓细流沿孔洞渗进岩石内部，将其中的二氧化硅慢慢分离出来，逐渐沉积成石英、玉髓和燧石或蛋白石的混合物。雨花石的颜色和花纹，则是在逐渐分离、不断沉积成无色透明体二氧化硅过程中的夹杂物而已。雨花石是花形的石，是石质的花。凝天地之灵气，聚日月之精华，孕万物之风采。在赏玩、收藏雨花石时，可根据其成像分为人物、动物、风景、花木、文字、抽象石等。按照“六美”（质美、形美、纹美、色美、呈象美、意境美）程度可分为绝品石、珍品石、精品石、佳品石等品级，观之令人心旷神怡，赏之可意安体泰。古往今来，备受人们喜爱。周恩来总理曾经收藏雨花石，南京梅园新村依然陈列着周恩来总理当年收藏的雨花石；京剧大师梅兰芳先生也曾赏玩雨花石。

【鸡血石】是辰砂条带的地开石，因鲜红色似鸡血而得名（见图 9–3）。鸡血石含有辰砂（朱砂）5%~8%、石英和玉髓 35%~45%、磁铁矿和赤铁矿 6%~12%。鸡血石主要用作为印章或是工艺雕刻品材料。中国最早在浙江昌化发现玉岩山鸡血石，后来又发现了内蒙古赤峰市巴林右旗的巴林鸡血石，20 世纪 90 年代又在贵州、陕西、甘肃、四川、湖南、云南、新疆等地发现了鸡血石。鸡血石与寿山田黄石、青田灯光冻石被誉为印石三宝。鸡血石为中国印文化的发展做出了独特贡献，同时在玉雕工艺中形成了“鸡血”雕独特流派，其作品以“瑰丽、精巧、高雅、多姿”著称。鸡血石由于产量相当有限，市场价格经久不衰。

图 9-3　雨花石和鸡血石

【黑曜石】是一种常见的黑色宝石，又称“龙晶”“十胜石”，是一种自然形成的二氧化硅，通常呈黑色。黑曜石可加工成工艺品，因具备玻璃的特性，敲碎后断面呈贝壳断状口，十分锋利。如今大部分的黑曜石珠宝产自中美和北美地区，墨西哥的国石即为黑曜石。

【水胆】是宝玉石中对一类蕴含有水、气泡等内容物宝石的特称。琥珀中包含有动植物已是十分难得，包裹有活水的更是珍贵异常。水胆琥珀在形成时正值暴风雨天气，从树木上留下来的树脂还未来得及硬化，便被倾盆大雨覆盖，其中少量水分进入树脂内部，经过亿万年的历程，最终变为水胆琥珀呈现在世人面前。

GCG 纸艺与灯艺：以纸材质和灯饰材料为主要材料制成的平面或立体的艺术品。纸艺这几年来在世界各国可说是大行其道，原因除了纸材料价廉易得之外，纸本身的可塑性也相当高，是极佳的美术创作素材。纸艺灯艺中有许多反映生产生活的画面，这些作品有着一个最大的相同点，就是对主体进行夸大。通过剪纸，人们虚构了美好的形象来慰藉自己的心灵，以此来张扬人征服自然的伟大创造力，以期建立自己的理想世界，并肯定人的力量，鼓舞人们继续奋斗的勇气。

【纸雕】纸雕艺术就是折纸艺术，它是民间传统的手工艺术之一。纸作为立体形式的表现物出现得很早，中国很早就有手工扎作而成的人物。旧时女儿出嫁时，母亲就会为其准备各个年龄段所需要的各式各样的鞋样、袜样，一年四季的帽样、绣花样、窗花样，以及针头线脑等女红所需之物——“样本子”。这个立体的、多功能的特殊嫁妆要陪伴女儿的一生，是她一生做针线活的“资料库”，不仅美观而且实用。“样本子”可谓是中国传统纸雕的代表，它开创了纸雕实用上的先河。18 世纪中叶，欧洲一群喜爱创作的艺术家开启了纸雕艺术的大门，他们利用简单的工具及不同的纸张，创作出许多主题式的纸雕作品。17 世纪的英国著名纸雕艺术先驱奥古丁·华克，在 1760 年完成的两幅海洋作品至今仍保留在英国格林尼治国家海洋博物馆内。沿袭至今，纸雕技巧更加精炼，式样品种更加多样，形成了它独具特色的艺术美。

【纸藤花】顾名思义就是说用纸做成的花，而且是立体的。最早出现在日本，近两年来在我国台湾十分盛行，又与台湾的纸藤工艺相结合，形成现在的纸藤花。

【中国剪纸】一种用剪刀或刻刀在纸上剪刻花纹，用于装点生活或配合其他民俗活动的民间艺术。在中国，剪纸具有广泛的群众基础，交融于各族人民的社会生活，是各种民俗活动的重要组成部分。广泛用于张贴、摆衬、刺绣底样、印染等，剪纸内容多用比兴的手法创造出来多种吉祥物，《鹿鹤同春》是民间传统的主题纹样。技巧上有南北流派之分。

【灯彩】又叫“花灯”，是起源于中国的一种汉族传统民俗工艺品，在古代，其主要作用是照明，由纸或者绢作为灯笼的外皮，骨架通常使用竹或木条制作，中间放上蜡烛或者灯泡，成为照明工具。它与流传汉族民间的元宵赏灯习俗密切相连。秦淮灯彩亦称“金陵灯彩”“南京灯彩”，是南京地区代表性的民间艺术之一。秦淮灯彩的起源可以追溯到东吴时期，它汲取了中国传统纸扎、绘画、书法、剪纸、皮影、刺绣、雕塑等艺术之长，在制作中综合木工、漆工、彩绘、雕饰、泥塑、编结等诸多工艺手段，被列入第二批国家级非物质文化遗产名录。

GCH 画作：具有一定观赏价值的手工画成作品。年画作为一个独立的画种存在并得以不断地发展，是因为它的观众之多、社会需求量之大、内容之丰富、形式之多样是其他任何画种所无法比拟的。年画的表现形式和造型手法都具有鲜明的民族特色及审美价值。它的艺术特色的形成是建立在社会的伦理道德、文化教养、民俗生活基础之上的，真实地反映着各个历史时期的社会形态、政治事件、生活情趣。画作虽然分布于天南地北的广袤土地上，经历了千百年的历史变迁，但其作为民间信仰的文化价值体系却一脉相传没有中断，呈现出与官方正统文化和而不同的文化价值取向。

【雕版印刷年画】传统民间年画多用木板水印制作。旧年画因画幅大小和加工多少而有不同称谓，整张大的叫“宫尖”，一纸三开的叫“三才”，加工多而细致的叫“画宫尖”“画三才”。颜色上用金粉描画的叫“金宫尖”“金三才”。六月以前的产品叫“青版”，七八月以后的产品叫“秋版”。在中国版画史上，杨柳青年画与苏州的桃花坞年画齐名，并称“南桃北柳”。杨柳青木版年画采用木版套印和手工彩绘相结合的方法制作而成。桃花坞木版年画的画、刻、印分为三大谱系，在长期的创作、生产实践中，身怀绝技的老艺人各自摸索出了独特的经验，形成了一整套特殊的工艺制作程序——画稿、刻版、印刷、装裱和开相五道工序，其中刻版工序又分上样、刻版、敲底和修改四部分，其主要工具为“拳刀”，同时与弯凿（剔空）、扁凿、韭菜边、针凿、修根凿、扦凿、水钵、铁尺、小棕帚等工具配合使用。套色印刷亦有一套程序，主要包括看版、冲色配胶、选纸上料（夹纸）、摸版、扦纸、印刷、夹水等步骤。

第三节 旅游购品类旅游资源的开发要点

一、地域性和民族性

旅游购品多用当地原材料和传统工艺流程进行制作和生产，将不同民族不同地域的生活习俗、消费方式、审美标准、群体爱好和人际关系表示出来，体现着各地的民族风格和地方特色，对游客具有很强的吸引力。因而，地方特色越突出、民族特色越鲜明的旅游购品，越受游客的欢迎。

二、纪念性和艺术性

纪念是人为创造出来的目标和行动的象征，纪念品可以超越时间和空间，成为游客留置下来，怀念旅游生活的“旅游遗产”，是过去和未来之间的纽带，也是旅游地和惯常地的桥梁。因此，旅游购品不仅要具有一定的地方特色和民族特色，还要讲究艺术观赏价值和收藏价值，注重制作上的精细和独到艺术表现。一般来说，为了达到纪念性和艺术性，旅游购品的设计会强调内容丰富、设计独特、造型逼真、活泼有趣。

三、实用性和便携性

游客在购买旅游商品时，在考虑民族性、艺术性以及观赏价值、收藏价值的同时，还希望这些旅游商品具有一定的使用价值。如杭州的都锦生丝绸、王星记扇子、张小泉剪刀、天竺筷等。当然，并不是全部旅游商品都必须具有实用性，有些纯粹观赏性的旅游纪念品就不具有日常使用价值，如俄罗斯套娃。旅游购品的便携性特点主要体现在3个方面：一是体积小型化，旅游购品在具有正常功能的同时，设计要尽量小巧玲珑，便于携带或邮寄。二是质量轻便化，沉重的商品是游客的负担，所以旅游商品生产者在生产商品时应该以轻质原料代替重质原料。三是功能多样化，以便使一物多用，减少累赘。四是做工结实牢固，以防在运输或随身携带途中损坏。

四、多样性和层次性

多样性是指旅游购品在题材、式样、规格、原料、色彩、审美性、实用性、价格等方面有多种形式。多样性体现了旅游购品的丰富性、可供选择性，能够最大限度地满足不同阶层、不同职业、不同民族、不同年龄、不同性别、不同爱好、不同实际需要、不同经济能力的游客的审美和实用需求。游客对旅游购品的需求数量不多，但要求品种繁多，以便他们有选择的余地，还要求讲究质量和装饰，故旅游购品的种类应多样。旅游购品可以依高、中、低3个层次进行市场定位，根据不同的消费层次的游客需求，生产不同花色、品种、价位的旅游购品，满足游客多方面的需求。

五、生态性和健康性

生态性是指旅游购品在全生命周期（即生长、原材料提取、生产、加工、制造、包装、储运、使用、废弃处理等）过程中，符合绿色环保、低碳节能、资源节约要求。我国从2015年开始实施PEOP生态原产地产品认证。同时旅游购品在人们物质生活需求基本满足前提下，也应体现迎合高质量发展的健康性。健康性是旅游者在购物中倾向于一些对个人健康形成正面作用的产品。随着芳香疗法、冥想、远程医疗、睡眠产品等的盛行，新冠肺炎疫情对人类健康提出新要求的背景下，符合健康需求的旅游购品才能在市场中获得长久生命力。

【同步练习】

一、单选题

1.（　　）是指旅游供给者为满足旅游者需求所提供的有形产品和无形服务。如住宿的客房、出行交通租赁和服务等，是食、住、行、游、购、娱的总和。

A. 旅游商品　　B. 旅游产品　　C. 旅游纪念品　　D. 旅游购品

2. 中国人一向崇尚礼尚往来，礼起源于远古时期的（　　）活动。

A. 祭祀　　B. 教育　　C. 饮食　　D. 音乐

3.（　　）纤巧秀美、色彩古朴、纹样典雅，被赋予中国“锦绣之冠”。

A. 壮锦　　B. 宋锦　　C. 蜀锦　　D. 云锦

4. 具备玻璃的特性，敲碎后断面呈贝壳断状口，十分锋利，多产自中美和北美地区，被誉为墨西哥的国石的是（　　）。

A. 水胆　　B. 黑曜石　　C. 钻石　　D. 铂金

5.（　　）采用木版套印和手工彩绘相结合的方法制作而成，经过勾描、刻版、套印、彩绘、装裱五道工序。

A. 杨柳青年画　　B. 桃花坞年画　　C. 四川绵竹年画　　D. 广东佛山年画

二、多选题

1. 旅游购品区别于一般的消费者购品，其特性主要表现为（　　）。

A. 针对性　　B. 艺术性　　C. 礼品性　　D. 纪念性

2. 20 世纪以来，世界上多数国家为有效保护本国的特色产品而采取原产地域产品保护制度，(　　) 符合地理标志保护产品的界定。

A. 产自特定地域，所具有的质量、声誉或其他特性取决于该产地的自然因素和人文因素

B. 经审核批准可以以地理名称进行命名

C. 来自本地区的种植、养殖产品

D. 原材料来自本地区，并在本地区按照特定工艺生产和加工的产品

3. 在中国的名贵木材市场上，现在最红的当数（　　）。

A. 黄花梨　　B. 大红酸枝　　C. 铁力木　　D. 紫檀

4. 釉上彩是在烧制成瓷已玻璃化的釉上用陶瓷颜料进行彩绘、贴花等装饰手法，再次入窑经大约 600℃～900℃的温度烧制，使得颜料图案固化在釉面上。以下属于釉上彩的是（　　）。

A. 玲珑瓷　　B. 珐琅彩　　C. 粉彩　　D. 青花

5. 到元代，中国出现了南北不同风格的玉作品。南玉以（　　）为中心，北玉以北京为中心。

A. 苏州　　B. 广东　　C. 扬州　　D. 云南

三、判断题

1. 原产地名称的使用人是该产地利用相同的自然条件、采用相同传统工艺的生产经营者。（　　）

2. 岷县素有“千年药乡”和“中国当归之乡”之称，是全国有名的道地中药材主产区。（　　）

3. 宋代的扬州玉器工艺达到新高峰，明代扬州玉雕出现了镂雕等技艺。（　　）

4. 川菜、鲁菜、淮扬菜、粤菜被称作四大菜系。到了清朝末年，浙江菜、闽菜、湘菜、徽菜四大新地方菜系分化形成，共同构成汉民族饮食的“八大菜系”。（　　）

5. 盐水鸭是北京的著名特产，属金陵菜，是金陵菜的代表之一，又叫桂花鸭，是中国地理标志产品，“金陵盐水鸭”被评为全国十大经典名菜。（　　）

6. 浙江省湖州市善琏镇是湖笔的发源地，距今有两千多年历史。（　　）

四、填空题

1. 传统民间年画多用 ______________ 制作。

2. 墨的主要原料是煤烟、松烟、胶等，是碳元素以 ______________ 的存在。

3. 蔡伦在总结前人制造 ______________ 的经验的基础上，发明了用树皮、破渔网、

破布、麻头等作原料，制造成了适合书写的植物纤维纸，才使纸成为普遍使用的书写材料。

4. 陶是以黏性较高、可塑性较强的 ____________ 为主要原料制成的，不透明、有细微气孔和微弱的吸水性，击之声浊。

5. ____________ 是以黏土、长石和石英制成，半透明，不吸水、抗腐蚀，胎质坚硬紧密，叩之声脆。

6. 纸雕艺术就是 ____________ 艺术，是民间传统的手工艺术之一。

第十章 人文活动

【本章概要】

对人文活动类旅游资源的概念、特点等进行阐述，对人事活动记录、岁时节令等旅游资源的内涵、开发价值和典型代表进行全面系统的介绍。

【学习目标】

了解人文活动类旅游资源的概念、特点；

掌握地方人物、地方事件、农时节令、现代节庆等的开发价值及典型代表；

理解典型人文活动类旅游资源的审美要素和中西方差异特点。

【拓展训练】

调研评价当地人文活动类旅游资源情况。

［步骤］

1. 4~6 人一组，每一组搜集当地某一种人文活动的资料。

2. 将各组调查情况汇总，了解当地人文活动类旅游资源的总体情况。

3. 搜集当地景区已开发的人文活动类旅游产品，每组针对 1~2 个景区进行重点调查分析。

4. 查找资料，结合此次调查结果，每组撰写一份总结，老师进行点评。

【推荐阅读】

［1］王玉玲，陈冬冬，汪惠萍 . 历史名人旅游资源分类与评价研究［J］. 资源开发与市场，2014，30（10）：1278–1280.

［2］郑向敏，付业勤，王新建 . 名人旅游资源开发研究——以海峡两岸郑成功主题旅游为例［J］. 西北农林科技大学学报（社会科学版），2011，11（6）：99–106.

［3］张丽 . 从第 23—31 届夏季奥运会开幕式看东西方文化差异［D］. 景德镇陶瓷大学，2018.

［4］施爱芹，程成，刘嘉欣，蓝辉．基于地域特色的节庆旅游文创开发策略［J］．社会科学家，2021（11）：55-60.

［5］梁凯琪．洛带古镇客家文化的旅游真实性研究——以洛带清明祭祀活动为例［J］．旅游纵览（下半月），2019（12）：107-108.

［6］杜雪松，柯威，张广建．衡水湖国际马拉松赛的旅游效应研究［J］．科技资讯，2021，19（8）：209-211.

［7］魏麟权，荣文学．文化循环理论视域下我国城市马拉松赛事初探［J］．四川体育科学，2020，39（2）：102-105+119.

［8］龙雨萍．旅游视角下襄阳《草庐·诸葛亮》实景演出的运营对策探析［J］．湖北文理学院学报，2020，41（2）：58-62.

［9］田苏雯，孙景荣．基于城市记忆的地方重大节事旅游活动游后感知——以秦淮灯会为例［J］．河北旅游职业学院学报，2020，25（2）：41-47.

［10］徐默，唐晓岚．基于差异性特征的名人纪念公园体系创建——以郑和纪念公园为例［J］．园林，2021，38（9）：62-67.

［11］王楚君，王亚力，向小辉．山水实景演出的空间生产研究：以《桃花源记》实景演出为例［J］．地理科学，2021，41（2）：310-318.

［12］余玲，刘家明，姚鲁烽，李涛．中国实景演艺旅游资源时空格局研究［J］．地理科学，2019，39（3）：394-404.

［13］黄炜，孟霏，朱志敏，郑立芳．旅游演艺产业内生发展动力的实证研究——以张家界为例［J］．旅游学刊，2018，33（6）：87-98.

［14］周尚意，吴莉萍，张瑞红．浅析节事活动与地方文化空间生产的关系——以北京前门—大栅栏地区节事活动为例［J］．地理研究，2015，34（10）：1994-2002.

［15］朱蔚琦．江苏历史文化名人旅游资源开发现状及前景展望——以徐霞客为例［J］．旅游纵览（下半月），2019（22）：93-94.

第一节　人文活动类旅游资源概述

人文活动，就是人类的文化活动。文化是包括知识、信仰、艺术、道德、法律、风俗以及人类在社会中所习得的一切能力和习惯的复合词（泰勒·《原始文化》）。人类自诞生起就产生了思想和文化，人类的一切活动都遗留着当时思想文化的痕迹。人文活动侧重精神文化层面的内容，分类中特指对人类延续发展起到重要作用的人物、事件和人类掌握到的社会聚落制度。它们是地方历史发展的积淀和结晶，对游客极具吸引力，是游客最易参与的部分，也是旅游开发中最变化多端、多姿多彩的部分。

人文活动旅游资源的地域性、民族性表现明显，其文化功能、审美功能、教育功能、服务功能尤为突出，对该资源的认识应结合地域分布、关联、差异等要点。

第二节　人文活动类旅游资源类型

一、人事活动记录

HAA 地方人物：当地历史和现代名人，这里主要指可开发利用的名人资源。名人资源往往跟名人故居、纪念馆、陵寝以及名人相关的节庆形成整合。其中名人故居的开发主要分为山水依托型、园林宅院型和一般住宅型。其特点主要以名人故居为资源开发重点，围绕故居空间规模扩展或就故居精雕细琢，前者如绍兴鲁迅故里，景区有百草园、三味书屋、鲁迅祖居、鲁迅笔下风情园等一大批与鲁迅有关的人文古迹。后者如淮安周恩来故居，完整了保留了周恩来少年时期生活过的苏北民居建筑风格。名人陵墓的开发主要包括在陵墓中以题词或象征物来诠释领袖或伟人的人生追求和干事理念，如中山陵的博爱坊和三民主义等题字，岳飞墓的精忠报国等。然而，名人资源的利用也出现一些问题，如名人信息的考据和保护之难，导致名人资源的争抢和虚造。

HAB 地方事件：当地发生过的历史和现代事件。通过宣传当地历史和现代事件给人以精神启迪，并进行纪念和悼念，如美国“9·11”事件、汶川地震等。对于地方事件的资源开发，事件发生地往往将相关建筑或遗址修复改造形成景观供游客参观。美国“9·11”纪念公园的“倒影缺失”景观让人感到强烈的震撼，虚空和失去的感觉就是当年经历过这起事件的人们的真实感受。在这一天，有近 3000 名无辜者不幸遇难。我国的“5·12”汶川特大地震博物馆以大地景观的手法，通过地面切割、抬起，形成主要的建筑体量，并通过下沉广场和步道向外延伸，与平缓的草坡融为一体，局部翘起露出地面，寓意新生和希望。

二、岁时节令

HBA 宗教活动与庙会：宗教信徒举办的礼仪活动，以及节日或规定日子里在寺庙附近或既定地点举行的聚会。宗教信仰是世界人民的一种文化现象，人类对宇宙的未知探索，对现实世界之外神秘力量的敬畏，让人们对信仰的神圣对象由崇拜认同而产生的坚定不移的信念及全身心的皈依，是人类精神的阶段性体现。

人们有宗教信仰的自由，不同民族有不同的宗教信仰，世界三大宗教有佛教、伊斯兰教、基督教。不同宗教有不同的宗教义务，在旅游资源中被作为宗教活动景观。世界著名宗教节日活动如表 10–1 所示。

表 10–1　世界著名宗教节日活动

宗教活动名称	所属宗教	活动时间及内容
圣诞节活动	基督教	12 月 25 日为圣诞日，12 月 24 日通常称为圣诞夜，互赠礼物，教堂祷告
开斋节活动	伊斯兰教	教历 10 月 1 日，庆祝顺利完成斋月，向穷人开斋布施
妈祖祭典	道教	农历三月廿三和九月初九举行，祭典、诵读祝文、歌舞表演
浴佛节活动	佛教	农历四月初八，人们聚集到马山麓、折多河畔，举行拜佛节，祈祷神佛保佑人们五谷丰登
中元节活动	道教	农历的七月初一到七月三十之间，祭祖
古尔邦节活动	伊斯兰教	教历 12 月 10 日，宰杀牲口，诵读《古兰经》和纪念先知、赞美圣贤
圣灵降临节活动	基督教	复活节后第七个星期日，讲道、宣教
西藏萨嘎达瓦节活动	藏传佛教	藏历 4 月 15 日，朝佛念经，磕长头，禁止屠宰牲畜，积功德
排灯节活动	印度教、锡克教和耆那教	10 月或 11 月中旬，点蜡烛或油灯，放烟火，圣河沐浴，拜访亲友
圣母升天节	天主教、东正教	8 月 15 日，在塞纳河边、西岱岛和圣路易岛周围举行宗教仪式

【五功】伊斯兰教的宗教义务，也称作天命功课。主要包括五个方面内容，即信仰表白、谨守拜功、坚持斋戒、完纳天课、朝觐圣地。在中国多简称为念、礼、斋、课、朝。“五功”是穆斯林必须履行的宗教义务。（1）念。就是念清真言（即念“万物非主，唯有安拉，穆罕默德是安拉的使者”）。“主”就是认主独一，是信仰的核心，是伊斯兰教的基石。念功，又称信仰表白，念要出声，不能默念。（2）礼。即“礼拜”。包括每天日礼的五次拜功和每星期的聚礼以及每年两次会礼（会礼即开斋节和宰牲节的穆斯林集体礼拜）。日礼每天五次：破晓一次，叫作晨礼；中午一次叫晌礼；下午太阳偏西之后一次叫作晡礼；黄昏一次叫昏礼；入夜后一次叫宵礼。按伊斯兰教法规定，在礼拜之前，须进行沐浴净身，称为“大净”和“小净”。大净要洗全身，小净要净下、洗手、漱口、洗脸、洗胳膊、洗脚等。礼拜面对的方向叫“朝向”。世界各地的穆斯林礼拜时都朝向麦加“克尔白”天房，中国在麦加以东，所以中国穆斯林礼拜时面向西。（3）斋。伊斯兰教历九月被定为“斋月”。《古兰经》中规定，每一个穆斯林，除老弱病残、孕妇、哺婴妇女和旅行者外，都必须在斋月期间把斋。在斋月期间，穆斯林从每天破晓至日落，必须实行严格斋戒，黎明前吃“封斋饭”，日落后吃“开斋饭”。在封斋时间内，穆斯林戒除一切饮食，禁止性欲和房事，只许一心想安拉和“后世”。斋月

结束后的第一天，即伊斯兰教历十月初一，定为开斋节。这一天要举行隆重的庆祝活动，人们设宴庆贺，请客送礼，尽情欢乐。（4）课。天课，是伊斯兰教法规定的具有慈善性质的一种“施舍”。《古兰经》里规定，每个拥有固定收入的或拥有固定田产的成年穆斯林，都必须缴纳“天课”。一般是按固定收入的 1/40 来征税。（5）朝。朝觐“克尔白”，俗称“朝汉志”。伊斯兰教法规定，每个成年穆斯林，只要身体条件和经济条件许可，旅途安全有保证，都必须在一生中去麦加朝觐一次。伊斯兰教历 12 月，被规定为朝觐月。朝觐又分为“小朝”即副朝和“大朝”即正朝“哈吉”两种。小朝可以在朝觐月之外的任何时间单独去进行，而大朝，就是指人们通常所讲的朝觐，这只能在伊斯兰教历 12 月中上旬进行。凡去麦加朝觐过的人，拥有“哈吉”的称谓。

【庙会】起源于寺庙周围，所以叫“庙”；又由于小商小贩们看到烧香拜佛者多，在庙外摆起各式小摊赚钱，渐渐地成为定期活动，所以叫“会”。中国的著名庙会有：太昊陵庙会（河南周口）、中岳庙会（河南登封）、地坛庙会（北京）、浚县庙会（河南鹤壁）、泰山庙会（山东泰安）、绳金塔庙会（江西南昌）、龙华庙会（上海）、龙潭湖庙会（北京）、丰都庙会（重庆）、广府庙会（广东广州）、厂甸庙会（北京）、白云山庙会（陕西榆林）、万岁山春节大庙会（河南开封）。庙会一般在农历新年、元宵节、二月二龙抬头等节日举行。在庙会上，有不少民俗活动，如祭神仪式、祈子活动、民间演出、舞狮等。

HBB 农时节日：当地与农业生产息息相关的传统节日。我国各民族人民在农耕生产实践中，逐渐熟悉了季节的变化，认识了动植物的生长规律与气候的关系、寒暑的交替变化，继而掌握了古老的天文历法知识。人们根据天文历法来划定的时序节令，被称为岁时农事节日，如表 10–2 所示。农事节日与农业生产息息相关，其实质是对农业生产过程中何时该做何事，即所谓“农时”的标识。中国的农神节，为每年阳历的 2 月 3 日，纪念农神——炎帝。外国的农神节或乌拉诺斯节，是古罗马在年底为祭祀农神的大型节日，一般在每年的 12 月 17 日至 12 月 24 日召开，一些历史学家认为罗马帝国被基督化后，农神节的许多习俗被转用于圣诞节，如圣诞树来自农神节的丰收树。节日期间的活动包括农神庙的兽祭、广场上的大型公共宴会及互赠礼物等。

各地在丰收季节有举办各种活动庆五谷丰登、盼国泰民安的传统。通过举办民俗表演、技能比赛、品尝美食等活动，大家一起分享丰收的喜悦。经党中央批准、国务院批复，自 2018 年起，我国将每年农历秋分设立为“中国农民丰收节”。近年来，许多乡村旅游地根据节庆特点和假日节点，举办了具有当地特色、主题鲜明、和农事有关的节庆活动，吸引游客体验节庆活动并购买乡土特产，取得良好的效果。

【尝新节】俗称“吃新节”，是湖南、贵州、广西等省区白族、壮族、仡佬族、苗族、布依族和侗族的传统节日。节日期间要放土炮、鞭炮进行扫寨、演傩戏、唱山歌、要武术，寨老则用筛盛鸡、肉、酒，将栓有红辣椒和青蒜的竹竿插在田间地头，以示送祖毕。时间是每年农历七月初七，也有的地方择吉日尝新。如侗族“六月六，早禾熟”的尝新节，把这一天作为尝新节，有新谷登场要请狗先尝的传统。仡佬族在七月七节日期间，由一寨老或鬼师带领童男童女到附近田间地角进行采新，摘些成熟的谷物瓜果，挂放古树下，然后杀猪宰羊杀鸡，用整鸡、猪头、羊头、九串猪肉和二十四碗饭祭祀祖先和神灵。然后族人按辈分尊幼排列，跪拜祖先，其间还要举行放生活动，主要是放生一些野生动物及鱼类。

表 10–2　我国少数民族节日

民族	节日名称
苗族	苗年、社节、四月八、芦笙节、斗马节、拉谷节
壮族	铜鼓节、蛙婆节、陀螺节、农具节、花婆节、陇端节、吃立节、娅拜节、壮年、三月三歌节、牛魂节、药王节、吃新节、莫一大王节、擂背节、尝新节、跳岭头节
侗族	姓氏节、侗年、冬节、花炮节等
彝族	火把节、彝族年、拜本主会、密枝节、跳歌节等
蒙古族	春节、端午节、中秋节、重阳节、中元节、那达慕、祭鄂博、成吉思汗纪念节、马奶节、燃灯节、火日、祭敖包、麦德尔节、点灯节、塔克勒干节
回族	开斋节（肉孜节）、古尔邦节、圣纪节
傣族	泼水节、入夏节、出夏节
藏族	转山会（沐佛节、敬山神）、采花节、黄藏历元旦、萨嘎达瓦节、女儿节、望果节、白来日追节
瑶族	讨念拜、度戒、达努节、牛节、盘王节

HBC 现代节庆：当地定期或不定期的文化、商贸、体育活动等。现代节庆活动作为旅游的吸引物，是构成旅游产品体系的有机组成部分，在旅游业的发展中发挥着越来越大的作用，这既是经济发展成果的表现，也是社会进步、文明发展的要求。岁时节令、原始宗教活动、原始祭祀活动等，构成了现代节庆活动的起源。中国及国外主要的节庆活动分别如表 10–3、表 10–4 所示。

表 10–3　中国主要的特色节庆活动

节庆名	节庆活动内容
冬捕节	吉林省查干湖冬捕、吉林长春石头口门冬捕、新疆博斯腾湖冬捕、达里湖冬捕、新疆福海冬捕、黑龙江镜泊湖冬捕、辽宁卧龙湖冬捕、梅里斯湖冬捕、哈尔滨长岭湖冬捕、黑河卧牛湖水库冬捕
冰雪节	哈尔滨国际冰雪节、深圳世界之窗冰雪节、吉林国际雾凇冰雪节、太阳岛国际雪雕艺术博览会、伊春森林冰雪欢乐季、内蒙古冰雪那达慕、北京鸟巢欢乐冰雪季、河北崇礼国际滑雪节、长春净月潭瓦萨国际滑雪节、阿尔山国际冰雪节

续表

节庆名	节庆活动内容
温泉节	咸宁国际温泉文化旅游节、广东国际温泉旅游节、大庆雪地温泉节、灰汤温泉旅游节、武义温泉节、东海温泉沐浴文化节、营口国际海滨温泉节、恩平温泉欢乐节、江宁汤山温泉文化旅游季
山歌节	城步苗族六月六山歌节、梅州国际客家山歌文化节、四川吼山歌节、壮族歌节（三月三歌节）、广西京族唱哈节、八角山歌节、巍宝山朝山歌会、南宁国际民歌艺术节、石宝山歌会、四十八寨歌节
花节	武汉大学樱花节、南京国际梅花节、洛阳牡丹文化节、济南大明湖荷花节、杭州西湖桂花节、开封菊花文化节、陕西汉中油菜花节、北京平谷桃花节、小榄菊花会
美食节	青岛国际啤酒节、西藏雪顿节、蒙古马奶节、北京大兴西瓜节、海南国际椰子节、中国豆腐文化节、中国柑橘文化节、新疆哈密瓜节、合肥龙虾节、成都美食节
民俗祭祀	太昊伏羲祭典、福建妈祖节、浙江大禹祭典、山西大槐树祭祖习俗、西藏萨嘎达瓦节、香港太平清醮法会、藏族转山会、澳门鱼行醉龙节、仫佬族依饭节、瑶族盘王节
传统体育节日	潍坊风筝节、溱潼会船节、嘉峪关国际滑翔节、澳门格兰披治大赛车、郑州国际少林武术节、珠海赛车节、西藏羌塘赛马节、贵州摔跤节
灯会	秦淮灯会、秀山花灯、全丰花灯、自贡灯会、中国大同古都灯会、苏州中秋灯会、上海豫园元宵灯会、成都灯会、南安英都拔拔灯、前门上元灯会

表 10–4　国外主要节庆活动

时间		举办国	特色仪式及活动
1月	1月1日，元旦	多国	
	1月6日，主显节	基督教国家地区	
	1月7日，圣诞节	东正教国家地区	
	1月10日，成人节	日本	着传统服装、赠送礼物
	1月17日，马丁·路德·金纪念日（MLK日）	美国	
	1月26日，澳大利亚国庆日	澳大利亚	新公民集体宣誓入籍
	1月26日，印度共和日	印度	阅兵和花车
2月	2月6日，新西兰国庆日	新西兰	传统毛利歌舞表演
	2月23日，俄罗斯祖国保卫者日	俄罗斯	向男性亲友赠送礼物
	2月25日，以色列普珥节	以色列	化装游行
	2月26日，泰国万佛节	泰国	施斋、焚香、拜佛活动
3月	3月3日，日本女儿节	日本	
	3月8日，国际劳动妇女节	多国	
	3月17日，爱尔兰圣柏德烈日	爱尔兰	
	3月25日，英国母亲节	英国	

续表

时间		举办国	仪式及活动
4月	4月1日，濯足节	东南亚国家	
	4月2日，耶稣受难日	基督教国家和地区	
	4月4日，复活节	基督教国家和地区	游行、制作和寻找彩蛋等
	4月13日，入斋日	伊斯兰教国家和地区	
	4月13日，泰国宋干节	泰国东南亚国家	泼水
	4月21日，越南雄王节	越南	吃粽子、“地饼”
	4月23日，土耳其国家主权与儿童节	土耳其	
	4月25日，澳大利亚澳新军团日	澳大利亚、新西兰	举行纪念活动
	4月25日，埃及西奈解放日	埃及	
	4月27日，荷兰国王日	荷兰	
5月	5月1日，劳动节	多国	
	5月5日，日本和韩国儿童节	日本、韩国	升鲤鱼旗，感恩父母和家庭团聚
	5月9日，母亲节	多国	
	5月13日，开斋节	伊斯兰教国家和地区	寻看新月拜访亲友
	5月17日，以色列五旬节	以色列	庆祝丰收和食用奶制品
	5月23日，圣灵降临节	天主教国家和地区	迎接夏天
	5月26日，卫塞节	东南亚国家	浴佛
6月	6月12日，女王生日	英国	卫兵礼仪
	6月21日，仲夏节	北欧国家	竖立仲夏柱，篝火晚会
	6月24日，秘鲁太阳节	秘鲁印第安人	
7月	7月4日，美国独立日	美国	焰火表演
	7月14日，法国国庆节（巴士底日）	法国	
	7月30日，古尔邦节 / 哈芝节	伊斯兰教国家和地区	会礼宰牲
8月	8月10日，伊斯兰新年 / 穆哈兰姆月	伊斯兰教国家和地区	哀悼，祈求和平
	8月11日，日本山之日	日本	登山盂兰盆节
	8月15日，圣母升天节	天主教国家和地区	
	8月31日，英国夏季银行假日	英国	商店关门
9月	9月7日，美国 & 加拿大劳动节	美国、加拿大	野餐会
	9月7日，巴西独立日	巴西	沿街巡游
	9月16日，墨西哥独立日	墨西哥	着传统服装进行庆祝
	9月18日，德国慕尼黑啤酒节	德国	喝鲜酿啤酒
	9月19日，以色列新年	以色列	犹太教堂祷告集会
	9月20日，以色列住棚节	以色列	搭住草棚
	9月23日，沙特阿拉伯国庆日	沙特阿拉伯	民间舞蹈、歌曲表演

续表

时间		举办国	仪式及活动
10月	10月1日，韩国秋夕节	韩国	祭祖和扫墓
	10月3日，韩国开天节	韩国	祭典
	10月12日，加拿大感恩节	加拿大	南瓜派
	10月25日，印度十胜节	印度	盛装的牛车、象车巡游
	10月29日，圣纪节	伊斯兰教国家和地区	念经
	10月31日，万圣夜	撒克逊人后裔国家和地区	讨糖
11月	11月4日，印度排灯节	印度	庙宇点灯祈福
	11月11日，多国阵亡将士纪念日	英美等国	佩戴罂粟花
	11月15日，巴西共和国日	巴西	
	11月19日，摩纳哥国庆节	摩纳哥	放烟花
	11月20日，墨西哥革命纪念日	墨西哥	阅兵
	11月23日，日本勤劳感谢日	日本	制作打糕
12月	12月1日，罗马尼亚国家统一日	罗马尼亚	首都阅兵式
	12月2日，阿联酋国庆日	阿联酋	哈里发塔灯光秀
	12月5日，泰国国王日	泰国	铜马广场阅兵仪式
	12月6日，芬兰独立日	芬兰	游行
	12月24日，平安夜	基督教国家和地区	
	12月25日，圣诞节	基督教国家和地区	
	12月26日，节礼日	基督教国家和地区	送礼物给服务业职员

第三节 人文活动类旅游资源的审美要素

一、结合所处的环境

所谓“一方水土养育一方人”“十里不同风，百里不同俗”，名人事件和宗教民俗，其产生和影响范围都离不开地域性特征。每种节日总是代表一定的地域文化现象，即地域性印迹。地域通常构成人的聚居环境，也是鉴赏人文活动景观的环境。地域自然和文化背景的不同，使得人文活动的形式和内涵也随之变化，正如节庆饮食上的“南甜、北咸、东辣、西酸”。

二、结合历史文化的积淀

节庆风俗是历史发展和人类社会生活的多棱镜。不同的节庆风俗是一定历史发展阶段人们的社会心理状态的映射，反映出民族、地区的文化特征和生活特点。中国几千年来处于儒家思想的统治下，蕴含着热爱生命、追求健康的人本精神，敬祖孝先、尊老爱幼的传统美德，以及团结和睦的心理追求。因此，中国的传统节日强调宗法集体主义价值维度、强调对集体利益和家族利益的维护，注重血缘性、群体性，以大局为重。如过春节，就要阖家团圆，家族、亲戚之间要相互拜年，共享家庭幸福，端午、重阳要孝敬老人，中秋要吃月饼赏月，全家团圆，共享天伦。与重“家”重“合”的中国人相比，西方受文艺复兴运动的影响，主张个性解放。因此，西方的传统节日强调个人主义价值维度，以自我为中心，强调个人享乐，重视情感交流，追求自然、狂欢、新奇。如西方的狂欢节，人们可以穿奇装异服，带上古怪面具，参加游行聚会、化装舞会，无拘无束，任意放纵；愚人节时，人们可以尽情戏弄别人或被人戏弄；万圣节晚上，孩子们可以任意扮成自己喜欢的造型，带着鬼怪面具出来吓人，这些节日追求的是“自我快乐感”。同时，无论是神话传说的嵌入、历史任务的融入，还是宗教因素的渗透、本土文化的哺育，人文活动在形成和演变中都是历史文化不断积淀的过程。

三、结合多彩的民俗服饰

民俗服饰加上配套的规程丰富了人文活动景观的表现形式和文化内涵。各地区各民族在日常和节日生活中有关衣裤、鞋帽、装饰、佩戴、穿戴等方面的习俗惯制，是各地区各民族人民审美情趣和社会心理特征的体现。通过服饰的鉴赏，有助于旅游者对人文活动景观整体内涵的领悟。在节庆活动中，各个不同国家和地区人们的色彩斑斓的服饰集中展现、精彩亮相，成为最大的亮点之一。这些争奇斗艳的服饰充分展示了各民族丰富奇特的想象力和巧夺天工的创造力，令所有观赏的人赞叹不已。比如东南亚泼水节傣族的传统服饰所呈现出来的神韵、轻快流畅的线条、色彩明亮绚丽的筒裙，使人们深刻地感受到民族传统服饰美带来的视觉盛宴。基诺族群众穿上传统民族服饰开展各种节庆活动也形成了一道简约大方、做工精细、亮丽的风景。德国巴伐利亚啤酒节不仅仅是啤酒盛事，更是德国传统文化的盛典，尤其是德国南部。穿着巴伐利亚传统服饰的人们坐在啤酒节的帐篷中和朋友畅谈欢唱，痛快淋漓地喝下一大扎小麦啤酒，大块吃肉，大口喝酒，场面十分热烈。巴伐利亚的民族传统服装中女性一般穿裙装，敞口领，束腰，衣服领口镶着白色、粉色等颜色的精致花边，从肩部到胸部装饰一块长方形的布，布上有许多蝴蝶结、徽章、珍珠、纽扣等装饰，并且镶着漂亮的花边，裙装的式样和围裙相似，以此来赞扬勤劳的劳动妇女。男性多数佩戴一种饰羽毛的爵士帽，手拿手杖，上身一般穿着没有翻领的黑绿色外套，下身穿皮质爵士裤，脚上习惯穿长袜和圆头褐色的翻毛皮鞋。现在慕尼黑传统服装已经成为一种珍贵的文化遗产，被当地民众小心翼翼地珍藏着，只有在譬如像啤酒节这样的有重大庆典和活动的时候才穿。当人们穿上这种服饰参加啤酒节时，那种浓重的德国乡村古典风情就自然地流露出来，使前来参加啤酒节的人们感受到来自当地民众的亲切、自然、淳朴、真挚的感情。

四、结合特定的仪式

特定仪式，包括音乐、舞蹈等在形成人文活动景观过程中极大地增强了环境气氛。音乐包括民歌、器乐、说唱和戏曲等，语言简明洗练，形象鲜明生动，表现手法丰富多样，最能表现人的性格、思想和感情，也最能反映民族的风俗习惯、劳动情况和社会生活。将思想感情通过面部表情、肢体造型、动作韵律表现出来，给人以视觉美享受的形象艺术就是舞蹈。传统汉族沉静含蓄内敛，少数民族豪放尽情，因而汉族舞姿多为俯首、屈膝等幅度不大的动作，如“秧歌舞”“腰鼓舞”；少数民族动作简单、节奏单一、参与性高，如蒙古舞、维吾尔族舞和藏族舞等。许多少数民族的节庆歌舞往往与神话传说和故事紧密联系在一起，大家纵情欢歌、纵情狂舞，常常通宵达旦以抒发欢愉之情，或歌颂美好生活，或祈求丰年顺景，这些歌舞有内心的灵动，有激情的飞扬，有欢乐的喜悦，有情感的积淀，还有神圣的祈祷……带给人们酣畅淋漓的审美体验。阿根廷葡萄酒节每年都吸引了来自阿根廷各地、拉丁美洲、欧洲和北美的数十万名游客。葡萄酒节当天精心装点的大型葡萄酒花车、盛装打扮的游行队伍，还有民族歌舞表演，把节日的气氛发挥得淋漓尽致。尤其是当天人们身着美艳而又不失高雅的服装跳起了阿根廷的传统舞蹈——探戈时，那舞步时而舒缓优雅，时而快如流星，那些默契的交叉环绕，变化无穷的优美造型，以及令人目不暇接的踢腿、旋转、折腰，尽情地展示着青春的活力与浪漫，把所有的人都带入了一种如醉如痴的境界。

5月19日至22日，2021·中国乌江苗族踩花山节暨中国·彭水水上运动大赛分别在蚩尤九黎城和乌江彭水县城水域精彩上演。苗乡儿女穿着节日盛装，同唱娇阿依、共舞踩花山，庆祝苗族盛大的传统节日，吸引全国各地的游客来彭体验苗乡风情、欣赏水上运动。随着富有节奏感的鼓点，伴着力量感十足的身体律动，身着民族特色服饰的苗家儿女围站在蚩尤九黎城圆形广场上，用欢快的歌舞“踩响”踩花山节。水上运动大赛，让体育运动与山水城市完美融合，是彭水水上运动大赛的一大特点。当水上飞人在乌江上一飞冲天或者摩托艇逐浪飞奔时，远山近水和城市与体育运动完美融合，在一动一静之间给人不一样的视觉享受。彭水是重庆市唯一以苗族为主、全国苗族聚居人口最多的少数民族自治县，有着“世界苗乡”之称。境内武陵山、大娄山、七曜山三山相拱，森林覆盖率达62%；拥有乌江、郁江、普子河、诸佛江、阿依河等生态水系，水质均达到国家地表水环境质量标准。如何利用得天独厚的自然条件吃上“生态饭”，曾是彭水人苦思多年的问题。“一节一赛”文旅项目品牌的成功打造，让养在深闺的彭水走进人们的视野。一直以来，彭水“一节一赛”项目通过不断的丰富和完善，提升了项目的美誉度和影响力。

第四节　人文活动类旅游资源的审美差异

东西方文化在逐渐共融发展的同时，也必须认识到差异的存在。由于经济结构的差异、文化意识的分歧以及传统习俗的区别，东西方社会形成了各自相对独立的人文观，从而产生了迥异的参与体验方式。

一、宗教信仰的差异

东方文化一直受到儒释道思想的熏陶。儒家讲究忠孝义，求美求善求仁义，忧国忧民忧天下；重文重礼重气节；畏天畏地畏天命。在此熏陶下，体验活动总是与社会责任联系在一起；要求人们“先天下之忧而忧，后天下之乐而乐”，乐之前要背负国家重任，弃国而偷乐视为不忠。“父母在，不远游，游必有方”，不愿离乡背井进行远途的旅行或活动，有远亲而寻游，视为不孝。“君子之于天下也，无适也，无莫也，义之与比”，要重视朋友和集体礼仪，而非个人，孤朋而独戏，视为不义。在这样的道德束缚下，东方人的体验活动往往以满足集体甚至国家的需求为前提。

西方社会从古希腊和希伯来文化中就能显见其休闲文化。柏拉图在《理想国》中写道，休闲是“以自我启发和自我表现为目的的自由时间”。亚里士多德在《政治学》中对快乐、幸福、休闲、美德与安宁进行了阐述，并在《伦理学》第十二卷中明确指出“幸福存在于休闲之中”。瑞典天主教哲学家皮普尔在《休闲：文化的基础》一书中以深刻而精辟的语言阐释了休闲作为文化基础的价值意义，指出休闲是人的一种思想和精神的态度，不是外部因素作用的结果，也不由空闲时间所决定，更不是游手好闲的产物，人有了休闲就拥有了心态的平和并能自己感到生命的快乐。由此可见，西方的休闲哲学崇尚自由，崇尚人的自身发展和自我满足。

二、地域文化的差异

东方国家以内陆型居多，人口和族群生活相对固定。数千年的农耕文明培养出东方人趋于封闭和内敛的性格，思想强调娴静和纯洁，以及与自然的和谐。农耕文化季节性强，休闲活动往往含蓄且文雅。如儒家的“六艺”和佛家的“禅修”，道家的“隐逸”等追求，使得绘画、饮酒、诗歌、乐舞、武术等活动成为东方人主要的休闲方式。人们在天地间寻求一方属于自己的净土，以摆脱尘世的喧嚣达到心灵的平静。东方人的活动以“静”为特点，于怡情养性中兼求养生。

西方人以地中海沿岸作为文化的起点，长期受到的是海洋文化的熏陶，又在不断的战争和迁徙中发展壮大，培养出勇敢、张扬、霸气的性格。与东方的农耕文化不同，他们往往在一个地区仅作短暂停留，奥林匹克运动的兴起就是因为战争。所以西方人追求感官刺激、热情开放，他们热爱运动、富有冒险精神，古罗马斗兽场就是用来满足嗜血的贵族门的野蛮快感。常年的大规模迁徙也养成了西方人活动以集体行为居多，大型的体育竞技、节庆活动、宗教盛事都伴随着部落集体的活动而展开。西方人的活动以“动”为特点，就像他们崇拜太阳神一样，热情奔放。

三、社会演进的差异

封建制度在东方国家历时长达千年，社会阶级观念浓重，活动也分为不同阶级。平民的休闲活动与劳作相关，民谣、歌曲、舞蹈往往饱含农耕因素。举办的节庆活动往往是暂时的，有固定的节日，之后又恢复日常生活，休闲对于百姓来说并非时刻能享有。

资本主义制度下的西方国家大力发展生产力，使休闲思想从贵族走向了民众，成为大多数人的权利。“休闲是上帝赐予人类的礼物”，因而西方国家较早地认为休闲活动人人应当拥有。

四、生产水平的差异

东方文明是建筑在人力上的，西方文明则是建筑在机械力上的。休闲在以往一定时期内被歪曲成游手好闲，成为阻碍东方休闲发展的阻碍。工业革命实现了西方国家从人力向机械力的过渡。人们由此可以提倡休闲，在休闲中获得知识的积累、技术的发展、思维的开拓，他们的休闲活动是自主的、享受的。

尽管东西方休闲文化存在显著的差异，但在经济全球化浪潮不断向前推进的历史条件下，休闲的全球化趋势正在势不可当地向前发展。世界从来没有像今天这样“你中有我，我中有你”，对话从未像今天这样成为最有意义的价值考量。

【同步练习】

一、单选题

1. 开创私人讲学之风，倡导仁义礼智信，在世时被尊奉为“天纵之圣”“天之木铎”的是（　　）。

A. 孔子　　B. 孟子　　C. 荀子　　D. 老子

2. 农时节日，即当地与农业生产息息相关的传统节日，以下不属于农时节日特点的是（　　）。

A. 时间固定　　B. 具有乡村特色　　C. 有明确的主题　　D. 乡村居民参与度高

3. 经党中央批准、国务院批复，自2018年起，将每年农历秋分设立为（　　）。

A. 农神节　　B. 赶秋节　　C. 尝新节　　D. 中国农民丰收节

4.（　　）源自天象崇拜，由上古时代秋夕祭月演变而来，自古便有祭月、赏月、吃月饼、看花灯、赏桂花、饮桂花酒等民俗，流传至今，经久不息。

A. 春节　　B. 清明节　　C. 端午节　　D. 中秋节

5. 上着各色紧身内衣，外罩紧身无领窄袖短衫，下穿彩色筒裙，长及脚面，并用精美的银质腰带束裙是西双版纳（　　）妇女服饰的风俗特点。

A. 哈尼族　　B. 傣族　　C. 瑶族　　D. 基诺族

6. 农历三月三，亦称“上巳节”，在我国西南地区的一些少数民族地区仍是一个隆重而盛大的节日。赶歌圩、搭歌棚、举办歌会是（　　）的传统习俗。

A. 苗族　　B. 布依族　　C. 壮族　　D. 瑶族

7. 在西方的（　　），人们可以穿奇装异服，带上古怪面具，参加游行聚会、化装舞会，无拘无束，任意放纵。

A. 狂欢节　　B. 愚人节　　C. 复活节　　D. 万圣节

8. 10月或11月中旬，“以光明驱走黑暗，以善良战胜邪恶”的节日是（　　）。

A. 浴佛节　　B. 排灯节　　C. 古尔邦节　　D. 圣灵降临节

二、多选题

1. 在古代阶级社会，各个民族和国家的节日都与特定的宗教信仰或习俗有关，以下属于佛教主要节日的有（　　）。

A. 浴佛节　　B. 中元节　　C. 腊八节　　D. 古尔邦节

2. 下列关于庙会的描述，正确的是（　　）。

A. 庙会一般在农历新年、元宵节、二月二龙抬头等节日举行

B. 民间庙会的核心特征在经济技术方面表现为百货交易，在社会组织方面是礼神娱神

C. 摸石猴和窝风桥打金钱眼这两项民俗活动往往是庙会上最热闹的活动

D. 庙会在寺庙的节日或规定的日期举行，多设在庙内及其附近

3. 舞蹈是给人以视觉美享受的形象艺术，以下属于中国少数民族歌舞的有（　　）。

A. 腰鼓舞　　B. 踢踏舞　　C. 探戈　　D. 孔雀舞

4. 下列关于西方节日说法不正确的有（　　）。

A. 在愚人节这一天，人们可以任意说谎愚弄他人。骗人越多，越能得到推崇

B. 圣诞餐是圣诞节当天的主餐，一般都邀请客人，并且只在晚餐时进行

C. 复活节是西方国家隆重盛大的宗教节日，节日象征为复活节彩蛋和复活节兔

D. 感恩节是英国民间传统节日，时间是每年 11 月的第四个星期四

5. 东西方人文活动景观的审美差异表现在哪些方面（　　）。

A. 宗教信仰的差异　　B. 生产水平的差异

C. 地域文化的差异　　D. 社会演进的差异

三、判断题

1. 中山陵牌坊又称博爱坊，在牌坊上镌刻有孙中山先生的手书“博爱”二字，宽博大方，空间开阔。孙中山先生平时最喜欢手写这两个字赠人，南京也因此而被誉为博爱之都。（　　）

2. 不同的节庆风俗是一定历史发展阶段人们的社会心理状态的映射，反映出民族、地区的文化特征和生活特点。（　　）

3. 不同宗教有不同的宗教义务，在旅游资源中被作为宗教活动景观。如“五功”是道教必须履行的宗教义务，在中国多简称为念、礼、斋、课、朝。（　　）

4. 穆斯林在斋月期间，必须实行严格的斋戒。黎明前吃“开斋饭”，日落后吃“封斋饭”。（　　）

5. 人文活动旅游资源的地域性、民族性表现明显，其文化功能、审美功能、教育功能、服务功能尤为突出。（　　）

6. 中国的农神节，为每年阳历的 2 月 3 日，纪念的是农神——黄帝。（　　）

7. 中国的传统节日宗法集体主义价值维度，注重血缘性、群体性，而西方的传统节日强调个人主义价值维度，以自我为中心，强调个人享乐。（　　）

8. 地域自然和文化背景的不同，使得人文活动的形式和内涵也随之变化，节庆饮食上“南甜、北咸、东辣、西酸”的差异就体现了这一点。（　　）

四、填空题

1. 根据《旅游资源分类、调查与评价》（GB/T 18972—2017），人文活动类旅游资源划分为__________和__________两大类。

2. 地方事件，即当地发生过的__________和__________事件。

3. 农时节日，即当地与__________息息相关的传统节日。

4. 现代节庆，即当地__________或__________的文化、商贸、体育活动等。

5. 佛教与__________、__________并称为世界三大宗教。

6. 名人故居的开发主要分为__________、__________和__________。

7. 现代节庆活动的特征包括地域性、经济性、＿＿＿＿＿＿、＿＿＿＿＿＿、＿＿＿＿＿＿。

8.“六月六，早禾熟”，侗族地区把这一天作为＿＿＿＿＿＿，节日期间有放土炮、鞭炮进行扫寨、演傩戏、唱山歌、耍武术等传统。

参考文献

［1］石玉林．资源科学［M］．北京：高等教育出版社，2006.

［2］爱德华·泰勒．原始文化［M］．连树声，译．上海：上海文艺出版社，1992.

［3］安旭．旅游文物艺术［M］．天津：南开大学出版社，2002.

［4］陈福义，范保宁．中国旅游资源学［M］．北京：中国旅游出版社，2003.

［5］陈国生，黎霞．旅游资源学概论［M］．武汉：华中师范大学出版社，2006.

［6］陈国生．中国旅游资源学教程［M］．北京：对外经济贸易大学出版社，2006.

［7］陈诗才．自然风景旅游［M］．北京：地震出版社，1993.

［8］陈水云．中国山水文化［M］．武汉：武汉大学出版社，2001.

［9］陈田，钟林生，刘家明．旅游资源标准应用过程中的几个认识误区［J］．旅游学刊，2005（6）：6-7.

［10］陈兴中，方海川，汪明林．旅游资源开发与规划［M］．北京：科学出版社，2005.

［11］崔凤军．风景旅游区的保护与管理［M］．北京：中国旅游出版社，2001.

［12］丁季华．旅游资源学［M］．上海：上海三联书店，1999.

［13］甘枝茂，马耀峰．旅游资源与开发［M］．天津：南开大学出版社，2000.

［14］高峻．旅游资源规划与开发［M］．北京：清华大学出版社，2007.

［15］高曾伟，卢晓．旅游资源学［M］．上海：上海交通大学出版社，2006.

［16］郭来喜，吴必虎，刘锋，范业正．中国旅游资源分类系统与类型评价［J］．地理学报，2000（3）：294-301.

［17］何小莲．宗教与文化［M］．上海：同济大学出版社，2002.

［18］洪得娟．景观建筑［M］．上海：同济大学出版社，2002.

［19］黄景略，叶学明．中国历代帝王陵墓［M］．北京：商务印书馆，1998.

［20］黄锡荃．水文学［M］．北京：高等教育出版社，2002.

［21］黄向．旅游资源标准的理论盲点与解决方法［J］．旅游学刊，2006（1）：9.

［22］黄艺农．旅游审美［J］．湖南师范大学社会科学学报，1998（1）：24-28.

［23］赖良杰．旅游资源开发与规划［M］．北京：高等教育出版社，2005.

［24］李鼎新，艾艳丰．旅游资源学［M］．北京：科学出版社，2004.

［25］李京颐．模糊理论在旅游资源评价中的应用［J］．北京联合大学学报，1997（2）：81–85.

［26］李娟文，游长江．中国旅游地理［M］．大连：东北财经大学出版社，2002.

［27］李瑞，王义民．旅游资源规划与开发［M］．郑州：郑州大学出版社，2002.

［28］李天元．中国旅游可持续发展研究［M］．天津：南开大学出版社，2004.

［29］李燕琴，张茵，彭建．旅游资源学［M］．北京：清华大学出版社，北京交通大学出版社，2007.

［30］李舟．浅谈《国标》的是与非［J］．旅游学刊，2006（1）：11–12.

［31］梁明珠．旅游资源开发与规划［M］．北京：经济科学出版社，2007.

［32］刘成武，黄利民．资源科学概论［M］．北京：科学出版社，2004.

［33］刘敦荣．旅游商品学［M］．天津：南开大学出版社，2002.

［34］刘家明．从规划实践看旅游资源开发评价［J］．旅游学刊，2000（1）：9–11.

［35］刘益．从旅游规划角度论《旅游资源分类、调查与评价》的实践意义［J］．旅游学刊，2000（1）：8–9.

［36］楼庆西．中国古建筑二十讲［M］．上海：上海三联书店，2002.

［37］罗秋菊．事件旅游研究初探［J］．江西社会科学，2002（9）：218–219.

［38］骆高远，吴攀升，马骏．旅游资源学［M］．杭州：浙江大学出版社，2006.

［39］骆高远．旅游资源评价与开发［M］．杭州：浙江科学技术出版社，2003.

［40］马耀峰，宋保平，赵振斌．旅游资源开发［M］．北京：科学出版社，2005.

［41］毛洪玉．园林花卉学［M］．北京：化学工业出版社，2005.

［42］苗学玲．旅游商品概念性定义与旅游纪念品的地方特色［J］．旅游学刊，2004（1）：27–31.

［43］母涛．论旅游资源开发与旅游产业的关系［J］．经济体制改革，2006（2）：179–181.

［44］全华．旅游资源开发及管理［M］．北京：旅游教育出版社，2006.

［45］苏文才，孙文昌．旅游资源学［M］．北京：高等教育出版社，1998.

［46］万剑敏，陈少玲．中国旅游资源概况［M］．北京：科学出版社，2007.

［47］汪应宏，汪云甲，王晓．资源经济导论［M］．徐州：中国矿业大学出版社，2005.

［48］王德刚，何桂梅．旅游资源开发与利用［M］．济南：山东大学出版社，2005.

［49］王建军．旅游资源分类与评价问题的新思考［J］．旅游学刊，2005（6）：7–8.

［50］王良健．现行旅游资源评价体系的改进与方法创新［J］．旅游学刊，2006（2）：

12.

［51］吴必虎．区域旅游规划原理［M］．北京：中国旅游出版社，2001.

［52］吴涤新，等．园林植物景观［M］．北京：中国建筑工业出版社，2004.

［53］吴正．地貌学导论［M］．广州：广东高等教育出版社，2001.

［54］夏赞才．旅游资源亟需美学价值评价［J］．旅游学刊，2006（1）：12–13.

［55］肖星，严江平．旅游资源与开发［M］．北京：中国旅游出版社，2000.

［56］徐学书．旅游资源保护与开发［M］．北京：北京大学出版社，2007.

［57］鄢志武．旅游资源学［M］．武汉：武汉大学出版社，2007.

［58］严钦尚，曾昭璇．地貌学［M］．北京：高等教育出版，2003.

［59］颜亚玉．旅游资源开发［M］．厦门：厦门大学出版社，2001.

［60］杨桂华，陶犁．旅游资源学［M］．昆明：云南大学出版社，1994.

［61］杨湘兆．风景地貌学［M］．长沙：中南大学出版社，2005.

［62］杨振之．旅游资源开发与规划［M］．成都：四川大学出版社，2002.

［63］姚启润等．旅游与气候［M］．北京：中国旅游出版社，1983.

［64］喻学才．旅游资源［M］．北京：中国林业出版社，2002.

［65］查良松．旅游管理信息系统［M］．北京：高等教育出版社，2003.

［66］张伟强．旅游资源开发与管理［M］．广州：华南工学院出版社，2005.

［67］赵黎明，黄安民，张立明．旅游景区管理学［M］．天津：南开大学出版社，2003.

［68］郑耀星，储德平．区域旅游规划、开发与管理［M］．北京：高等教育出版社，2004.

［69］中国科学院地球化学研究所．资源环境与可持续发展［M］．北京：科学出版社，1999.

［70］周厚高．绿篱植物景观［M］．贵阳：贵州科技出版社，2007.

［71］张洪明，王玲．试论动植物资源的旅游价值［J］．华东森林经理，1997（3）：38–42.

附录 A

旅游资源基本类型释义表

主类	亚类	基本类型	简要说明
A 地文景观	AA 自然景观综合体	AAA 山丘型景观	山地丘陵内可供观光游览的整体景观或个别景观
		AAB 台地型景观	山地边缘或山间台状可供观光游览的整体景观或个别景观
		AAC 沟谷型景观	沟谷内可供观光游览的整体景观或个体景观
		AAD 滩地型景观	缓平滩地内可供观光游览的整体景观或个别景观
	AB 地质与构造形迹	ABA 断裂景观	地层断裂在地表面形成的景观
		ABB 褶曲景观	地层在各种内力作用下形成的扭曲变形
		ABC 地层剖面	地层中具有科学意义的典型剖面
		ABD 生物化石点	保存在地层中的地质时期的生物遗体、遗骸及活动遗迹的发掘地点
	AC 地表形态	ACA 台丘状地景	台地和丘陵形状的地貌景观
		ACB 峰柱状地景	在山地、丘陵或平地上突起的峰状石体
		ACC 垄岗状地景	构造形迹的控制下长期受溶蚀作用形成的岩溶地貌
		ACD 沟壑与洞穴	由内营力塑造或外营力侵蚀形成的沟谷、劣地，以及位于基岩内和岩石表面的天然洞穴
		ACE 奇特与象形山石	形状奇异、拟人状物的山体或石体
		ACF 岩土圈灾变遗迹	岩石圈自然灾害变动所留下的表面痕迹
	AD 自然标记与自然现象	ADA 奇异自然现象	发生在地表一般还没有合理解释的自然界奇特现象
		ADB 自然标志地	标志特殊地理、自然区域的地点
		ADC 垂直自然带	山地自然景观及其自然要素（主要是地貌、气候、植被、土壤）随海拔呈递变规律的现象
B 水域景观	BA 河系	BAA 游憩河段	可供观光游览的河流段落
		BAB 瀑布	河水在流经断层、凹陷等地区时垂直从高空跌落的跌水
		BAC 古河道段落	已经消失的历史河道现存段落

续表

主类	亚类	基本类型	简要说明
B 水域景观	BB 湖沼	BBA 游憩湖区	湖泊水体的观光游览区与段落
		BBB 潭池	四周有岸的小片水域
		BBC 湿地	天然或人工形成的沼泽地等带有静止或流动水体的成片浅水区
	BC 地下水	BCA 泉	地下水的天然露头
		BCB 埋藏水体	埋藏于地下的温度适宜、具有矿物元素的地下热水、热气
	BD 冰雪地	BDA 积雪地	长时间不融化的降雪堆积面
		BDB 现代冰川	现代冰川存留区域
	BE 海面	BEA 游憩海域	可供观光游憩的海上区域
		BEB 涌潮与击浪现象	海水大潮时潮水涌进景象，以及海浪推进时的击岸现象
		BEC 小型岛礁	出现在江海中的小型明礁或暗礁
C 生物景观	CA 植被景观	CAA 林地	生长在一起的大片树木组成的植物群体
		CAB 独树与丛树	单株或生长在一起的小片树林组成的植物群体
		CAC 草地	以多年生草本植物或小半灌木组成的植物群落构成的地区
		CAD 花卉地	一种或多种花卉组成的群体
	CB 野生动物栖息地	CBA 水生动物栖息地	一种或多种水生动物常年或季节性栖息的地方
		CBB 陆地动物栖息地	一种或多种陆地野生哺乳动物、两栖动物、爬行动物等常年或季节性栖息的地方
		CBC 鸟类栖息地	一种或多种鸟类常年或季节性栖息的地方
		CBD 蝶类栖息地	一种或多种蝶类常年或季节性栖息的地方
D 天象与气候景观	DA 天象景观	DAA 太空景象观赏地	观察各种日、月、星辰、极光等太空现象的地方
		DAB 地表光现象	发生在地面上的天然或人工光现象
	DB 天气与气候现象	DBA 云雾多发区	云雾及雾凇、雨凇出现频率较高的地方
		DBB 极端与特殊气候显示地	易出现极端与特殊气候的地区或地点，如风区、雨区、热区、寒区、旱区等典型地点
		DBC 物候景象	各种植物的发芽、展叶、开花、结实、叶变色、落叶等季变现象
E 建筑与设施	EA 人文景观综合体	EAA 社会与商贸活动场所	进行社会交往活动、商业贸易活动的场所
		EAB 军事遗址与古战场	古时用于战事的场所、建筑物和设施遗存
		EAC 教学科研实验场所	各类学校和教育单位、开展科学研究的机构和从事工程技术试验场所的观光、研究、实习的地方
		EAD 建设工程与生产地	经济开发工程和实体单位，如工厂、矿区、农田、牧场、林场、茶园、养殖场、加工企业以及各类生产部门的生产区域和生产线

续表

主类	亚类	基本类型	简要说明
E 建筑与设施	EA 人文景观综合体	EAE 文化活动场所	进行文化活动、展览、科学技术普及的场所
		EAF 康体游乐休闲度假地	具有康乐、健身、休闲疗养、度假条件的地方
		EAG 宗教与祭祀活动场所	进行宗教、祭祀、礼仪活动场所的地方
		EAH 交通运输场站	用于运输通行的地面场站等
		EAI 纪念地与纪念活动场所	为纪念故人或开展各种宗教祭祀、礼仪活动的馆室或场地
	EB 实用建筑与核心设施	EBA 特色街区	反映某一时代建筑风貌，或经营专门特色商品和商业服务的街道
		EBB 特性屋舍	具有观赏游览功能的房屋
		EBC 独立厅、室、馆	具有观赏游览功能的景观建筑
		EBD 独立场、所	具有观赏游览功能的文化、体育场馆等空间场所
		EBE 桥梁	跨越河流、山谷、障碍物或其他交通线而修建的架空通道
		EBF 渠道、运河段落	正在运行的人工开凿的水道段落
		EBG 堤坝段落	防水、挡水的构筑物段落
		EBH 港口、渡口与码头	位于江、河、湖、海沿岸进行航运、过渡、商贸、渔业活动的地方
		EBI 洞窟	由水的溶蚀、侵蚀和风蚀作用形成的可进入的地下空洞
		EBJ 陵墓	帝王、诸侯陵寝及领袖先烈的坟墓
		EBK 景观农田	具有一定观赏游览功能的农田
		EBL 景观牧场	具有一定观赏游览功能的牧场
		EBM 景观林场	具有一定观赏游览功能的林场
		EBN 景观养殖场	具有一定观赏、游览功能的养殖场
		EBO 特色店铺	具有一定观光游览功能的店铺
		EBP 特色市场	具有一定观光游览功能的市场
	EC 景观与小品建筑	ECA 形象标志物	能反映某处旅游形象的标志物
		ECB 观景点	用于景观观赏的场所
		ECC 亭、台、楼、阁	供游客休息、乘凉或观景用的建筑
		ECD 书画作	具有一定知名度的书画作品
		ECE 雕塑	用于美化或纪念而雕刻塑造，具有一定寓意、象征或象形的观赏物和纪念物
		ECF 碑碣、碑林、经幢	雕刻记录文字、经文的群体刻石或多角形石柱

续表

主类	亚类	基本类型	简要说明
E 建筑与设施	EC 景观与小品建筑	ECG 牌坊牌楼、影壁	为表彰功勋、科第、德政以及忠孝节义所立的建筑物，以及中国传统建筑中用于遮挡视线的墙壁
		ECH 门廓、廊道	门头廓形装饰物，不同于两侧基质的狭长地带
		ECI 塔形建筑	具有纪念、镇物、标明风水和某些实用目的的直立建筑物
		ECJ 景观步道、甬路	用于观光游览行走而砌成的小路
		ECK 花草坪	天然或人造的种满花草的地面
		ECL 水井	用于生活、灌溉用的取水设施
		ECM 喷泉	人造的由地下喷射水至地面的喷水设备
		ECN 堆石	由石头堆砌或填筑形成的景观
F 历史遗迹	FA 物质类文化遗存	FAA 建筑遗迹	具有地方风格和历史色彩的历史建筑遗存
		FAB 可移动文物	历史上各时代重要实物、艺术品、文献、手稿、图书资料、代表性实物等，分为珍贵文物和一般文物
	FB 非物质类文化遗存	FBA 民间文学艺术	民间对社会生活进行形象的概括而创作的文学艺术作品
		FBB 地方习俗	社会文化中长期形成的风尚、礼节、习惯及禁忌等
		FBC 传统服饰装饰	具有地方和民族特色的衣饰
		FBD 传统演艺	民间各种传统表演方式
		FBE 传统医药	当地传统留存的医药制品和治疗方式
		FBF 传统体育赛事	当地定期举行的体育比赛活动
G 旅游购品	GA 农业产品	GAA 种植业产品及制品	具有跨地区声望的当地生产的种植业产品及制品
		GAB 林业产品与制品	具有跨地区声望的当地生产的林业产品及制品
		GAC 畜牧业产品与制品	具有跨地区声望的当地生产的畜牧产品及制品
		GAD 水产品及制品	具有跨地区声望的当地生产的水产品及制品
		GAE 养殖业产品与制品	具有跨地区声望的养殖业产品及制品
	GB 工业产品	GBA 日用工业品	具有跨地区声望的当地生产的日用工业品
		GBB 旅游装备产品	具有跨地区声望的当地生产的户外旅游装备和物品
	GC 手工工艺品	GCA 文房用品	文房书斋的主要文具
		GCB 织品、染织	纺织及用染色印花织物
		GCC 家具	生活、工作或社会实践中供人们坐、卧或支撑与贮存物品的器具
		GCD 陶瓷	由瓷石、高岭土、石英石、莫来石等烧制而成，外表施有玻璃质釉或彩绘的物器

续表

主类	亚类	基本类型	简要说明
G 旅游购品	GC 手工工艺品	GCE 金石雕刻、雕塑制品	用金属、石料或木头等材料雕刻的工艺品
		GCF 金石器	用金属、石料制成的具有观赏价值的器物
		GCG 纸艺与灯艺	以纸材质和灯饰材料为主要材料制成的平面或立体的艺术品
		GCH 画作	具有一定观赏价值的手工画成作品
H 人文活动	HA 人事活动记录	HAA 地方人物	当地历史和现代名人
		HAB 地方事件	当地发生过的历史和现代事件
	HB 岁时节令	HBA 宗教活动与庙会	宗教信徒举办的礼仪活动，以及节日或规定日子里在寺庙附近或既定地点举行的聚会
		HBB 农时节日	当地与农业生产息息相关的传统节日
		HBC 现代节庆	当地定期或不定期的文化、商贸、体育活动等
8	23	110	

附录 B

旅游资源单体调查表

代号	；其他代号：① ；②
行政位置	
地理位置	东经 ° ′ ″，北纬 ° ′ ″
性质与特征（单体性质、形态、结构、组成成分的外在表现和内在因素，以及单体生成过程、演化历史、人事影响等主要环境因素）	
旅游区域及进出条件（单体所在地区的具体部位、进出交通、与周边旅游集散地和主要旅游区［点］之间关系）	
保护与开发现状（单体保存现状、保护措施、开发情况）	
共有因子评价问题（你认为本单体属于下列评价项目中的哪个档次，应该得多少分，在最后的一列内写上分数）	

续表

评价项目	档次	本档次规定得分	你认为应得的分数
单体为游客提供的观赏价值，或游憩价值，或使用价值	全部或其中一项具有极高的观赏价值、游憩价值、使用价值	30~22	
	全部或其中一项具有很高的观赏价值、游憩价值、使用价值	21~13	
	全部或其中一项具有较高的观赏价值、游憩价值、使用价值	12~6	
	全部或其中一项具有一般观赏价值、游憩价值、使用价值	5~1	
单体蕴含的历史价值，或文化价值，或科学价值，或艺术价值	同时或其中一项具有世界意义的历史价值、文化价值、科学价值、艺术价值	25~20	
	同时或其中一项具有全国意义的历史价值、文化价值、科学价值、艺术价值	19~23	
	同时或其中一项具有省级意义的历史价值、文化价值、科学价值、艺术价值	12~6	
	历史价值、或文化价值、或科学价值、或艺术价值具有地区意义	5~1	
物种珍稀性，景观奇特性，现象遍在性在各地的常见性	有大量珍稀物种，或景观异常奇特，或此类现象在其他地区罕见	15~13	
	有较多珍稀物种，或景观奇特，或此类现象在其他地区很少见	12~9	
	有少量珍稀物种，或景观突出，或此类现象在其他地区少见	8~4	
	有个别珍稀物种，或景观比较突出，或此类现象在其他地区较多见	3~1	
个体规模大小，群体结构丰满性和疏密度，现象常见性	独立型单体规模、体量巨大；组合型旅游资源单体结构完美、疏密度优良级；自然景象和人文活动周期性发生或频率极高	10~8	
	独立型单体规模、体量较大；组合型旅游资源单体结构很和谐、疏密度良好；自然景象和人文活动周期性发生或频率很高	7~5	
	独立型单体规模、体量中等；组合型旅游资源单体结构和谐、疏密度较好；自然景象和人文活动周期性发生或频率较高	4~3	
	独立型单体规模、体量较小；组合型旅游资源单体结构较和谐、疏密度一般；自然景象和人文活动周期性发生或频率较小	2~1	
自然或人为干扰和破坏情况，保存完整情况	保持原来形态和结构	5~4	
	形态与结构有少量变化，但不明显	3	
	形态与结构有明显变化	2	
	形态与结构有重大变化	1	
知名度和品牌度	在世界范围内知名，或构成世界承认的名牌	10~8	
	在全国范围内知名，或构成全国性的名牌	7~5	
	在本省范围内知名，或构成省内的名牌	4~3	
	在本地区范围内知名，或构成本地区名牌	2~1	

续表

评价项目	档次	本档次规定得分	你认为应得的分数
适游时间或服务游客情况	适宜游览的日期每年超过 300 天，或适宜于所有游客使用和参与	5~4	
	适宜游览的日期每年超过 250 天，或适宜于 80% 左右游客使用和参与	3	
	适宜游览的日期超过 150 天，或适宜于 60% 左右游客使用和参与	2	
	适宜游览的日期每年超过 100 天，或适宜于 40% 左右游客使用和参与	1	
受污染情况，环境条件及保护措施	已受到严重污染，或存在严重安全隐患	–5	
	已受到重度污染，或存在明显安全隐患	–4	
	已受到轻度污染，或存在一定安全隐患	–3	
	已有工程保护措施，环境安全得到保证	3	

本单体得分		本单体可能的等级	级	填表人		调查日期	年　月　日

注 1 ：单体序号：由调查组确定的旅游资源单体顺序号码。

注 2 ：单体名称：旅游资源单体的常用名称。

注 3 ：“代号”项：代号用汉语拼音字母和阿拉伯数字表示，即“表示单体所处位置的汉语拼音字母 – 表示单体所属类型的汉语拼音字母 – 表示单体在调查区内次序的阿拉伯数字”。

如果单体所处的调查区是县级和县级以上行政区，则单体代号按“国家标准行政代码（省代号 2 位 – 地区代号 3 位 – 县代号 3 位，参见 GB/T 2260）– 旅游资源基本类型代号 3 位 – 旅游资源单体序号 2 位”的方式设置，共 5 组 13 位数，每组之间用短线“–”连接。

如果单体所处的调查区是县级以下的行政区，则旅游资源单体代号按“国家标准行政代码（省代号 2 位 – 地区代号 3 位 – 县代号 3 位，参见 GB/T 2260）– 乡镇代号（由调查组自定 2 位）– 旅游资源基本类型代号 3 位 – 旅游资源单体序号 2 位”的方式设置，共 6 组 15 位数，每组之间用短线“–”连接。

如果遇到同一单体可归入不同基本类型的情况，在确定其为某一类型的同时，可在“其他代号”后按另外的类型填写。操作时只需改动其中“旅游资源基本类型代号”，其他代号项目不变。

填表时，一般可省略本行政区及本行政区以上的行政代码。

注 4 ：“行政位置”项：填写单体所在地的行政归属，从高到低填写政区单位名称。

注 5 ：“地理位置”项：填写旅游资源单体主体部分的经纬度（精度到秒）。

注 6 ：“性质与特征”项：填写旅游资源单体本身个性，包括单体性质、形态、结构、组成成分的外在表现和内在因素，以及单体生成过程、演化历史、人事影响等主要环境因素，提示如下：

1）外观形态与结构类：旅游资源单体的整体状况、形态和突出（醒目）点；代表形象部分的细节变化；整体色彩和色彩变化、奇异华美现象，装饰艺术特色等；组成单体整体各部分的搭配关系和安排情况，构成单体主体部分的构造细节、构景要素等。

2）内在性质类：旅游资源单体的特质，如功能特性、历史文化内涵与格调、科学价值、艺术价值、经济背景、实际用途等。

3）组成成分类：构成旅游资源单体的组成物质、建筑材料、原料等。

4）成因机制与演化过程类：表现旅游资源单体发生、演化过程、演变的时序数值；生成和运行方式，如形成机制、形成年龄和初建时代、废弃时代、发现或制造时间、盛衰变化、历史演变、现代运动过程、生长情况、存在方式、展示演示及活动内容、开放时间等。

5）规模与体量类：表现旅游资源单体的空间数值，如占地面积、建筑面积、体积、容积等；个性数值，如长度、宽度、高度、深度、直径、周长、进深、面宽、海拔、高差、产值、数量、生长期等；比率关系数值，如矿化度、曲度、比降、覆盖度、圆度等。

6）环境背景类：旅游资源单体周围的境况，包括所处具体位置及外部环境，如目前与其共存并成为单体不可分离的自然要素和人文要素，如气候、水文、生物、文物、民族等；影响单体存在与发展的外在条件，如特殊功能、雪线高度、重要战事、主要矿物质等；单体的旅游价值和社会地位、级别、知名度等。

7）关联事物类：与旅游资源单体形成、演化、存在有密切关系的典型的历史人物与事件等。

注 7：“旅游区域及进出条件”项：包括旅游资源单体所在地区的具体部位、进出交通、与周边旅游集散地和主要旅游区（点）之间的关系等。

注 8：“保护与开发现状”项：旅游资源单体保存现状、保护措施、开发情况等。

注 9：“共有因子评价问答”项：旅游资源单体的观赏游憩价值、历史文化科学艺术价值、珍稀或奇特程度、规模丰度与几率、完整性、知名度和影响力、适游期和使用范围、污染状况与环境安全。

附录 C

旅游资源调查区实际资料表

调查区名称		调查时间	年　　月　　日至 年　　月　　日
行政位置			
A. 调查区基本资料			
调查区概况（面积、行政区划、人口、所处的旅游区域）			
调查工作过程（工作程序和调查重点，提交主要文件、图件）			
调查区旅游开发现状和前景（总体情况、产业地位、旅游开发潜力、旅游开发）			

B. 各层次旅游资源数量统计

系列	标准数目	调查区	
		数目	占全国比例（%）
主类	8		
亚类	23		
基本类型	110		

续表

C. 各主类、亚类旅游资源基本类型数量统计			
地文景观	17		
自然景观综合体	4		
地质与构造形迹	4		
地表形态	6		
自然标记与自然现象	3		
水域景观	13		
河系	3		
湖沼	3		
地下水	2		
冰雪地	2		
海面	3		
生物景观	8		
植被景观	4		
野生动物栖息地	4		
天象与气候景观	5		
天象景观	2		
天气与气候现象	3		
建筑与设施	39		
人文景观综合体	9		
实用建筑与核心设施	16		
景观与小品建筑	14		
历史遗迹	8		
物质类文化遗存	2		
非物质类文化遗存	6		
旅游购品	15		
农业产品	5		
工业产品	2		
手工工艺品	8		
人文活动	5		
人事活动记录	2		
岁时节令	3		

D. 各级旅游资源单体数量统计						
等级	优良级旅游资源			普通级旅游资源		未获等奖
	五级	四级	三级	二级	一级	
数量						

续表

E. 优良级旅游资源单体名录（不敷需要时请另加纸）	
五级	
四级	
三级	

F. 调查组主要成员									
责任	姓名	专业	职称	分工	责任	姓名	专业	职称	分工
组长					成员				
副组长					成员				
成员					成员				
成员					成员				
成员					成员				
成员					成员				

G. 主要技术存档材料（不敷需要时请另加纸）				
类别				
文字资料（出版物、内部资料）				
调查记录（采访记录、测试数据）				
调查图件（原始地图、实际资料图）				
影像资料				
填表人		联系方式	单位： 电话： 电子信箱：	填表日期： 年　月　日

参考答案

第一章　参考答案

一、单选题

1. A　2. A　3. A　4. B　5. A

二、多选题

1. AB　2. ABCD　3. ABCD　4. AB　5. ABCD

三、判断题

1. √　2. √　3. √　4. √　5. ×　6. ×　7. ×

四、填空题

1. 旅游资源学　2. 旅游开发　3. GB/T 18972—2017

4. 资源要素价值、资源影响力、附加值

5. 观赏游憩使用价值，历史文化科学艺术价值，珍稀奇特程度，规模、丰度与几率，完整性

第二章　参考答案

一、单选题

1. B　2. A　3. C　4. C　5. C

二、多选题

1. ABCD　2. ACD　3. ABC　4. ABCD　5. BC

三、判断题

1. √　2. ×　3. √　4. √　5. ×　6. ×

四、填空题

1. 比德说　2. 自然说　3. 感受　4. 心理距离　5. 形式

第三章　参考答案

一、单选题

1. C　2. B　3. A　4. C　5. D　6. B　7. A　8. D

二、多选题

1. ABCD　2. ACD　3. BC　4. BCD　5. ABD

三、判断题

1. ×　2. √　3. √　4. ×　5. ×　6. √　7. √

四、填空题

1. 昆仑山脉　2. 内营力、外营力　3. 岩浆岩、沉积岩、变质岩

4. 侵蚀、搬运、堆积　5. V、U　6. 地垒、地堑

7. 攀登探险、风景观赏、疗养度假

第四章　参考答案

一、单选题

1. C　2. A　3. D　4. B　5. C　6. C　7. B

二、多选题

1. ABD　2. ABCD　3. ABCD　4. ABCD　5. ABCD　6. ABCD

7. ACD　8. ABCD

三、判断题

1. √　2. √　3. ×　4. √　5. ×　6. √　7. √　8. √

四、填空题

1. 形、势、声 2. 美学价值、保健价值、历史人文价值、社会经济价值　3. 水相、季相、时态、水位、引致　4. 冰雪地　5. 构造湖

6. 埋藏水体 7. 度假、疗养、运动

第五章　参考答案

一、单选题

1. C　2. B　3. D　4. C　5. A　6. B　7. D　8. C

二、多选题

1. AC　2. BD　3. ABCD　4. BCD　5. ACD　6. BC　7. AC

三、判断题

1. √　2. ×　3. ×　4. √　5. ×　6. ×

四、填空题

1. 动物、植物、微生物　2. 科研、教育、游憩　3. 生态功能

4. 林地　5. 草甸草原　6. 水生、陆地、鸟类、蝶类

7. 淡水型、咸水型、两栖型　8. 生态、经济型、文化

第六章　参考答案

一、单选题

1. A　2. B　3. D　4. B　5. D　6. D

二、多选题

1. ABCD　2. ABCD　3. ABC　4. ABD　5. ABCD　6. ABCD

7. ABCD　8. BCD

三、判断题

1. √　2. ×　3. √　4. √　5. √　6. ×　7. ×

四、填空题

1. 霞光、佛光、彩虹、蜃景　2. 沙疗　3. 夜间动物

4. 1~2　5. 太阳雨、瀑布边上　6. 风效指数

第七章　参考答案

一、单选题

1. B　2. D　3. B　4. A　5. C　6. C　7. B　8. A　9. C　10. C

二、多选题

1. ABCD　2. ABC　3. ABCD　4. ABCD　5. ABCD　6. ABCD

7. ACD　8. ABC　9. AB　10. ACD　11. ABCD

三、判断题

1. √　2. √　3. √　4. ×　5. ×　6. ×　7. √　8. √　9. √　10. √

11. √　12. ×　13. √　14. ×　15. ×　16. ×　17. √　18. ×

四、填空题

1. 赵州桥　2. 欧亚草原区、北美草原区、南美草原区

3. 休息、乘凉、观景　4. 经幢　5. 比例　6. 特色街区

7. 御制、恩荣、圣旨、敕建　8. 观赏者

9. 实用、生态、景观美学　10. 特色商品、商业服务

11. 帝王、诸侯、领袖先烈　12. 旅游形象

第八章　参考答案

一、单选题

1. B　2. A　3. B　4. D　5. D　6. B　7. A　8. A　9. B

二、多选题

1. ABC　2. ACD　3. ABCD　4. BCD　5. ABCD　6. ABCD

三、判断题

1. × 2. √ 3. × 4. × 5. √ 6. √ 7. × 8. √ 9. ×

10. √ 11. × 12. × 13. √ 14. √ 15. × 16. × 17. √

四、填空题

1. 物质文化遗产 2. 求知、感触、记忆

3. 珍贵文物、一般文物 4. 风尚、礼节、习惯、禁忌

5. 地方、民族 6. 实际用途

7. 医药制品、治疗方式 8. 定期

9. 经济、政治、地缘、宗教、语言

第九章 参考答案

一、单选题

1. B 2. A 3. B 4. B 5. A

二、多选题

1. ABCD 2. ABCD 3. ABD 4. BC 5. AC

三、判断题

1. √ 2. √ 3. × 4. √ 5. × 6. √

四、填空题

1. 木板水印 2. 非晶质形态 3. 丝织品

4. 黏土 5. 瓷 6. 折纸

第十章 参考答案

一、单选题

1. A 2. C 3. D 4. D 5. B 6. C 7. A 8. B

二、多选题

1. AC 2. ABCD 3. ABD 4. BD 5. ABCD

三、判断题

1. √ 2. √ 3. × 4. × 5. √ 6. × 7. √ 8. √

四、填空题

1. 人事活动记录、岁时节令 2. 历史、现代 3. 农业生产

4. 定期、不定期 5. 基督教、伊斯兰教

6. 山水依托型、园林宅院型、一般住宅型

7. 文化性、主题性、连续性 8. 尝新节

项目策划：张芸艳
责任编辑：张芸艳
责任印制：孙颖慧
封面设计：武爱听

图书在版编目（CIP）数据

旅游资源学 / 徐菁，韩春鲜，靳诚主编. -- 北京 : 中国旅游出版社，2023.3

中国旅游业普通高等教育应用型规划教材

ISBN 978-7-5032-6992-9

Ⅰ. ①旅… Ⅱ. ①徐… ②韩… ③靳… Ⅲ. ①旅游资源—高等学校—教材 Ⅳ. ① F590

中国版本图书馆 CIP 数据核字（2022）第 127000 号

书　　名：旅游资源学

主　　编：徐菁　韩春鲜　靳诚
出版发行：中国旅游出版社
（北京静安东里6号　邮编：100028）
http://www.cttp.net.cn　E-mail:cttp@mct.gov.cn
营销中心电话：010-57377103，010-57377106
读者服务部电话：010-57377107
排　　版：北京旅教文化传播有限公司
经　　销：全国各地新华书店
印　　刷：三河市灵山芝兰印刷有限公司
版　　次：2023年3月第1版　2023年3月第1次印刷
开　　本：787毫米×1092毫米　1/16
印　　张：17
字　　数：342千
定　　价：49.80元
ISBN　978-7-5032-6992-9
